Sheiko´s
Spirituosen-Buch

Band 1

Kambiz Sheikholeslami

Meiner Frau „Carolin",

für die schönsten Jahre meines Lebens

ISBN: 978-3-00-034954-6

AN-UP Publisher

Bellinghausener Str.38

53639 Königswinter

http://sheiko.npage.de

anup.publisher@yahoo.de

Autor & Herausgeber: Kambiz Sheikholeslami

Umschlaggestaltung: Thomas Pradel, www.pradel-buch.de

Druck: Pressel Digitaldruck, www.pressel.de

1. Auflage 2011

Vorwort

Seit vielen Jahren begeistert Herr Sheikholeslami unsere Gäste, Mitarbeiter und auch mich mit seiner Leidenschaft für die Bar.

Seine Erklärungen über die Herkunft und Herstellung von Spirituosen und Cocktails sind sehr fundiert und erzählen nebenbei immer eine interessante Geschichte.

Da ist es nur logisch und konsequent, dass er seine internationale Erfahrung und sein „Herzblut" in diesem Buch weitergibt.

Die Bar ist nicht nur sein Beruf, sie ist seine Berufung! Insbesondere auch der Umgang mit Menschen, Herr Sheikholeslami ist ein Gastgeber par excellence.

Ein bewegtes Leben liegt hinter ihm, das er in seinem Buch „der Himmel über Iran ist blau" bereits anschaulich und mit Geschichtlichem Hintergrund geschildert hat.

Herr Sheikholeslami ist eine außergewöhnliche Persönlichkeit, er hat etwas zu sagen und man hört ihm gerne zu.
Daher ist dieses Buch nicht nur informativ, sondern auch Spannend und unterhaltend zugleich.

Der 1. Band handelt von Spirituosen,
Band 2 umfasst alles Wissenswertes über Cocktails und
Band 3 gibt umfangreiche Tipps für Barkeeper
Und solche, die es werden möchten.

Ich bin sicher, auch Sie werden dieses Buch
Mit Interesse und Freude lesen.

Hans R. Schaden
Hoteldirektor Maritim Hotel Bonn

Inhalt-Verzeichnis

Aperitifs	7
Aperitifweine	9
Weinhaltige Aperitifs	16
Liköre	21
Bitter-Kräuter & Gewürz-Kräuter Liköre	24
Whisky Liköre	33
Fruchtsaft-& Fruchtaromaliköre	35
Crèmes	40
Kaffeeliköre	41
Emulsion Liköre	42
Anisetten	43
Getreide-Brände, Agavenbrand, Rohr-Zucker-Brand, Wein-Brand	49
Obst-Brand, Trester	
Gin & Genever	51
Wodka	63
Aquavit & Korn	74
Scotch Whisky (Malt, Grain, Blended)	79
Irish Whiskey	122
American Whiskey	129
Canadian Whisky	137
Japanese Whisky	140
Deutscher Whisky	141
Tequila & Mezcal	145
Rum	158
Cachaca	185
Cognac	190
Armagnac	206
Brandy aus Spanien	211
Brandy aus Italien	215
Brandy aus Griechenland	216
Brandy aus Chile	217
Weinbrand aus Deutschland	220
Obstbrännde (Obstbrand-Obstgeist-Obstwasser)	225
Calvados	235
Grappa	244
Marc	251
Wichtige Begriffe von A bis Z	254

Übersicht

Aperitif

Hier versteht man unter Aperitif: hervorgegangen aus dem lateinischen Wort „Aperio", ein alkoholhaltiges Getränk, das den Appetit anregt.

- **Aperitifweine (Likörwein)**
  Grundlage für die Aperitifweine sind meistens verschiedene Weißweine, die nach der Gärung mit Branntwein versetzt werden.
- **Weinhaltige Aperitifs**
  Sie sind durch verschiedene Kräuter und Gewürze aromatisierte Weine.

Likör

Ethanol ist ein Trinkalkohol und Anteil vieler alkoholischer Getränke. Ethanol verwendet man auch als Alkoholbasis für viele Liköre und auch Likör-Aperitifweine. Liköre stellt man mit Zusatz verschiedener aromatischer Stoffe, Fruchtsäfte, ätherischer Öle, Pflanzen, Fruchtauszüge, Zucker und Alkohol her.
Hier sind verschiedene Likör-Arten:

- **Bitter-Kräuter-Gerwürz-Liköre**
  Darunter versteht man Spirituosen, die mit verschiedenen Kräutern, Gewürzen, Fruchtsäften, natürlichen ätherischen Ölen, Essenzen und auch Zucker hergestellt werden. In Geschmack und Eigenschaften unterscheidet man zwischen aromatischen und Magen-Bitterlikören.
- **Whisk(e)y Liköre**
  Darunter versteht man Liköre auf Whisk(e)y-Basis, aromatisiert mit verschiedenen Kräutern und Gewürzen. Man verwendet auch Milch oder Honig um den Geschmack zu verfeinern.
- **Fruchtsaft und Fruchtaromaliköre**
  Fruchtsaftliköre müssen aus mindestens 20 Liter Fruchtsaft pro 100 Liter Likör hergestellt werden. Der Alkoholgehalt soll mindestens 25%vol. betragen.
  Bei Fruchtaromalikören ist die Verwendung künstlicher Aromastoffe, außer Vanillin, verboten.
- **Crèmes**
  Crèmes sind sehr süße Liköre mit mindestens 400g Zucker pro Liter. Sie sind relativ dickflüssig und werden hauptsächlich zum Mixen von Cocktails verwendet.
- **Kaffeeliköre**
  Kaffeeliköre werden durch Einweichung von gemahlenem Kaffee in Alkohol und Wasser hergestellt (Mazeration). Der Geschmack wird durch Zugabe verschiedener Zusatzstoffe wie Vanille, Rum, Kräuter und Gewürze verfeinert.
- **Emulsion Liköre**
  Dazu gehören Milch-, Sahne- und auch Eigelbliköre. Die Emulsionliköre enthalten 220g

Zucker pro Liter.

- **Anisetten**
  Bei Anisetten unterscheidet man zwischen Likören und Bränden. Das bedeutet, man unterscheidet zwischen Anis-Destillaten und Likören(Mazeration).

Brände

Brände werden durch Destillieren vergorener Maischen aus Obst, Korn und Aromastoffen erzeugt.

- **Getreidebrände**
  Sie werden auf Getreidebasis hergestellt so wie Kornbrand, Whisk(e)y, Wodka und Gin. Es gibt auch viele Getreidebrände, die mit verschiedenen Kräutern, Wurzeln und Früchten aromatisiert werden.

- **Agavenbrand**
  Sie sind Destillate aus Agavensaft, so wie Tequila oder Mescal.

- **Zuckerrohrbrand**
  Sie sind Destillate aus Zuckermelasse oder Zuckerrohsaft, so wie Rum oder Cachaca.

- **Weinbrand**
  Weinbrand ist eine Bezeichnung für Spirituosen, die aus Wein gebrannt sind und mindestens sechs Monate in Eichenfässern gelagert wurden, sowie Brandy, Cognac, Armagnac und Weinbrand.

- **Brände aus Obst**
  Sie werden durch Destillation vergorener Säfte oder Obstmaische erzeugt, so wie Apfelbrand oder Calvados. Der Obstgeist wird durch Destillieren zerkleinerter Früchte erzeugt. Sie haben viel Aroma im Alkohol, so wie Himbeergeist oder Brombeergeist.

- **Trester**
  Trester sind Spirituosen, erzeugt aus den Pressrückständen der Weinkelterei, so wie Grappa oder Marc de Champagne.

Aperitifs

Aperitifweine
Sherry
Portwein

Weinhaltige Aperitifs

Aperitifweine

Sherry

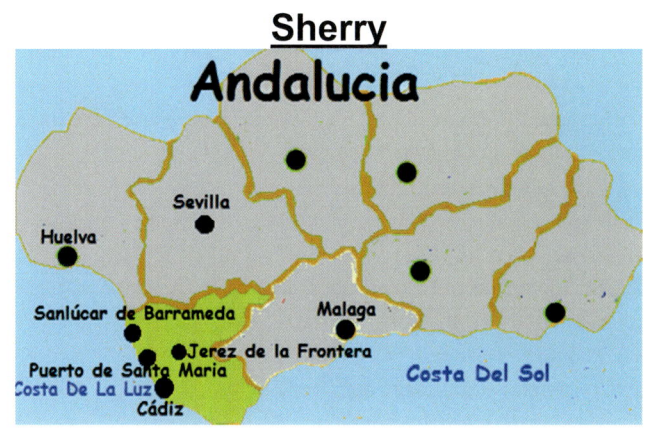

Andalucia

Sherry ist ein spanischer Weißwein, der nach einem speziellen Lagerungsprozess, dem Solera Verfahren, zur Reife kommt.
Sherry ist ursprünglich trocken und erhält seinen typischen Geschmack durch den Zusatz von süßen Weinen aus Rebsorten wie „Moscatel" oder „Pedro Ximenez".
Typische Aromen des Sherrys sind, Mandel, Haselnuß, Walnuß und Hefe.
Der Name ist geschützt und darf nur Sherry genannt werden, wenn die Weine aus „Jerez de la Frontera", „Sanlúcar de Barrameda" und „El Puetro de Santa Maria" stammen.
Grundlage für den Sherry ist ein trockener Weißwein (Palomino Traube), der nach der Gärung mit Branntwein versetzt wird. Dadurch wird der Alkoholgehalt des Weines von 12% auf 15 -19% heraufgesetzt. Im Anschluss reift er in großen offenen Fässern mit einem Volumen bis 600 Liter.
Die Reifung in spanischen Eichenfässern nach dem Solera-Verfahren ist ausschlaggebend für die Eigenschaften des Weines.
Beim Solera-Verfahren werden mehrere Fassreihen (mindestens drei) übereinander gestapelt. Das Verfahren ist eine Wanderung des Weines durch die Fässer. Der älteste Wein liegt in der Fassreihe am Boden und heißt „Solera". Der jüngste Wein liegt in der obersten Reihe. Zum Abfüllen der Sherry-Flaschen entnimmt man den Wein aus maximal bis zu einem Drittel der untersten Fässer.
Der fehlende Wein in unterstern Reihe wird von den darüber liegenden Fässern nachgefüllt und auch die Fässer der zweiten Reihe werden von der dritten nachgefüllt und das Prinzip geht bis zum obersten Fass weiter.
Der fehlende Wein in den obersten Fässern wird als junger Wein nachgefüllt.
Das Solera-Verfahren verleiht dem Wein eine harmonische und gleichmässige Qualität.

Die Arten

Fino (Dry): Fino ist der Begriff für hellen, trockenen Sherry. Er weist einen Alkoholgehalt von 15 bis 17% auf.

Manzanilla: Manzanilla ist ebenfalls ein Fino. Dieser Sherry wird ausschließlich in der Hafenstadt Sanlúcar de Barrameda hergestellt und erhält durch die starken Atlantikwinde seine typische salzige Note.

Manzanilla Pasada: Ein länger gereifter Manzanilla, mit einem kräftigerem Geschmack und dunklerer Farbe.

Amontillado: ein körperreicher Fino mit sehr intensivem Geschmack. Sein Alkoholgehalt beträgt 16 - 22 %. Dieser trockene Sherry hat eine sehr schöne Farbe von Bernstein.

Oloroso: Olroso ist ebenfalls trocken, aber im Geschmack kräftiger und in der Farbe dunkler als Fino oder Amontillado.

Medium: Sherry Medium ist, wie der Name schon sagt, ein halbtrockener Sherry, ein Verschnitt von Oloroso und Pedro Ximenez.

Cream (Sweet): Sherry Cream ist ein Verschnitt zwischen Olroso und Süßwein, wie z.B. „Pedro Ximenez".
 Alkoholgehalt liegt zwischen 16% und 18% vol. .

Service-Technik: Die verschiedenen Sherrysorten werden mit unterschiedlichen Temperaturen serviert.

- Den Sherry Fino und auch den Mazanilla, den trockenen Sherry also, serviert man mit einer Trinktemperatur von 7 Grad.
  Er passt sehr gut als Aperitif vor dem Essen, zu Meeresfrüchten und mildem Käse.
- Amontillado wird mit einer Temperatur von 14 Grad serviert.
- Bei Oloroso liegt die Temperatur bei 16 Grad.
- Sherry Medium trinkt man gerne ein bisschen kälter um 10 Grad, beispielsweise zu Serrano Schinken oder Käse.
- Sherry Cream hat eine Trinktemperatur von 13 Grad und passt perfekt zu Nachspeisen.

Natürlich sollte Sherry auch im richtigen Glas, nämlich in einer tulpenförmigen Copita serviert werden.

Sandeman

Der junge Schotte „George Sandeman" gründete im Jahr 1790 sein Weingeschäft in London. Er konzentrierte sich auf das Sherry- und Portwein-Geschäft und reiste oft in die Anbaugebiete der beiden Länder.

Im Jahr 1792 wurde er Repräsant der Sherry-Firma James-Duff in der Hafenstadt Cadiz in Andalusien. Er importierte spanische und portugiesische Weine mit bester Qualität.

Er kennzeichnete seine Wein-Fässer mit einem Brandzeichen und die Flaschen bekamen einen Gütesiegel, ein Zeichen für die gute Qualität. Er wurde sehr schnell durch seine strengen Qualitätsansprüche und seine Markenpflege international bekannt.

George Massiot-Brown schaffte im Jahr 1928 das Sandeman-Logo, ein „Don" mit einem bereitkrempigen spanischen Caballero-Hut in einem potugiesischen Studentenumhang.

Der Wein wird in eigenen Häusern in London und Porto abgefüllt.

Die Weine für die Herstellung von Sherry stammen aus den drei Anbaugebieten: Jerez de la Frontera, Sanlúcar de Barrameda und El Puetro de Santa Maria.

Der Boden dieser Region aus weißem Kalkstein speichert den Winterregen auch bis über den heißen Sommer und reflektiert die Sonne wie ein Spiegel.

Es gibt 300 Tage Sonnenschein und kaum Niederschläge, ein optimale Region zwischen Mittelmeer und Atlantik, charakterisiert durch seine Winde.

Die Weine werden nach dem „Solera-Verfahren" in 4-5 Fassreihen übereinander gelagert.

Heute hat Sandeman im Sherry-Zentrum „Jerez" rund 400 Hektar Rebfläsche. Wenn man zufällig in Andalusien Urlaub macht, sollte man auf eine Besichtigung der Sandeman-Bedoga in der Stadt „Jerez" nicht verzichten.

Sandeman Dry Seco
Die Farbe ist hell. Der Sherry Dry Seco schmeckt frisch und leicht mit fruchtigen Noten von Äpfeln und Zitrusfrüchten mit zartbitteren Untertönen. Er reift maximal 12 Monate in spanischen Eichenfässern. Er eignet sich gut als Apertif. Der Alkoholgehalt ist 15% vol.

Sandeman Medium Dry
Die Farbe ist bernsteinfarben. Der Sherry Medium schmeckt halbtrocken, nicht zu trocken und nicht zu süßmit fruchtigen Zitrus-Noten. Er eignet sich sowohl als Apertif, als auch Digestif. Er reift zwischen 12 und 18 Monaten in spanischen Eichenfässern.
Der Alkoholgehalt ist 15% vol.

Sandeman Rich Golden
Die Farbe ist ebenfalls bernsteinfarben. Er ist sehr gehaltvoll und vollmundig im Geschmack mit Noten von Karamell, Nüssen und leichen Bitter-Tönen. Er ist ein Digestif, der gekühlt serviert wird. Die Reifungszeit in den Eichenfässern dauert zwischen 12 und 18 Monaten. Der Alkoholgehalt ist 17,5% vol.

Weitere Sherry-Bodegas:
Lustau
Williams & Humbert
Tio Pepe

Portwein

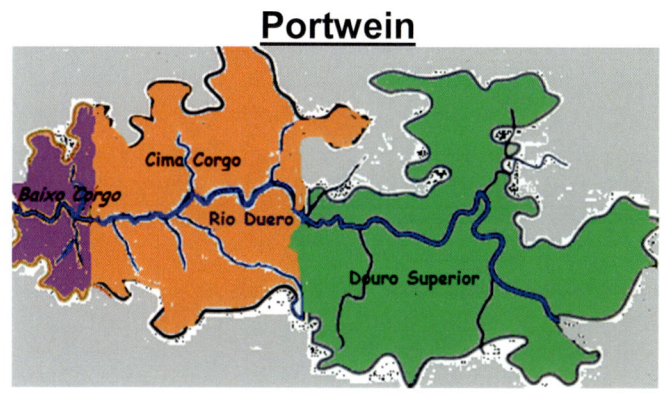

Portwein wird als Aperitif oder Digestiv vor oder nach dem Essen oder auch zwischendurch getrunken. Portwein hat eine Farbe von gold bis dunkelrot. Wie der Name des Weines verrät, kommt er aus Porto in Portugal. Die Anbauflächen des Portes erstrecken sich von Osten nach Westen Portugals, den Rio Duoro und seiner Nebenflüsse entlang.
Das Klima im Duoro ist durch zwei mächtige Gebirge beherrscht, die die Anbaugebiete vor den kühlen atlantischen Winden und auch Regen schützt. Es ist sehr warm im Sommer, im Winter kalt und trocken. Der Boden ist schieferhaltig und der Weinanbau befindet sich auf schmalen Terrassen, die sehr steil nach unten abfallen.

Die Regionen

Baixo Corgo: Baixo Corgo ist die kleinste Region mit einem milderen Klima und mehr Niederschlägen als im Landsinneren, durch die Nähe zum Atlantik. Die leichteren Portweine wie Ruby und Tawny kommen aus dieser Region.
Cima Corgo: Diese Region ist fast doppelt so groß wie Baxio Corgo und liefert ein Drittel des Portweins. Das Klima ist heißer und trockener als in Baxio Corgo und die besten Qualitätsweine stammen aus dieser Region.
Douro Superior: Aus dieser Region kommen bekannte Portweine wie: die Quinta da Ervamoira (Ramos-Pinto) oder die Quinta das Vargellas (Taylor's) und Quinta de Vesúvio.
Die wichtigsten Rebsorten
Touriga Nacional, erstklassig, dunkelrot, tanninhaltig. Die Weine duften nach Kräutern und Gewürzen.
Tinta Roriz, kommt aus Alentejo, in Spanien bekannt als Tempranillo, tanninreich, fruchtig, mit Aromen von Himbeeren und Kirschen

Touriga Franca, seit 2001 heißt diese Traube Touriga Franca, bis dahin hatte sie den Namen: Touriga Francesa. Es ist eine der wichtigsten Rebsorten am Douro. Der Duft erinnert an Rosen, Heidelbeeren und Maulbeeren.

Tinta Amarela, kommt aus Alentejo, im Douro bekannt als Tinta Amarela. Er weist Aromen auf wie Schokolade, Himbeeren und Kräuter und ist stark tanninhaltig. Er ist für längere Zeit lagerfähig.

Andere wichtige Rebsorten für den weissen Portwein sind **Malasia Fina, Rabigato** und **Codega.**

Wie in Frankreich und Italien gilt für die portugisischen Portweine ebenfalls die Qualitätsbezeichnung **DOC (Denominacao de Origem Controlada).**

Verschiedene Portweintypen und Farben

Fast jeder kennt die Begriffe Port Tawny oder Port White.
Hier sind die Definitionen:

Weißer Potwein oder **Portwein White** wird ausschließlich aus weißen Trauben hergestellt. Er darf verschnitten und auch über Jahrzehnte gelagert werden.
In Geschmack und Süßegrad unterscheiden sich die Weißen Portweine.
Es gibt folgende Portweine white:
- Sehr süß – Muito Doce – very Sweet
- Süß – Doce – sweet
- Halbtrocken – Meio Seco – Semi dry
- Trocken – Seco – Dry
- Sehr Trocken - Extra Seco - Extra Dry

Portwein Ruby, „Ruby" bedeutet Rubin und meint Trauben mit Kräftiger Rubin Farbe. Der Wein ist meistens jung und entsteht durch den Verschnitt verschiedener Jahrgänge. Er hat einen fruchtigen Geschmack.

Portwein Tawny, „Tawny" bedeutet lohfarben,(meistens ein helles Rotbraun). Portwein Tawny wird aus roten Trauben hergestellt und altert durch schnelle Oxidation schneller. Er zeichnet sich durch seine Farbe von Granatrot bis Rot-Braun und seinen trockenfruchtigen Geschmack(Mandeln und Nüsse) aus.

Service-Technik

Die verschiedenen Portweinsorten werden mit unterschiedlichen Temperaturen serviert.

Die Portweine Tawny und Ruby werden mit Temperaturen zwischen 15° und 18° serviert. Der weiße Portwein wird kalt, das heißt zwischen 8° und 10° serviert.

Das richtige Glas für den Genuss des Portweins ist das Südweinglas, aber auch ein tulpenförmiges Glas. Sowohl beim Servieren des weißen Portweins, als auch des trockenen oder halbtrockenen Sherrys, eine empfehle ich die Vorkühlung des Glases (Frappieren).

Taylor´s
Taylor´s ist über 300 Jahre alt, ein unabhängiges Familien-Unternehmen. Es produziert beste Portwein-Qualität und ist in 54 verschiedenen Ländern der Welt vertreten.
Die feinen Portweine werden aus Trauben an den steilen und felsigen Hängen von Alto Duoro und seinen Nebenflüsse angebaut.

Taylor´s 10 Year Old Tawny
Tawny Ports sind sehr köstlich. Sie sind zarte alte Weine, die durch besonders warmes Wetter profitiert haben. Taylor´s 10 Year Old Tawny ist eine schöne alte Mischung der durschnittlich 10 Jahre in Eichenfässern gereiften Weine. Er ist geschmeidig und elegant mit Holznoten und reich an Fruchtnuancen. Er schmeckt delikat und sehr weich. Die Farbe ist Rubin.
Der Alkoholgehalt ist 20% vol.

Taylor´s White Port
Er ist ein Port aus weißen Trauben. Die einzelnen Weine reifen 3 Jahre lang in Eichenfässern, bevor die gemischt werden. Er war 1934 der erste Portwein aus weißen Trauben der Portwein-Geschichte. Er ist ein trockener Portwein mit frischem und fruchtigem Geschmack. Die Farbe ist gelblich-gold.
Der Alkoholgehalt ist 20% vol.

Weitere Portwein-Hersteller:
Sandeman
Royal Oporto
Ramos Pinto

Weinhaltige Aperitifs

Wermut

Wermut (auch Vermouth) ist ein mit Gewürzen und Kräutern aromatisierter Wein. Seinen Namen erhielt der Vermut vom gleichnamigen Kraut, dem Wermutkraut, das einen bitteren Geschmack hat, den auch der Vermut prägt.

Martini (Wermut)

Eine der bekanntesten Wermutmarken, Martini, kommt aus Turin, Italien. Martini ist als ganz trocken oder süß erhältlich. Die Erfinder des Martini waren Alessandro Martini und Luigi Rossi, ebenfalls Gründer der Firma Martini, Mitte des 18. Jahrhunderts. Seit 1903 wird Martini in über 70 Länder getrunken.
Martini wird angeboten als:
Martini Bianco
Martini Bianco hat eine hellgelbliche Farbe. Er begeistert mit einer Geschmackskombination von herb und süß mit leichter Vanille-Note.
Der Alkoholgehalt ist 15 % vol.
Martini Bianco wird kalt getrunken auf Eis mit einer Scheibe Zitrone. Serviert wird er in einem Aperitif-Glas mit einem Volum von 5 cl. oder als Long Drink auf Eis mit Bitter Lemon oder anderen Limonaden aufgefüllt. Er wird mit einer Scheibe Zitrone seviert.
Martini Rosso
Karamel-Note. Martini Rosso ist nicht farblos wie der Bianco, sondern Rot-Braun. Die Farbe kommt durch den Zusatz von Karamell zustande. Er schmeckt weich und vollmundig.
Martini Rosso wird auf Eis serviert, mit einer Scheibe Orange, im Aperitif-Glas oder als Long Drink.
Der Alkoholgehalt ist 15% vol.
Martini Rosato
Die Farbe ist hellrot. Er schmeckt fruchtig und süßherb mit einer Zimt-Note. Martini rosato wird auf Eis mit einer Scheibe Orange im Aperitif-Glas oder als Long Drink serviert.
Der Alkoholgehalt liegt bei 15% vol.
Martini d´Oro
Die Farbe ist Hell-Bernstein. Er schmeckt leicht und fruchtig mit einer Vanille-Note. Er wird auf Eis, mit einer Scheibe Orange serviert.
Der Alkoholgehalt ist 9% vol.

Martini Extra Dry
Martini Extra Dry ist farblos. Er schmeckt sehr trocken, herb mit einem blumigen Duft. Serviert wird er auf Eis mit einer grünen Olive.
Der Alkoholgehalt ist 15% vol.

Cinzano (Wermut)

Cinzano Vermouth kommt wie Martini aus Italien und ist ein gewürzter Weinaperitif mit einem Kräuterauszug aus Wemut- und anderen Kräutern.
Der Sitz der Firma ist in Piemont, seit 1999 gehört sie zu Campari.
Cinzano wird angeboten als:
Cinzano Bianco
Die Farbe ist weiß-gelblich. Er schmeckt herb-süß mit Zimt-Note.
Der Alkoholgehalt ist 15% vol.
Cinzano Rosso
Die Farbe ist Rubin-Rot. Er schmeckt würzig mit Thymian-Note.
Der Alkoholgehalt ist 15% vol.
Cinzano Extra Dry
Die Farbe ist weiß. Er schmeckt sehr trocken.
Der Alkohoplgehalt ist 15% vol.
Cinzano Limetto
Die Farbe ist hellgrün. Er schmeckt fruchtig mit Limonenaroma.
Der Alkoholgehalt ist 14,8% vol.
Cinzano Orancio
Die Farbe ist Sonnengelb. Er schmeckt fruchtig mit Orangen-, Vanille-Note.
Der Alkoholgehalt ist 15% vol.

Noilly Prat (Wermut)

Noilly Prat ist ein weltbekannter Wermut aus Marseille in Südfrankreich. Monsieur Joseph Noilly erfand das Rezept und mit seinem Partner Claudius Prat gründete er die Firma Nouilly Prat im Jahre 1813.
Man behauptet, Noilly Prat Extra Dry sei der beste trockene Wermut, der König der trockenen Wermuts. Im Sortiment werden auch die beiden süßen Blanc und Rouge angeboten.
Noilly Prat ist ein wichtiger Bestandteil zum Mixen von „Martini Cocktail".
Zur Herstellung von Noilly Prat verwendet man 2 weiße Rebsorten, nämlich Clairette und Picpoul de Pinet aus Langguedoc. Der Wein wird nach einer achtmonatigen Lagerung in großen Holzfässern in Eichenfässer umgefüllt und über 12 Monate gelagert. Das mediterrane Klima mit mehr als 300 Tagen Sonne im

Jahr und dem mediterranen Wind, beeinflussen den Geschmack des Weines in den Fässern. Der Wein oxidiert schnell und durch den Kontakt mit Luft verliert er die Frische und bekommt die typischen Eigenschaften eines Noilly Prat.
Die nächste Station ist ein Stahltank und die Zugabe eines alkoholangereicherten Traubenmostes. Zum Aromatisieren verwendet man mehr als 20 verschiedene Kräuter aus aller Welt, die wichtigsten sind natürlich Wermut und Absinth. Die Gewürzmischung ist geheim. Korbblüten geben dem Wemut die notwendigen Bitterstoffe und ätherischen Öle.

Noilly Prat Rouge
Die Farbe ist rot. Er schmeckt bittersüß mit vollem Körper und würzigen Noten wie von Safran.
Der Alkohogehalt ist 16% vol.

Noilly Prat Ambré
Die Farbe ist dunkelgelb. Er schmeckt sehr blumig mit Noten von Vanille, Zimt und Orange.
Der Alkohogehalt ist 18% vol.

Noilly Prat Dry
Er ist farblos und schmeckt sehr trocken.
Der Alkohogehalt ist 18% vol.

Punt e Mes Carpano (Wermut)

Punt e Mes schmeckt herb. Er hat eine eher dunkle Farbe wie Ramazzotti oder Averna. Der Alkoholgehalt ist 16% vol.
Der ist aber ein Wermut aus Turin und Antonio Benedetto Carpano erfand ihn im Jahre 1786. Er mischte den Wermut aus verschiedenen Weinen, Kräutern, Gewürzen und Wermutkraut.
Im Jahr 1870 kamen Börsenmakler in die Bar von Carpono. Die Kurse bewegten sich an dem Tag um eineinhalb Punkte, auf piemontesisch: „un punt e mes". Das Thema des Gespräches der Börsenmakler an diesem Abend und der Name Punt e Mes festigte sich für das Produkt. Punt e Mes Carpano wird aus sizilianischen Weinen und Moscato aus Piemont mit einer geheimnisvollen Mischung aus verschiedenen Kräutern und Gewürzen hergestellt.

Dolin (Wermut)

Dolin ist ein franzosischer Wermut aus Chambery. Dolin wird aus Weinen der Savoie/Chambery mit verschiedenen Kräutern aus der naheliegenden Bergregion hergestellt.

Dolin ist durch die verwendeten natürlichen Bergkräuter trockener, charakteristischer, frischer und würziger als der Wermut aus Italien.
Dolin wird als **Rouge, Blanc und Dry** angeboten.
Der Alkoholgehalt ist 16% vol.

St. Raphael

St.Raphael ist ein franzosischer Aperitif aus einer Mischung hervorragender Weine und Kräuter mit Zugabe von Chinarinde, Bitterorangen, Vanille und Kakao. Serviert wird er auf Eis.
St. Raphael wird als **Rouge** (Rotwein) oder **Gold** (Weißwein) angeboten. Der Alkoholgehalt ist 14,9%vol. Erfunden wurde St. Raphael im Jahr 1830.

Dubbonet

Dubbonet ist ein franzosischer Aperitif aus verschiedenen Kräutern und Wurzeln wie Chinarinde mit Rotweinbasis.
Der Erfinder dieses leckeren Aperitifs war Joseph Dubbonet im Jahr 1846.
Dubbonet wird entweder pur oder auf Eis serviert mit einer Trinktemperatur zwischen 8° und 10°.
Dubbonet soll das Lieblingsgetränk der englischen Königin Elizabeth II sein.
Dubbonet ist auch ein wichtiger Bestandteil vieler Cocktails.
Im Sortiment wird er als Rouge oder Blanc angeboten. Der Weiße ist eher trocken, im Gegensatz zum fruchtigen Roten. Die beiden Sorten haben mindestens 2 Jahre Lagerungszeit hinter sich.
Der Geschmack erinnert an Wermut.
Der Alkoholgehalt ist 16% vol.

Liköre

-Bitter-Kräuter-Gerwürz-Liköre

-Whisk(e)y Liköre

-Fruchtsaft- & FruchtaromaLiköre

-Crèmes

-Kaffeelikören

-Emulsion Liköre

-Anisetten

Liköre

Kwai Feh
LYCHEE
CASSISSÉE
DE KUYPER
BLUE CURAÇAO
LIQUEUR
PEACHTREE
Limoncè
MANGAROCA
BATIDA
DE
COCO
BOLS
BOLS
BOLS
BOLS
BOLS
PISANG
AMBON
MALIBU
CARIBBEAN RUM
WITH
COCONUT
ORIGINAL
AMARULA
KAHLÚA
Tia Maria
BAILEYS

Bitter-Kräuter-Gewürz-Liköre

Campari

Campari, der rote Bitter-Aperitif aus Italien, ist eine Erfindung von Gaspare Campari, der ihn im Jahre 1860 in Mailand kreierte. Er wird in mehr als 190 Länder der Erde verkauft.
Campari wird nach dem Originalrezept aus 86 verschiedenen Kräutern, Orangenschalen, Chinin, Zitrusöl und Wurzeln hergestellt, die zuerst in destilliertem Wasser eingeweicht und danach mit reinem Alkohol versetzt werden. Die Mischung wird danach unter Zusatz von Zuckersirup und destilliertem Wasser in verglasten Behältern auf Trinkstärke gebracht. Nach einem Monat Lagerung wird die Mischung gefiltert und der echte Campari kann in Flaschen abgefüllt werden.
Seine Farbe verleihen ihm verschiedene Lebensmittelfarbstoffe, wie Tatrazin und Azorubin. Der Geschmack ist sehr bitter.
Der Alkoholgehalt ist 25% vol.
Er wird gerne pur oder auf Eis getrunken. Als Long Drink wird er meistens als Campari Orange oder Campari Soda angeboten.
Andere bekannte Drinks sind Negroni oder Americano.

Aperol

Aperol, ein Aperitif-Likör aus Italien, wurde von den Brüdern Luigi und Silvio Barbieri im Jahr 1919 in Padua erfunden. Padua ist eine der ältesten Städte Italiens und liegt ca. 30 km westlich von Venedig. Aperol schmeckt bittersüß-fruchtig. Er ist ein Destillat aus verschieden Kräutern, Bitterorangen, Chinarinde, Enzian und Rhabarber.
Aperol weist eine schöne rote Farbeauf, er wird oft pur mit oder ohne Eis, als Long drink mit Orangensaft, Soda oder Weiswein, bzw. Prosecco aufgefüllt serviert.
Unter der Sonne Italiens sieht die rote Farbe noch schöner und kräftiger aus und fast hat man den Eindruck, er schmecke dort auch viel besser.
Der Alkoholgehalt ist 15% vol.

Unicum

Der Erfinder dieses Bitterlikörs war Jozeph Zwack, der Leibarzt des Kaisers von Osterreich und Ungarn, Joseph II. Er mischte 1790 aus verschiedenen Kräutern einen Extrakt, der die Magenschmerzen des Königs mildern sollte.

Nach der Probe war der König so begeistert und überrascht von der Wirkung dieses Extraktes, dass er rief: „ Das ist ein Unicum! " und der Name dieses Bitterlikörs war erfunden.
Unicum wurde und wird in Budapest hergestellt und in runden, bauchigen Flaschen abgefüllt mit einem roten Kreuz auf dem Label.
Der Bitter wird aus 40 verschieden handverlesenen Kräutern, Wurzeln und Gewürzen aus der ganzen Welt hergestellt. Die Mischung wird ein halbes Jahr lang in Eichholzfässern gelagert um einen runden Geschmack zu erhalten.
Der Alkoholgehalt ist 40% vol.

Jägermeister

Jägermeister ist ein deutscher Bitterlikör aus Wolfenbüttel in Niedersachsen.
Jägermeister wird aus 56 verschiedenen Kräutern, Blüten und Wurzeln unter Zusatz von Alkohol, Zucker und Wasser hergestellt.
Das Rezept dieses Likörs gibt es seit 1934, 1935 wurde er auf dem deutschen Markt eingeführt. Inzwischen ist Jägermeister die deutsche Spirituose, die am erfolgreichsten weltweit exportiert wird.
Der Alkoholgehalt beträgt 35% vol.
Jägermeister wird entweder eiskalt oder mit Zimmertemperatur serviert. Er ist auch beliebt als Long Drink aufgefüllt mit Red Bull, Cola oder Säften.

Fernet

Fernet Branca ist ein Bitterlikör aus Mailand in Italien.
Im Jahr 1854 wurde er von Italienerin Maria Branca hergestellt.
Er wird aus mehr als 40 verschiedenen Kräutern, Pflanzen und Gewürzen wie Enzian, Safran, Myrrhe, Kamille und Hollunderblüten hergestellt. Er wird über ein Jahr in handgefertigten Eichenholzfässern gelagert. Es gibt ihn auch als Menta mit Pfeffer Minze-Geschmack.
Der Alkoholgehalt ist 40% vol.
Fernet Branca serviert man meistens ohne Eis, aber auch mit Eis. Er ist Teil vieler klassischer Cocktails.

Averna

Der Erfinder dieses italienischen Halbbitterlikörs (Amaro) war Salvatore Averna, der den Averna zum ersten Mal im Jahr 1854 zusammen mischte. Er war Friedensrichter auf Sizilien und Wohltäter der Abtei des Santo Spirito Klosters.

Nach einer uralten Tradition und geheimnisvoller Rezeptur stellten die Klöster-Brüder ein bitteres Kräuterelixier her. Im Jahr 1854 übergaben sie als Zeichen der Dankbarkeit das Rezept an Salvatore weiter.
Sein Sohn Francesco Averna machte diesen Likör der Öffentlichkeit bekannt und entwarf das typische Averna Etikett. Averna war bereits im Jahr 1895 eine bekannte Marke.
Er wird aus mehr als 60 verschiedenen Kräutern hergestellt mit Zusatz von Alkohol und Zucker. Averna schmeckt komplex, nach Kräutern, bittersüß mit dem Duft von Zitrusfrüchten.
Der Alkoholgehalt ist 32% Vol.
Averna trinkt man pur oder auf Eis, auch mit einer Scheibe Zitrone oder einem Spritzer Zitronensaft. Er ist Teil mancher Cocktails.

Ramazzotti

Ramazzoti ist wie Averna ein Amaro, hergestellt aus 33 verschiedenen Pflanzen und Kräutern aus ganzer Welt. Amaro steht für italienische Halbbitterliköre aus verschiedenen Aromen, Zucker und Alkohol.
Für die Herstellung von Ramazzotti verwendet man unter anderem auch Chinarinde, Engelwurz, Rosenblüten, Sternanis, Vanille und bittere Orangenschalen.
Der Erfinder dieses Halbbitterlikörs war der Italienische Apotheker Ausano Ramazzotti im Jahr 1815. Er hatte ein kleines Labor in Mailland, in dem er den milden Kräuterlikör entwickelte. 1848 eröffnete er ein Café in der Nähe der Mailänder Scala. Er bot in seinem Geschäft statt Kaffee, Ramazzotti an. 1866 starb er, der Gründer der Dynastie Ramazzoti, aber der Erfolg ging trotzdem weiter und das bis zum heutigen Tag.
Ramazzotti trinkt man gerne pur, auf Eis, mit Zitrone. Er wird auch als Long Drink in Kombination mit Ginger Ale, Zitronenlimonade serviert.
Ein leckerer Cocktail mit Ramazzotti ist Ramazzotti Sour.
Der Alkoholgehalt ist 30% vol.

Underberg

Underberg ist ein deutscher Magenbitter aus Rheinberg in Nordrheinwestfalen.
Underberg ist ein riesiges Unternehmen, das im Jahr 1864, von Hubert Underberg und seiner Frau an ihrem Hochzeitstag gegründet wurde.

Underberg wird aus verschieden Kräutern aus 43 Ländern nach einem geheimen Rezept hergestellt. Das Rezept muss immer gleich sein an den verwendeten Rohstoffen und aus diesem Grund wurde die Produktion im Jahr 1939 für 10 Jahre wegen Mangel an frischen Rohstoffen stillgelegt. Underberg wird über Monate in slowenischen Eichenfässern gelagert. Emil Underberg entwarf in fünfter Generation der Familie im Jahr 1949 die bekannten 20ml Flaschen um den Absatz zu verbessern. Das um die Flasche gewickelte Strohpapier schützt den Bitter gegen das Licht und ist eine Tradition der Familie Underberg.
Der Alkoholgehalt ist 44% vol.

Benedictine D.O.M

Bénédictine wird aus 27 verschieden Kräutern und Gewürzen hergestellt. Die Desillate reifen 3 Monate in Eichenfässern, bevor sie zusammengeführt werden und nochmals 8 Monate in Eichenfässern lagern.
Bernardo Vincelli, ein Benediktinermönch war es, der diese wohlschmeckende Kräutermischung zum ersten Mal im Jahr 1510 zusammenstellte. Während der franzosischen Revolution in den Jahren 1789 bis 1799 wurden die Benediktinermönche aus der Abtei Fécamp vertrieben und das Rezept ging dabei verloren.
Erst im Jahr 1863 fand Alexander Le Grande das verlorenes Rezept wieder und verfeinerte es. Die neue Produktionsstätte wurde das Schloss Bénédictine in der Normandie.
Die Farbe ist Bernstein und er schmeckt honigsüß nach Kräutern.
Der Alkoholgehalt ist 40% vol.

Cynar

Cynar ist ein Amaro, ein italienischer Halbbitterlikör aus 13 verschiedenen Kräutern und Pflanzen. Er ist wegen seines Artischockengehalts verdaugsfördernd.
Cynar schmeckt bittersüß.
Der Alkoholgehalt ist 16,5% vol.
Serviert wird er auf Eis oder pur mit einer Orangenspalte, als Long Drink mit Soda, Tonic Water oder Cola.

Pimm´s

Der bekannteste unter den sechs Pimm´s ist „Pimm´s Cup No. 1.´
Er ist eine Mischung aus verschiedenen Likören, Fruchtnektaren, Gewürzen und Kräutern auf der Basis von London Dry Gin. Pimm´s Cup No. 1 wurde im Jahr 1841 von dem Londoner Gastronom James Pimm kreiert.
Er verkaufte das Getränk in seiner allseits bekannten Oyster Bar in Westminster.
Bis heute wird das Rezept dieses Likörs geheimgehalten.
Sir Horatio David, ein Londoner Politiker, Richter und Geschäftsmann übernahm im Jahr 1870 die Firma und gründete H. D. Davies & Co. Ltd. Er vermarktete Pimm´s weltweit. Heute gehört Pimm´s zum Konzern Diageo.
Pimm's wird in bauchigen Gläsern mit Zusatz von verschieden Früchten und viel Eis serviert. Zum Auffüllen bietet man eine Zitronenlimonade oder Ginger Ale an.
Die Farbe von Pimm´s No. 1 ist dunklerot. Er schmeckt würzig, süß, leicht herb mit Noten von Zitrusfrüchten.
Der Alkoholgehalt ist 25% vol.

Andere Abfüllungen des Unternehmens:
Pimm´s Cup No 2-Basis Scotch Whisky
Pimm´s Cup No 3-Basis Brandy
Pimm´s Cup No 4-Basis Rum
Pimm´s Cup No 5-Basis American Whiskey
Pimm´s Cup No 6-Basis Wodka

Würzbitter-Angostura

Angostura ist ein Würzbitterlikör aus Bitterorangen, Kardamom, Zimt, Gewürznelken, Chinarinde und Enzianwurzel. Der Sitz des Unternehmens ist auf der Insel Trinidad.
Den Namen hat er von der venezuelanischen Stadt Angostura, wo sich der deutsche Militärarzt Dr. Johann Gottlieb Benjamin Siegert im Jahr 1820 aufhielt und während der spanischen Besatzung zu medizinischen Zwecken diesen Likör herstellte.
Der Alkoholgehalt ist 44,7% vol.
Angosturabitter wird nicht nur in Bars zum Aromatisieren von Cocktails verwendet, sondern auch von Speisen. Angostura wird nur tropfenweise verwendet.

Orangenbitter

Orangenbitter ist ebenfalls ein Bitterlikör aus den Schalen von Bitterorangen, vermischt mit Gin. Zum Aromatisieren von Cocktails wird auch er nur tropfenweise in der Bar verwendet.
Der Alkoholgehalt ist 40% vol.
Die abgefüllten Flaschen sind klein und haben einen Inhaltsvolumen von 20 cl.

Bitter Truth

„Bitter Truth" übersetzt bedeutet „ die bittere Wahrheit". Die Gründer dieses Produkts heißen Stephan Berg und Alexander Hauck aus München. Die beiden ehemaligen Bartender kamen bei einem Aufenthalt in London während einer Barshow im Jahr 2006 auf die Idee, eigene Bitters herzustellen. Stephan war ein Liebhaber der Bitters und Besitzer einer Sammlung der bekanntesten Bitters der Welt, auch einiger, die seit Jahrzenten nicht mehr hergestellt werden.
Hier sind verschiedene Bitters des Unternehmens:

Aromatic Bitters
Er hat warme Aromen mit Noten von Zimt, Enzian und Kardamom.
Der Alkoholgehalt ist 39% vol.

Orange Bitters
Er hat warme Aromen wie von süßen und bitteren Orangen, begleitet von feinjustierten Gewürznoten.
Der Alkohlgehalt ist 39%.

Lemon Bitters
Die Geschmacksnoten sind frisch, würzig und fruchtig nach Limonen, gefolgt von Koriandersamen und Kardamom-Anklängen.
Der Alkoholgehalt ist 39% vol.

Cellery Bitters
Der Sellerie-Note steht zuerst sehr intensiv im Vordergrund, doch wird dann von anderen Aromen wie Ingwer und Orangenschale verdrängt.
Der Alkoholgehalt ist 44% vol.

Creole Bitters
Er schmeckt vollmundig und würzig nach Anis, Kardamom und Kümmel mit sanftem floralen Nachklang.
Der Alkoholgehalt ist 39% vol.

Grapefruit Bitters
Er schmeckt würzig mit intensiven Grapefruitaromen.
Der Alkoholgehalt ist 44% vol.

Chocolate Bitters
Er schmeckt sehr kräftig und intensiv mit Noten von dunkler Schokolade, begleitet von Zimt, Chilli und bitteren Enziannoten.
Der Alkoholgehalt ist 44% vol.
Jerry Thomas Bitter
Jerry Thoms Bitter geht auf ein Rezept von Professor Jerry Thomas (1880-1885) zurück, dem bedeutensten Bartender des 19. Jahrhunderts.
Er schmeckt fruchtig und bitter mit Zitrus- und Trockenfrüchten-Noten, begleitet von würzigen Aromen wie Nelke und Zimt.
Der Alkoholgehalt ist 30% vol.
Außerdem sind auch andere interessante Produkte wie: Creme de Violette, Sloe Gin, Apricot Brandy, Kräuterlikör Flixier und Pimento Dram im Angebot.
Die Bitters eignen sich perfekt zum Mixen von Cocktails, z.B. als Bestandteil von Long Drinks wie: „Gin and Tonic" mit einem Dash Bitter oder auch Sommergetränke z.B. auf Schweppes Basis.

Amaretto

Amaretto ist ein italienischer Mandellikör aus Italien mit 25 % Alkoholgehalt. Er wird aus Mandeln, Aprikosenkernen, Vanille und anderen Gewürzen hergestellt.
Sein Geschmack erinnert überwältigend an Marzipan.
Er wird auf Eis oder ohne, als Long Drink aufgefüllt mit Apfel- oder Kirschsaft und als Bestandteil vieler leckerer Cocktails serviert.
Einer der bekanntesten Amaretto Marken ist Disaronno, ein Amaretto aus Saronno mit bittersüßem Mandel-Geschmack durch den Zusatz von Aprikosenöl, feinem Alkohol, gebranntem Zucker und einer Essenz aus verschiedenen ausgewählten Kräutern und Früchten.

Licor 43

Das Rezept für diesen Likör soll über 2000 Jahre alt sein. Es besteht aus vielen hochwertigen Zutaten, aromatischen Kräutern, Vanille und Zitrusfrüchten von der iberischen Halbinsel.
Unter der Führung von Publius Cornelius Scipio eroberten und unterwarfen die Römer die iberische Halbinsel und lernten die geheimen Zutaten dieses Likörs kennen.
Der Gründer der Brennerei, Diego Zamora, übernahm 1924 das alte Rezept und schuf mit seinem Bruder Angel Zamora Consa und seinem Schwager in Cartagena

diesen Likör. Sie schafften es, den Likör in Spanien und weltweit populär zu machen.
In Spanien ist Licor 43 der meist getrunkene Likör. Er wird darüberhinaus in mehr als 60 Ländern der Welt konsumiert.
Er schmeckt pur oder auf Eis Klasse. Er eignet sich auch sehr gut als Long Drink auf Eis, aufgefüllt mit Milch oder Säften.
Licor 43 schmeckt fruchtig, exotisch und ist ein wichtiger Bestandteil zahlreicher Cocktails.
Der Alkoholgehalt liegt bei 31% vol.

Parfait Amour

Parfait Amour ist ein französischer Likör aus Montpellier, im Süden des Landes.
Er wird aus Veilchenblüten, Vanille, Koriander, Rosenblüten, Orangen, Zitronen und verschieden anderen Blüten und Gewürzen hergestellt.
Seine Farbe ist lila und wirklich einmalig.
Man kann ihn zum Mixen verschiedener Cocktails verwenden, aber am besten nur in Verbindung mit Schaumwein (auch auf Eis im Long Drink), damit die Farbe erhalten bleibt.
Er hat einen Alkoholgehalt zwischen 25 % und 30 %

Magalore *d´Epice et de Piment*

Magalore ist eine Hafenstadt im südindischen Bundesstaat Karnataka. Sie ist der Namensgeber für diesen außergewöhnlichen Likör.
Magalore kommt aus Frankreich und hat einen Alkoholgehalt von 40 %.
Hergestellt wird dieser Chili-Likör aus Chili, Kardamom und Zimt mit einer schönen kräftigen roten Farbe. Magalore ist ein Likör mit einem exotischen Flair. Der Geschmack erinnert an asiatische Gewürze.

Chartreuse

Chartreuse ist ein französischer Likör aus über 130 verschiedenen Kräutern und Pflanzen mit Zusatz vom Weinalkohol und Zucker. Er wird über fünf Jahre in Eichenfässern gelagert.
Chartreuse „Jaune" ist der Gelbe mit 40% und „Verte" der Grüne mit 55% Alkoholgehalt. Der grüne Chartreuse schmeckt kräftiger als der süßere gelbe.
Die Farben sind selbstverständlich natürlich.

Suze

Suze ist ein französischer Aperitif, der aus der Wurzel des gelben Enzians, weiteren Wurzeln und Pflanzenextrakten hergestellt wird.
Darüber, ob der Aperitif wirklich aus Frankreich kommt, gehen die Meinungen auseinander. Die Schweizer verweisen auf den Bach „Suze" in der Nähe des Berner Jura, wo auch der gelbe Enzian zu finden ist. Genau dort soll ein Schweizer zum ersten Mal Suze unter dem Namen „Gold der Alpen" verkauft haben.
Die Franzosen glauben dagegen, dass der Aperitif in der Nähe von Paris im Jahr 1885 von einem Monsieur Fernand Moureaux erfunden wurde.
Suze hat einen bitteren Geschmack und wird pur, auf Eis, als Longdrink mit Soda Wasser oder Tonic Wasser serviert.
Der Alkoholgehalt ist 15% vol.

Galliano

Galliano ist ein Kräuterlikör aus Italien, hergestellt in der Stadt Solaro im Mailand. Er wird aus mehr als 70 verschiedenen Kräutern, Wurzeln und Blüten so wie Vanille, Lavendel und Zimt hergestellt.
Den Namen gab dem Likör Arturo Vaccari, der Erfinder dieses italienischen Likörs im Jahr 1896, er benannte ihn nach Major Giuseppe Galliano. Er war ein italienischer Held während des Abessinien-Kriegs (italienisch-äthiopischer Krieg) zwischen 1886 bis 1889.
Typisch für Galliano ist seine kräftige gelbe Farbe, die schmale Flasche mit sehr langem Hals und natürlich der Geschmack mit einer Vanillennote, würzig, vollmundig und vielen edlen Kräutern.
Seit 2006 gibt es einen neuen Galliano, der würziger und viel kräftiger im Geschmack ist. Die Vanillennote schmeckt man nicht mehr so intensiv heraus. Das neue Produkt heißt „Galliano L´Autentico" mit 42,3% Alkoholgehalt und feinerer gelblicher Farbe. Er soll nach der alten Rezeptur des Hauses hergestellt werden.
Seinen Vorläufer mit intensivem Vanille-Geschmack gibt es seit April 2010 unter dem Namen „Galliano Vanillia" zur Freude der Gallianoliebhaber wieder auf dem Markt. Er war im Jahr 2008 vom Markt genommen worden. Mit 30% Alkoholgehalt und intensivem Duft und Geschmack eignet er sich gut zum Mixen.

Escorial grün

Escorial grün ist ein deutscher Likör aus vielen verschiedenen harmonisch zusammengesetzten Kräutern und Gewürzen, der nach einer geheimen Rezeptur hergestellt wird.
Seinen Anfang nahm er um 1900 und bis Mitte der 60er Jahre war Escorial mit der damaligen hell gelben Farbe und einem Alkoholgehalt von 43% ein sehr gefragter Likör.
Mitte der 60er kam dann Escorial grün mit einem höheren Alkoholgehalt von 56% auf den Markt und die Beliebtheit und die positiven Umsatzzahlen blieben stabil.
Escorial schmeckt sehr harmonisch, einerseits herb nach Kräutern und andererseits kräuterig süß. Servieren kann man ihn kalt oder auf Eis. Zum Flambieren eignet er sich durch seinen hohen Alkoholgehalt, danach entsteht durch seinen Zuckeranteil ein feiner Karamelgeschmack

Whisk(e)y Liköre
Liköre auf der Whisk(e)y-Spur

Southern Comfort

Southern Comfort ist ein amerikanischer Likör, hergestellt aus Pfirsisch, Orangen, Vanille und reinem Neutralalkohol.
Southern Comfort wurde 1874 in New Orleans von einem 24-jährigen irischen Barkeeper namens Martin Wilkes Heron erfunden, weil er einen ungenießbaren Whisky durch die Zugabe von Pfirsichen, Zimt, Orangen und Vanille genießbar machen wollte.
Der Alkoholgehalt beträgt 35%vol.
Es gibt auch einen Southern Comfort 6 Jahre mit 40% Alkoholgehalt, der mit Bourbon Whisky gemischt ist.
Southern Comfort wird gerne pur oder auf Eis im Tumbler serviert oder als Long Drink mit Ginger Ale oder Kirschsaft.
Einer der bekanntesten Cocktails mit Southern Comfort ist **„Gone with the Wind"**, der im Jahr 1939 zum gleichnamigen Film kreiert wurde.
Southern Comfort steht weltweit an zweiter Stelle der Likörbrände und wird in mehr als 90 Länder verkauft.

Baileys

Baileys Original Irish Cream ist ein Crémelikör aus Irland.

Den Likör kreierten die Iren R. und A. Bailey im Jahr 1974. Baileys ist eine Mischung aus irischem Whisky und Sahne mit einem Alkoholgehalt von 17%.
Für die Lieferung der Sahne werden jährlich ca. 275 Millionen Liter Milch von 40.000 reinrassigen irischen Milchkühen auf mehr als 1.500 Farmen produziert.
Der Baileys schmeckt cremig und leicht schokoladig.
Der Alkoholgehalt ist 17% vol.
Neu im Programm sind Baileys mit verschiedenen Flavours wie:
-Mint Chocolate
-Crème Caramel
-Hazelnut
-Coffee
Serviert wird der Likör auf Eis oder pur.

Drambuie

Drambuie ist der Trank, der glücklich macht, so heißt auf jeden Fall seine Übersetzung aus dem Gälischen. Ich glaube allerdings um glücklich zu werden braucht man schon mindestens eine ganzen Flasche.
Drambuie ist ein schottischer Whiskylikör hergestellt aus verschiedenen Kräutern, schottischem Heidehonig und Whisky, nämlich 17 Jahre altem Malt und Grain Whisky.
Der Legende nach wurde Prince Charles Edward Stuart, bekannt als „Bonnie Prince Charlie" nach einer verlorenen Schlacht während des schottischen Freiheitskampfes gegen die Engländer von einem Mistreiter Namens „Mackinnon" gerettet. Aus Dankbarkeit übergab ihm der Prinz das Rezept des königlichen Likörs. Die Formel dieses geheimnisvollen Likörs war von der königlichen Apoteke entworfen worden und der Prinz trank jeden Tag paar Tropfen davon. Der Likör sollte die königliche Natur reflektieren.
Die königliche Apoteke soll die wertvollsten Gewürze eingesetzt haben, die medizinisch auch beruhigende Eigenschaften besaßen. Nelken, getrocknete Blüten einer indonesischen Baum-Knosbe, Safran und andere Kräuter, schottischer Heidehonig und Malts aus Spyside und Highlands wurden eingesetzt.
Drambuie schmeckt vollmundig, rund, süß mit einer starken Malt-Note und anhaltendem Nachklang.
Der Alkoholgehalt ist 40% vol.
Witere Abfüllungen des Unternehmens sind:
-Drambuie 15 Years Old
-Drambuie The Royallegacy of 1745

Irish Mist

Irish Mist ist ein Likör, der aus Irland stammt, genauer aus der Stadt Tullamore in den irischen Middleland. Die kommerzielle Produktion von Irish Mist begann im Jahr 1947 durch die Familie Williams, die der ürsprüngliche Besitzer des Likörs waren und der Gründer der Tullamore-Destillerie im Jahr 1829.
Der Likör wird aus verschieden exotischen Kräutern, Naturhonig und weichem Irishwhiskey hergestellt.
Er wird gerne pur oder auf Eis serviert und schmeckt sehr fein im Kaffee mit einer Sahnehaube.
Die Farbe ist Bernstein und der Geschmack würzig, kräftig, mittelsüß und rund.
Der Alkoholgehalt ist 35% vol.

Fruchtsaft- & Fruchtaromaliköre

Midori

Midori bedeutet „grüner Smargad". Midori ist ein japanischer Likör aus Honigmelonen, mit einer sehr schönen kräftig grünen Farbe. Zur Herstellung verwendet werden nur Melonen aus Japans Melonen-Mekka Yubari.
Midori gehört zu dem japanischen Multi-Getränkekonzern Suntory.
Der Alkoholgehalt ist 20% vol.
Midori eignet sich durch seine Aromen und seine Farbe perfekt zum Mixen, aber auch einfach mit Sekt oder Champagner aufgefüllt.
Die Firmen „Kuyper" und „Bols" haben beide auch einen Honigmelonenlikör im Sortiment.

Wassermelonenlikör

Ein der besten, meiner Meinung nach sogar der beste Wassermelonenlikör, ist Marie Brizard Water Melon.
Ein Likör mit herrlichen Aromen nach frischer Wasser Melone, sehr fruchtig und schön hellrot in der Farbe.
Marie Brizard Water Melon Likör ist eines der vielen Produkte der französischen Getränkkonzerne mit Sitz im Bordeaux . Der Alkoholgehalt ist 17% vol.
Die Firma „Kuyper" hat auch einen Wassermelonenlikör mit 21% vol. im Sortiment.
Der Water Melon Likör eignet sich perfekt zum Mixen fruchtiger Cocktails, als Long Drink oder einfach mit Sekt aufgefüllt.

Aprikosenlikör (Apricot Brandy)

Apricot Brandy oder Aprikosenlikör ist ein Likör mit Aprikosenaromen, Zucker, Aprikosensaft und auch Apikosenbrand oder Neutralalkohol.
Eines der bekanntesten Produkte ist der Apricot Brandy der Firma „Bols".
Der Alkoholgehalt ist 30% vol.
Er ist ein hervorragender Likör mit Zusatz von Mandeln auf Weinbrand Basis. Er erreicht einen tollen Geschmack und eine perfekte Qualität, die pur auch zu genießen ist.

Pfirsichlikör

Pfirsichlikör ist ein Fruchtlikör aus Aromen, Zucker und Neutralalkohol.
Die Bekanntesten Produkte sind „Pepino Peach" aus Dänemark mit 15% vol, „Peachtree" der Firma Kuyper aus den Niederlanden mit 20% und der Pfirsichlikör der Firma Maria Brizard mit 18% Alkoholgehalt.
Pfirsischlikör eignet sich sehr gut zum Mixen oder auch aufgefüllt mit Champagner(die Franzosen trinken diese Kombination gerne).

Chambord

Die Flasche dieses Likörs sieht wahrhaft königlich aus. Auf dem goldenen Verschluss prangt eine Krone. Sein Name hat auch viel mit der Geschichte dieses Likörs zu tun „ **Chambord Liquer Royale de France**".
Der Legende nach, genoss Louis der XIV bei einem Besuch 1685 in Château Chambord in der Region Loire einen wunderbaren Himbeerlikör. Das Rezept wurde eigens für den Sonnenkönig im Chateau Chambord kreiert.
Chambord wird aus Zutaten wie Brombeeren, Himbeeren, Vanille, Zimt, Honig, Zitrusfrüchten und Cognac hergestellt.
Der Alkoholgehalt ist 16,5 % vol.
Chambord eignet sich sehr gut zum Mixen, aber auch nur mit Champagner aufgefüllt, eben königlich.

Kirschlikör (Cherry Brandy)

Kirschlikör ist ein Likör aus Fruchtsaft, Aromen und Neutralalkohol. Der bekannteste Kirschlikör (Cherry Brandy) ist „Cherry Peter Heering" aus Dänemark, der im Jahre 1818 von Peter Heering in Kopenhagen kreiert wurde.
Cherry Heering wird auschließlich aus dem Saft der dunklen, kleinen Stevens-Kirschen

aus Seeland hergestellet. Die Kirschen werden mit Kern gepresst, wodurch die intensive Mandelnote des Endproduktes entsteht.
Cherry Brandy wird 3 Jahre in französischen Eichenfässern gereift.
Der Alkoholgehalt ist 25 % vol.

Zu erwähnen sind auch der Cherry Brandy der Firma Bols aus Maraska-Kirschen mit 24% vol, De Kuyper Maraschino Likör mit 30% vol. und de Kuyper Cherry Brandy mit 24% vol. Alkoholgehalt.

Maracujalikör

Maracujalikör ist ein exotischer Likör aus tropischen Passionfruchtsaromen und Saft mit Zusatz von Kräuterextrakten. Der Alkoholgehalt ist 17 % vol.
Maracuja Likör gibt es von der Firma Bols als „Maracuja Bols" und von Remy Martin in einer schwarzen Flasche unter dem Namen „Passoa", beide sind sehr lecker und perfekt zum Mixen von tropischen Cocktails geeignet.

Kwai Feh Lychee

Kwai Feh übersetzt bedeutet „geschätzte Konkubine". Er ist ein Lychee-Likör aus dem Hause Kuyper, hergestellt aus dem Saft der chinesischen Lychees. Er schmeckt mild, nach Lychee, fruchtig und leicht säuerlich. Sein Geschmack hat einen Touch der fernostasiatischen Welt. Er ist ein idealer Bestandteil exotischer Cocktails, durch seine feine Aromen und seine Farbneutralität.
Er schmeckt auch gut in der Kombination mit Sekt oder Champagner.
Der Alkoholgehalt ist 20% vol.

Malibu

Malibu ist ein karibischer Likör aus Barbados, hergestellt aus karibischem Rum und Kokosaromen.
Er hat 21% vol. Alkoholgehalt und durch seine Farblosigkeit und seinen süßen Kokosgeschmack eignet er sich sehr gut zum Mixen von karibischen fruchtigen Cocktails. Man kann ihn aber auch pur auf Eis geniessen.

Cointreau

1849 gründeten die Brüder Adolphe und Edouard-Jean Cointreau in Angers (Frankreich) die erste Destillerie des Hauses Cointreau. Im Jahr 1875 übernahm der Sohn Edouard

Cointreau Junior das Unternehmen.
Cointreau ist ein französischer Likör aus den Schalen verschiedener grün-bronzefarbener und rot-orange farbener Orangen, die unterschiedlich süß oder bitter schmecken. Die Schalen der Orangen werden zum Trocknen gebracht und mazeriert, wodurch die Aromen der Schalen freigesetzt werden. Weitere Zutaten sind Wasser, Zucker und Neutralalkohol.
Der Alkoholgehalt ist 40% vol.
Cointreau serviert man im Schwenker, pur auf Eis oder auf Wunsch auch auf Crashed Ice. Cointreau ist ein wichtiger Bestandteil vieler Cocktails.

Grand Marnier

Grand Marnier ist ein Likör aus Frankreich, der von Alexandre Marnier-Lapostolle im Jahr 1880 erfunden wurde. Hergestellt wird Grand Marnier aus karibischen Bitter- und Süßorangen, mit Zusatz von Neutralalkohol oder Cognac, je nachdem um welches Produkt sich handelt. Bei Grand Marnier Rouge mit dem roten Etikett wird Cognac zugesetzt, bei Grand Marnier Jaune mit gelbem Etikett, Neutralalkohol.

Das Grand Marnier Sortiment
- **Grand Marnier Rouge**

Grand Marnier Rouge war das erste Produkt, das auf den Markt gebracht wurde. Es handelt sich um einen Edellikör aus karibischen Süß- und Bitterorangen und Cognac aus Charante. Die Farbe ist Bernstein und der Geschmack blumig und sehr aromatisch nach frischen Früchten und Orangen.
Der Alkoholgehalt ist 40% vol.

- **Grand Marnier Jaune**

Grand Marnier Jaune mit einem gelben Etikett, kam viele Jahre später als Grand Manier Rouge auf den Markt. Er enthält keinen Cognac, sondern reinen Neutralalkohol, was auch den Geschmack entscheidend beeinflusst.
Die Farbe ist Dunkelgold und der Geschmack frisch nach Orangen.
Der Alkoholgehalt ist 40% vol.

- **Grand Marnier Cuvée du Centenaire**

Er wurde im Jahr 1927 zum 100-jährigen Jubiläum des Hauses kreiert.
Er enthält einen 20 Jahre alten Cognac aus Petite und Grande Champagne und wird zusätzlich 2 Jahre in Eichenfässern gelagert. Grand Marnier Cuvee du Centenaire ist ein Genuss. Er hat Bernsteinfarbe und schmeckt nach trockenen Früchten, Muskat und Ingwer. Die Aromanuancen erinnern an kandierte Orangen mit würzigem Hintergrund.
Der Alkoholgehalt ist 40% vol.

- **Grand Marnier Cuvée du Cent Cinquantenaire**

Er wurde zum 150-jährigen Firmenbestehen im Jahr 1977 kreiert.
Zur Herstellung werden bis zu 50 Jahre alte Cognacs verwendet. Er hat eine rötlich-goldene Farbe mit gelblichen Untertönen. Er schmeckt nach Orangen, Kaffee, bitteren Mandeln und Honig mit einem langen, komplexen Abgang.
Der Alkoholgehalt ist 40% vol.

Grand Marnier Rouge und Jaune verwendet man oft für Desserts wie Crepe Suzette.
Serviert wird er pur oder auf Eis in einem Schwenker.
Die Cuveés werden meist pur mit Zimmertemperatur serviert.

Curacao

Curacao wird aus den Schalen der Bitterorangen (Pomeranzen) hergestellt. Der Name stammt von der gleichnamigen Insel Curacao vor Venezuela. Er hat 20%vol. Alkoholgehalt.
Curacao Triple Sec gehört zur selben Familie, allerdings mit einem höheren Alkoholgehalt. Triple sec wird drei Mal destilliert weist einen Alkoholgehalt von 38 % vol. auf.
Blue Curacao ist ebenfalls ein Curacao, mit 21% vol. Alkoholgehalt und dem Zusatz der Farbstoffe E131 und E133. Curacao gibt es auch in Rot und Grün, die Farbe wird hier ebenfalls durch Farbstoffe erreicht.
Die farbigen Curacaos verwendet man häufig beim Mixen. Durch Kombination mit verschiedenen Säfte entstehen sehr interessante Farben.
Sehr zu Empfehlen ist auch Curacao Dry Orange(Bols), den ich gerne zum Mixen von „Mai Tai" verwende. Ein aromatischer Curacao mit sehr schöner dunkler Farbe und leichter Rum Note.

Angel d,Or *Ein Orangenlikör aus der sonnigen Insel Mallorca*

Der Likör Angel d,Or ist ein Orangenlikör aus sonnenreifen Orangen des Tales Sóller auf Mallorca. Das Tal von Sóller liegt im Nordwesten der Insel, auch bekannt als „Tal des Goldes" im Herzen des Gebirges "Tramuntana".
Den Likör kann man gekühlt pur oder auf Eis, gefüllt mit Cranberry oder anderen Säften, auch als Zutat eines Mixgetränkes, genießen.
Der Alkoholgehalt ist 31% vol.

Mandarine Napoléon *Grand Liquer*

Der Name alleine ist es wert, diesen Likör aus Mandarinen zu probieren.
Napoleon Bonaparte soll nach dem Dinner immer gerne einen edlen Cognac mit eingelegten Mandarinen getrunken haben. Das brachte einen Spirituosenhersteller in Belgien auf die Idee, einen Mandarinenlikör auf der Basis von Cognac auf den Markt zu bringen.
Mandarine-Likör wird in Nordfrankreich aus Mandarinenschalen und verschiedenen Kräutern hergestellt.
Er reift über 3 Jahre in Eichholzfässern und wird anschließend unter der Aufsicht des Kellermeisters mit feinem altem Cognac gemischt. Das Ergebnis ist ein harmonischer Likör mit feinem Mandarinenaroma.
Mandarine Napoléon ist perfekt zum Mixen oder pur mit oder ohne Eis. Man kann ihn auch als Long Drink gefüllt mit Orangensaft, Ginger Ale oder Cranberry Juice anbieten.
Der Alkoholgehalt ist 38 % vol.

Crèmes

Crème de Cassis

Crème de Cassis wird aus schwarzen Johannisbeeren hergestellt. Er ist eine Mischung aus Beeren, Wasser, Neutralalkohol und Zucker. Ursprung des Likörs ist Dijon.
Crème de Cassis hat einen Alkoholgehalt zwischen 17% und 20%vol.
Der Likör eignet sich sehr gut zum Mixen. Zwei bekannte Aperitifs sind „ Kir Royal " (Crème de Cassis aufgefüllt mit Champagner) und „ Kir " (mit Weißwein aufgefüllt).

Crème de Banane

Crème de Banane ist ein fruchtiger Likör, der sehr süß und intensiv nach Bananen schmeckt, kombiniert mit milder Vanille.
Bananenlikör gibt es auch als Pisang, hergestellt aus grünen Pisang-Bananen. Er enthält grüne Farbe und eignet sich somit optimal zum Mixen.
Der Alkoholgehalt bewegt sich zwischen 17% und 25%vol.
Die bekanntesten Hersteller sind Bols, Kuyper und Maria Brizard.

Crème de Menthe (Pfefferminzlikör)

Crème de Menthe gibt es im Handel als „White" oder „Green". Er wird aus grünen Minzblättern, die sehr aromatisch und erfrischend duften, und verschiedenen Pfefferminzölen, manchmal auch Limonen, unter Zugabe von Zucker und Neutralalkohol hergestellt. Bei der grünen Version wird Farbstoff zugesetzt.
Der Likör schmeckt sehr intensiv nach Pfefferminze und eignet sich hervorragend zum Mixen.
Der Alkoholgehalt ist 24%vol.

Crème de Cacao

Crème de Cacao gibt es in zwei Versionen, in weiß oder braun.
Der helle wird aus gerösteten Kakaobohnen unter Zugabe von Vanille hergestellt.
Der dunkelere enthält mehr Kakaoanteil und schmeckt daher auch kräftiger nach Kakao und auch herber durch einen geringeren Zuckeranteil.
Der Alkoholgehalt ist 24% vol.
Crème de Cacao, weiß oder braun ist ein wichtiger Bestandteil vieler klassischer Cocktails.

Kaffeeliköre

Kahlúa

Kahlúa, ein Kaffeelikör aus Mexiko, ist der bekannteste und in den Bars am meisten eingesetzte Kaffeelikör.
Er schmeckt und riecht intensiv nach Kaffee und wird aus Arabica-Kaffeebohnen, Zuckerrohr und Vanille hergestellt.
Der Alkoholgehalt ist 20% vol.
Kahlúa nimmt man zum Mixen vieler bekannter Cocktails, man serviert ihn pur auf Eis oder als Longdrink, gefüllt mit Milch und Säften.
Die Farbe ist dunkelbraun. Er duftet nach gerösteten Kaffeebohnen mit kräftigen Kaffeearomen.

Tia Maria

Der Konkurrent von Kahlúa heißt Tia Maria aus Jamaika. Er ist ein Kaffeelikör aus Jamaikanischem Rum und Blue Mountain Kaffee mit Zugabe von Vanille.

Er gehört zu den bekanntesten Kaffeelikören der Welt und ist ein Muss in jeder Bar. Der Alkoholgehalt ist 20% vol.

Emulsion Liköre

Batida de Coco

Aus dem Portugiesischen übersetzt bedeutet Batida de Coco „Mixgetränk aus Kokosnuß". Batida de Coco ist ein 16 %iger Likör aus Brasilien auf Basis von Neutralalkohol, Milch und Kokos.
In Brasilien sind die Batidas erfrischende und fruchtige Cocktails aus Zuckerrohrschnaps(Cachaca) und verschiedenen exotischen Früchten.
Beliebt ist Batida de Coco auf Eis mit Kirschsaft oder Maracujasaft aufgefüllt, oder auch als Zutat vieler Cocktails.
Der Alkoholgehalt ist 16% vol.

Amarula *Cream* THE SPIRIT OF AFRICA

Amarula ist ein Creme-Frucht-Likör aus Süd Afrika.
Der Hauptbestandteil dieses Likörs ist der Saft der wilden Früchte des wildwachsenden Marula-Baums. Da im Sommer der tropische Duft der Marula Früchte die Elefanten anlockt und sich zahlreiche Elefanten unter den Bäumen sammeln, nennt man sie auch Elefantenbäume.
Die Frucht ist gelb und umschließt mit seiner festen Haut das weiße Fruchtfleisch. Das Destillat aus dem Fruchtsaft wird über 2 Jahre in Eichenfässern gelagert und anschließend mit frischer Sahne auf einen Alkoholgehalt von 17% herabgesetzt.
Am besten schmeckt er pur mit oder ohne Eis, oder als Bestandteil vieler Cocktails.
Die Marke Amarula wurde im Jahr 1989 in Südafrika eingeführt und hat sich zum nationalen Marktführer entwickelt. Hergestellt wird der Likör von „Destillers Corporations" mit Sitz in „Stellenbosch" bei Kapstadt.

Anisetten
Liköre und Brände

Ricard

Paul Ricard brachte in Marseille im Jahr 1932 zum ersten Mal Pastis auf den Markt. Ricard mit der schönen Farbe und intensivem Anisgeschmack ist ein Produkt aus Sternanis, Lakritz-Wurzeln, Fenchel, Kräutern der Provence und vielen anderen Kräutern.
Die schöne Bronze Farbe von Ricard wandelt sich in milchige Farbe um, nachdem er mit kaltem Eiswasser gefüllt wird.
Das Bukett und seine Farbe machen Ricard unvergesslich. Die Aromen des Likörs erinnern an die frische Luft und Harmonie der Natur in der Provence, wo auch seine Wurzeln sind. Er schmeckt frisch nach Anis, Lakritz und Blüten.
Beim Servieren von Ricard, sollten immer ein Teil Ricard und 5 Teile Eiswasser gemischt werden. Das Gießen des Eiswassers soll unbedingt am Tisch und vor den Augen des Gastes erledigt werden, damit der Gast die Farbveränderung selbst erleben kann.
Ricard hat einen Alkoholgehalt von 45%.

Pernod

Die Geschichte von Pernod begann im Jahr 1772, als Dr. Pierre Ordinaire, ein französischer Revolutions-Flüchtling, in einem kleinen Ort im Schweizer Jura ein

Anisgetränk kreierte, das für medizinische Zwecke gedacht war. Es handelte sich um eine Absinthgetränk-Mischung mit Vermut.
Ordinaire verkaufte das Rezept 1797 an Major Dubied.
Major Dubied gründete zusammen mit seinem Schwiegersohn, Henri-Louis Pernod, zunächst eine Absinthdestellerie in der Schweiz. Die zweite Destillerie wurde 8 Jahre später in Frankreich (Pontarlier) in der Nähe der schweizerischen Grenze unter dem Namen Pernod gegründet.
Pernod ist ein Anis-Destillat aus verschiedenen Kräutern, aromatisiert durch verschiedene Essenzen wie Minze, Fenchel, Zimt und Koriander.
Der Unterschied zwischen Pernod und Ricard besteht vor allem in den Herstellungsmethoden. Ricard wird mazeriert und der Pernod im Gegenteil destilliert.
Das bedeutet, Ricard ist ein Anis-Likör und Pernod ein Anis-Brand.
Pernod wird nicht nur in den Bars serviert, sondern auch oft in den Küchen zum Würzen vieler Speisen.
Der Alkoholgehalt ist 40% vol.

Pastis 51

Pastis 51 ist ein weiteres Produkt der aus Anis hergestellten Spirituosen. Pastis 51 ist eine Mischung aus Anis, Zucker, Wasser und Neutralalkohol. Herstellungsort ist Marseille.
Pastis 51 wird auch mit Zitronen Aroma angeboten und ist dann ein perfektes Getränk für warme Sommertage.
Der Alkoholgehalt ist 51% vol.

Absinthe

Absinthe ist eine Destillation aus Wermuthkraut, Fenchel, Anis, Melisse, Beifuß und verschiedenen anderen Kräutern. Absinth hat eine hell- bis tief-grüne Farbe, die durch den Zusatz des Pflanzenfarbstoffs Chlorophyll erreicht wird.
Der Absinth Pernod hat einen Alkoholgehalt von 68%, aber es gibt auch Sorten, die einen Alkoholgehalt zwischen 45% und 74% haben.
Ein Bestandteil des Absinthes, außer Anis, ist Thujon, das im Wemutkraut vorkommt. Deshalb nennt man Absinth auch Wermutspirituose.
Thujon solle gesundheitsschädlich sein, hieß es Anfang des 19. Jahrhunderts, und deshalb wurde Absinth im Jahr 1915 in vielen westlichen Ländern verboten.
Seit Ende 90er ist der Verkauf in den meisten europäischen Ländern wieder erlaubt und auch in der Schweiz, wo die Spirituose 1800 ihren Anfang nahm, wird seit 2005

wieder Absinth hergestellt. Allerdings ist die zugelassene Obergrenze von Thujon 35mg/kg, da es in höherer Dosierung Verwirrtheit und Halluzinationen hervorrufen kann.

Serviermethoden:
Es gibt viele Servicemöglichkeiten, aber eine der häufigsten ist es, 4 bis 6 cl Absinth ins Glas zu geben, einen Absinthlöffel mit einem Zuckerwürfel daraufzulegen, den Zucker mit Absinth zu beträufeln und anschließend anzuzünden. Der Zucker schmilzt und verläuft in das Glas. Nach dem Erlöschen des Feuer gießt man Eiswasser über den Zucker, damit Zucker, Wasser und Absinth zusammen in das Glas kommen.

AbsinthMarken:
Pernod Absinth
Doubs Mystique Absinth
Absinth 66

Sambuca

Sambuca gehört ebenfalls zu der Familie „Anisette". Er ist ein Likör, hergestellt aus Anis, Sternanis, Zucker, Neutralalkohol, aromatisiert durch verschiedene Gewürze. Sambuca ist auch bekannt als „Sambuca con la mosca", heißt Sambuca mit Fliege, eine Anspielung darauf, dass er oft mit Kaffeebohnen serviert wird. Der bittere Geschmack der Bohnen ergänzt den süßen Geschmack des Sambuca perfekt. Beim Servieren flambiert man Sambuca oft, oder er wird mit Eiswasser vermischt. Die bekannteste Marke ist „Sambuca Molinari", den es auch als Black mit Kaffee, Vanille und Himbeerennote gibt.
Der Alkoholgehalt ist 40% vol.
Die Legende sagt: eine ältere italienische Dame brannte Sambuca selbst und als sie den Sambuca ihrer Familie servieren wollte, setzten sich drei Fliegen, angelockt durch die Süße des Likörs, ins Glas. Da dies mehrmals passierte, entstand der Ausdruck mit den Fliegen, „con la Mosca".

Ouzo

Ouzo mit 38% bis 40% Alkoholvolumen ist ein griechischer Likör mit Zutaten wie Anisöl, Fenchel, Ingwer, Zimt, verschiedenen Kräutern, Zucker und Neutralalkohol. Anfang des 19. Jahrhunderts nahm Ouzo seinen Anfang. Ob Ouzo der Nachfahre des Raki ist und zurück auf das15. Jahrhundert geht, ist nicht sicher.
Ouzo darf nur in Griechenland und Zypern hergestellt werden und muss einen Minestalkoholgehalt von 37,5% haben.

Ouzo wird pur, gekühlt oder mit Zimmertemperatur, auf Eis oder mit Wasser serviert.

Raki

Raki ist ein zweifaches Destillat aus Rosinen oder Weintrauben, aromatisiert mit Anis.
Die Farbe ist klar. Der Alkoholgehalt ist 40% vol.
Raki kommt aus der Türkei und wird gerne kalt, auf Eis oder mit Wasser serviert. Raki ist das Nationalgetränk der Türkei und auch bekannt als Löwenmilch, durch die milchige Farbe, die durch das Mischen mit Wasser entsteht.

Weitere Liköre:
Agavero: Er ist ein mexikanischer Likör aus Tequila und Essenzen der aromatischen Damiana Blumen aus der Region Jalisco.
Der Alkoholgehalt ist 32 %vol.
Agave Sec: Er ist ein Orangen-Destillat, gesüßt mit Agavensirup.
Der Alkoholgehalt ist 40% vol.
Charleston Follies: Er ist ein exotischer Likör, aus Früchten wie Mango und Maracuja hergestellt.
Der Alkoholgehalt ist 20% vol.
Crème de d´anana: Er ist ein Ananaslikör unterschiedlicher Herkunft z.B. Giffard, Frankreich.
Crème de Fraise: Er ist ein Likör aus Erdbeeren.
Der Alkoholgehalt ist 20% vol.
Crème de Noisette: Er ist ein Haselnusslikör aus Frankreich, Dijon.
Crème de Rose: Rosenblütenlikör. **Lantenhammer Rosen Liquer:** hergestellt aus Blüten der Kasanlak-Rosen aus Bulgarien.
Der Alkoholgehalt ist 25% vol.
Crème de Violette: Er ist ein Likör aus Blüten und Wurzeln der Veilchen.
 Alkoholgehalt ist unterschiedlich.
Dumante Verdenoce: Ein italienischer Likör mit Pistazien- Mandel- Honig- Aromen. Der Alkoholgehalt ist 28% vol.
Eierlikör: Er wird aus Eigelb, Zucker, Honig, Sahne und Alkohol hergestellt.
Alkoholgehalt liegt zwischen 14 und 20% vol.
Frangelico: Er wird aus wilden Haselnüssen und Beeren in Italien hergestellt.
Der Alkoholgehalt ist 24% vol.
Girl Likör: Er ist ein fruchtiger Likör aus Himbeeren, Lychee, Cognac und Wodka aus Frankreich.

Der Alkoholgehalt ist 25 % vol.
Izzara: Er ist ein baskischer Likör aus Frankreich aus verschiedenen Kräutern und Blüten mit Zusatz von Armagnac. Izzara gibt es gelb und grün, mit 40% und 48% Alkoholgehalt.
Kiwi Liqueur: Er ist ein Likör aus Kiwi, aus dem Hause Bols.
Der Alkoholgehalt ist 20% vol.
Kruskovac Birnenlikör: Er ist ein Birnenlikör aus Kroatien.
Der Alkoholgehalt ist 25 % vol.
Lakka: Er ist ein finnischer Likör aus Moltebeeren.
Der Alkoholgehalt ist 21% vol.
Lemon Gras Marie Brizard: Er ist ein Zitronengraslikör mit natürlichen Zitronengras-und Orangen-Aromen, mit einem asiatischem Touch.
Der Alkoholgehalt ist 20% vol.
Limoncello: Er ist ein Zitronenlikör aus Italien (Golf von Neapel und Sizilien).
Der Alkoholgehalt ist 34% vol.
Er wird eiskalt serviert und schmeckt sehr zitronig, leicht süß und frisch.
Maraschino : Er ist ein in Likör aus Maraska-Kirschen. Die Farbe ist klar.
Der Alkoholgehalt ist 32% vol.
Mastikha : Er ist ein Anislikör aus Griechenland.
Der Alkoholgehalt ist 25% vol.
Mesimarja: Mesimarjalikör wird aus Mesimarjabeeren, die nur in Finnland wachsen, hergestellt. Er ist in skandinavischen Ländern sehr beliebt.
Der Alkoholgehalt ist 21% vol.
Mistra: Er ist ein Anislikör aus San Marino.
Mozart: Gold, White, Black oder Dry ist ein SchokoladenLikör aus verschiedenen Schokoladen-Sorten hergestellt, mit unterschiedlichem Alkoholgehalt zwischen 15 bis 40% vol.
Ojen: Er ist ein Anislikör aus Spanien.
Pimento Dram: Er ist ein Likör aus Pimentkörnern und Jamaikarum aus der Karibik. Er hat einen Alkoholgehalt von 22,5 % vol. und schmeckt nach Zimt, Nelken und Muskatnuss.
Pisang Ambon: Er ist ein niederländischer Likör aus verschiedenen Kräutern, Gewürzen und exotischen Früchten hergestellt.
Der Alkoholgehalt ist 21 % vol.
Pistàchà: Er ist ein Wildkräuter-Anis- Likör von der Insel Mallorca.
Der Alkoholgehalt ist 30% vol.
Praline: Er ist ein Walnuss-Sahne-Likör aus New Orleans, der nach Pralinen schmeckt. Der Alkoholgehalt ist 21% vol.
Roiano : ist ein Kräuter, Anis, Vanillienlikör aus Italien mit 22,5 %vol.

Sabra: Er ist ein israelischer Likör in verschiedenen Variationen, als Kaffee-Likör, Schokoladen-Orange oder Orangenlikör. Die ersten zwei haben 30% und der letzte 40% Alkoholgehalt.

Sarab: Er ist ein Dattellikör aus Tunesien.
Der Alkoholgehalt ist 22 % vol.

Sloe Gin: Er ist ein roter Likör aus Schlehe-Beeren und Gin als Basis, mit einem Alkoholgehalt zwischen 15 und 30% vol.

Green Tea Bols : Er ist ein Tee-Likör aus dem Hause Bols in Amsterdam.
Der Alkoholgehalt ist 21% vol.

Picon: Er ist ein franzosischer Likör aus Orangenschale, Chinarinde und Enzian mit 18% Alkoholgehalt. Getrunken wird er gemischt mit Bier, 3cl Picon aufgefüllt mit 25cl frischem Bier, bekannt als Amer Bier.

Brände
- GetreideBrände
- Agavenbrand
- Zuckerrohbrand
- Weinbrand
- Brände aus Obst
- Trester

GetreideBrände
- Gin (Genever)
- Wodka
- Aquavit
- Korn
- Whisk(e)y

Gin (Genever)

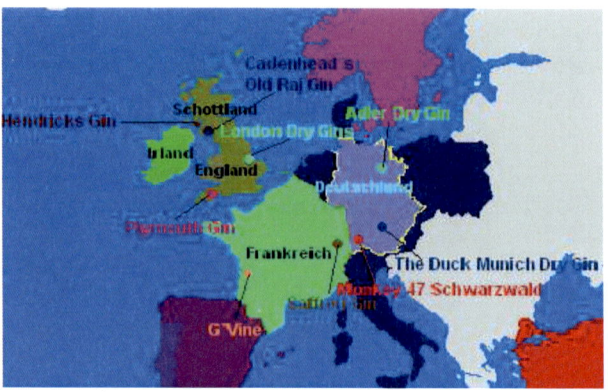

Produktionsstädte in Europa

- **Schottland-Ayrshire** (Hendricks Gin)
- **Schottland-Campeltown** (Cadenhead´s Old Raj Gin)
- **England-London** (London Dry Gins)
- **England-Dartmoor National Park** (Plymouth Gin)
- **Frankreich-Cognac** (G´Vine)
- **Frankreich-Dijon** (Saffron Gin)
- **Deutschland-Berlin** (Adler Dry Gin)
- **Deutschland-München** (The Duck Munich Dry Gin)
- **Deutschland-Schwarzwald** (Monkey 47 Schwarzwald Dry Gin)

Einer der am häufigsten bestellten Drinks in den Bars ist „Gin and Tonic", serviert auf Eis, mit einer Scheibe Zitrone, und der meist verwendete Gin ist Gordon´s Dry Gin.

Gin ist eine farblose Spirituose, gebrannt aus Getreide, aromatisiert mit Wacholderbeeren, Koriander und verschiedenen Gewürzen. Die Wacholderbeeren sind für den typischen Gin-Geschmack verantwortlich.

Um den Gin zu aromatisieren gibt es zwei Möglichkeiten. Entweder werden bei der Destillation die Alkoholdämpfe über die Gewürze geleitet und die Dämpfe nehmen bei der Durchleitung die Aromen auf, oder die Gewürze werden mit der Maische aus Korn vermischt und zusammen destilliert.

Je nach Gin werden zur Herstellung auch andere Zutaten wie Zitrusfruchtschalen, Zimt, Rosenblätter und manch andere Früchte und Gewürze verwendet.

Um das Jahr 1650 wurde der Schnaps Genever (abgeleitet aus dem Französischen für Wacholder „geniévre") von einem niederländischen Mediziner namens Francois de la Boe gegen Magen und Nierenleiden erfunden. Nach kurzer Zeit wurde sein Brand sehr populär und schließlich von der Firma „Bols" in größeren Mengen hergestellt und in Holland auf den Markt gebracht.

Während des Holländisch-Spanischen Krieges wurde der Brand durch englische Soldaten auf die britische Insel gebracht und bekam die Abkürzung „Gen" von Genever und später, nach der Herstellung in England, den Namen Gin.

Aus dem 18.Jahrhundert stammt auch „Old Tom Gin", ein englischer Gin, der leicht gesüßt ist wie Genever, aber trockener schmeckt. Er bildete schon damals die Basis für den Cocktail „Tom Collins".

Gordon´s Dry Gin

Gordon´s Dry Gin war die erfolgreiche Marke, die im Jahr 1769 in London von einem Schotten, Alexander Gordon entwickelt wurde.
Das Rezept dieses dreifach destillierten Gins ist bis heute unverändert geblieben. Er schmeckt leicht, klar, gleichmäßig, erfrischend und nach viel Wachholder. Gordon´s Dry Gin ist der meist verkaufte Gin weltweit. Er wird auch in vielen Ländern außerhalb Englands produziert.
Der Alkoholgehalt ist 37,5% vol.

Tanqueray London Dry Gin

Tanquary London Dry Gin ist ein vierfach destillierter Gin aus unterschiedlichen Zutaten wie Wachholderbeeren, Zimt, Koriander, Angelika Wurzel, Orangenschalen und Zitronen. Er schmeckt sehr trocken mit sehr klaren Noten und ist daher ein idealer Gin zum Mixen eines Martini Cocktails. Die Firma wurde im Jahr 1830 von Charles Tanqueray gegründet. Tranqueray wird in einer runden gedrungenen grünen Flasche abgefüllt.
Der Alkoholgehalt ist 47% vol.

Tanqueray No.10
Tanquary No.10 schmeckt und riecht sehr fruchtig. Er ist ein weicher Gin, hergestellt aus Getreide. Bei seiner vierten Destillation werden zum Aromatisieren Zutaten wie Grapefruits, Limetten, Orangen und Botanicals verwendet.
Er wird in einer grünen Flasche abgefüllt, was typisch für Tanqueray ist, aber die Flasche ist länglich, im Gegenteil zum Tanqueray London Dry Gin.
Der Alkoholgehalt ist 47% vol.

Tanqueray Rangpur
Tanquery Rangpur ist ein sehr fruchtiger Gin, aromatisiert mit verschiedenen Zitrusfrüchten, wie Mandarinen und Limetten, sowie Wachholder, Koriander, Lorbeer und Ingwer.
Der Alkoholgehalt ist 43,1% vol.

Bombay Sapphire London Dry Gin

Bombay Sapphire ist ein milder, trockener Gin mit Pfeffer-Kräuter-Noten und einem Hauch von Koriander, abgefüllt in einer schönen hellblauen Flasche, deren Farbe an den Saphire -Edelstein erinnert.
Für die Herstellung dieses Gins sind Zutaten wie Kubebenpfeffer, Zitrusfrüchte, Paradieskörner und Mandeln verantwortlich.
Der Alkoholgehalt ist 47% vol.
Bombay Sapphire ist ein Gin, den man unbedingt einmal probiert haben sollte.

Beefeater London Dry Gin

Beefeater Gin ist eine der bekanntesten Ginmarken aus Großbritannien, vertrieben von der Firma James Burroughs. Beefeater ist ein 100%iger Kornbrand, aromatisiert mit verschiedenen pflanzlichen Stoffen wie Wachholder, Koriander, Bitterorangen, Zitronenschale, Lakritze, Mandeln, Veilchenwurzeln und Engelwurz. Auf der Flasche sieht man kein Bild von einem Beefeater (Wächter des Londoner Towers) sondern von Yeoman of the Guard.
Der Erfinder war James Burrough, ein Londoner Apotheker, der im Jahre 1820 diesen hervorragenden Gin zusammenmischte und destillierte.
Beefeater hat einen runden, frischen und fruchtigen Geschmack.
Der Alkoholgehalt ist 47% vol.

Beefeater 24

Beefeater 24 ist ein Premiumgin aus dem Hause Beefeater, seit 2008 auf dem europäischen Markt mit einem Alkoholgehalt von 45% vol.. Er wird mit 12 verschiedenen Kräutern und Pflanzen, japanischem, auch chinesischem Tee und Wachholder, Bitterorangen, Zitronenschalen und Koriander hergestellt.
Die „24" im Namen bedeutet einmal, dass der Gin 24 Stunden mazeriert wurde und ist auch eine Ehrerbietung an die „ 24 hours alive" in London.
Die leicht gelbliche Farbe kommt durch die Teeblätter und der fruchtige Geschmack durch die Zitusfrüchte harmonisiert perfekt mit den milden Teearomen.

Beefeater Crown Jewel

Beefeater Crown Jewel ist ein sehr trockener London Dry Gin.
Der Geschmack ist sehr dezent und geprägt von Wachholdernoten.
Der Alkoholgehalt ist 50% vol.

Finsbury London Dry Gin

Die Finsbury Distellerie wurde in London im Jahr 1740 von Joseph Bishop gegründet.
Finsbury Gin ist eine Marke mit Tradition. Die Rezeptur ist 250 Jahre alt und wurde über mehrere Generationen weitergegeben. Er wird aus Wachholderbeeren, verschiedenen Kräutern, Gewürzen und exotischen Früchten hergestellt.
Finsbury schmeckt fruchtig, aromatisch und frisch nach Wacholderbeeren mit einem mittellangen Abgang.
Der Alkoholgehalt ist 37,5% vol.

Broker´s London Dry Gin

Broker´s London Dry Gin ist eine ziemlich junge Gin-Marke, gegründet im Jahr 1998 von den zwei Brüdern Martin und Andy Dawson.
Er ist trocken, so wie der britische Humor, hergestellt aus feinen Kräutern, Gewürzen, Früchten und Wacholderbeeren.
Mit seinem frischem, trockenen Geschmack ist er ein idealer Begleiter für einen „Gin and Tonic".
Der Alkoholgehalt ist 47% vol.

The London Blue Gin

The London Blue Gin ist ein weicher Gin mit langem Abgang und erfrischendem Geschmack. Er hat einen bezaubernden, leicht türkis blauen Farbton.
Der Geschmack dieses Gins wird durch die Verwendung guter englischer Getreide, Wacholder, Angelikawurzel, Koriander, Zitronenschalen, Zimt, Mandeln, Engelwurz, Veilchenwurzel, Gardenie, Bergamotte und Earl Grey Tee verfeinert.
Der Alkoholgehalt ist 47% vol.

Whitley Neill London Dry Gin

Whitley Neill London Dry Gin ist ein einzigartiger Gin mit afrikanischen Aromen durch die Aromatisierung mit Baobab vom Affenbrotbaum und Kapstachelbeere (Physalis), zwei typisch afrikanischen Wildfrüchten, außerdem Zitronen, Orangenschalen, Veilchenwurzel-Puder und Angelikawurzel.
Der Gin wird in kleinen Mengen hergestellt und in Handarbeit in alten Blasendestillieranlagen aus Kupfer gebrannt.
Er schmeckt nach Limonen, blumig, würzig und komplex mit viel Körper.

Der Alkoholgehalt ist 42% vol.

Bulldog London Dry Gin

Bulldog London Dry Gin ist ein neu-kreaierter Gin mit 40% vol. Alkohol.
Er begeistert mit seinen exotischen Noten durch die Zugabe der chinesischen Frucht „Longan", einer Verwandten der Lychee, und Lavendel, Koriander, Lotusblättern, Mohn, Wachholderbeeren, Mandeln, Zitrone, Lakritz und Süßholz.
Er schmeckt fruchtig nach Wachholderbeeren und Zitronen, kräuterig, rassig und harmonisch-aromatisch.

Plymouth Gin

„Blackfriars Distillery" ist eine der ältesten Gin-Destillerien in England, die seit 1793 ihren Sitz im Süd-Westen Englands hat.
Plymouth Gin wird dreifach aus sieben ausgewählten Pflanzenextrakten, reinem Getreide und mit Wasser aus dem „Dartmoor National Park"destilliert.
Die Bezeichnung „Plymouth Gin" ist geschützt und darf nur für Gin aus Plymouth benutzt werden.
Der Alkoholgehalt ist 47,3% vol.

Haymans Old Tom Gin

Old Tom Gin ist ein botanisch-intensiver-gesüßter Gin, der im 18. Jahrhundert sehr beliebt war.
Die „Hayman Distillery" ist die älteste Gin Familien-Brennerei in England.
Die ursprüngliche Destillerie wurde im 18. Jahrhundert von James Burrough, dem Urgroßvater des derzeitigen Vorsitzenden Christopher Haymann gegründet.
James Burrough kreierte auch den „Beefeater Gin" (siehe oben).
Christopher ist ein Brennmeister mit mehr als 35 Jahren Erfahrung. Haymans Old Tom Gin ist eine neue Marke, nach altem traditionellem Familienrezept hergestellt.
Er ist gesüßt und geprägt von Zitrusnoten und botanischen Aromen.
Der Alkoholgehalt ist 40% vol.

Hendricks Gin
Schottland

Hendricks Gin ist ein schottischer Gin mit außergewöhnlichem Geschmack.

Die Aromen sind geprägt durch Rosenblätter, Gurkenextrakte, Kamillenblüten, Zitrusschalen, Wacholderbeeren, Koriander und Holunderblüten.
Hendricks Gin schmeck frisch und weich nach Rosen und Gurke mit Zitrus und Wacholderaromen.
Der Alkoholgehalt ist 44% vol.

Cadenhead´s Old Raj
Schottland

Cadenhead´s Old Raj ist ein schottischer Gin, unter anderem aromatisiert mit Safran.
Die Destillery „William Cadenhead Ltd, Wine and Spirit" wurde von der gleichnamigen Famillie im Jahr 1842 gegründet und ist der ältestete unabhängige Abfüller Schottlands.
Der Geschmack dieses Gins ist würzig und fruchtig durch die Zugabe von Wachholderbeeren, Angelikawurzel und Zitrusfrüchten. Der Safran ist für die leicht gelbe Farbe verantwortlich.
Die Zugabe des Safrans wird persönlich vom Vorsitzenden des Unternehmens vorgenommen, damit Farbe und Geschmack bei jeder Abfüllung einheitlich und gleich sind.
Der Alkoholgehalt ist 55% vol.

Boudier Saffron Gin
Frankreich

Boudier Saffron Gin ist ein wirklich leckerer Gin aus Dijon in Frankreich, der nach britischem verfahren destilliert wird. Der Hersteller ist Gabriel Boudier, der auch viele anderen feine Produkte herstellt, wie Liquer de Caramel, Liquer de Chocolat oder Creme de Cassis. Saffron Gin stammt aus einem wiederentdeckten Rezept der Boudier Archive.
Er überzeugt nicht nur mit seiner goldenen Farbe, sondern auch mit seinem würzigen, zitronenfruchtigen Geschmack.Für diesen sind Wacholder, Koriander, Limetten und Orangenschalen, Fenchel, Angelikawurzel und auch die Zugabe von Safran verantwortlich.
Der Alkoholgehalt ist 40% vol.

G´Vine
Frankreich

G´Vine ist ein französischer Gin, hergestellt aus handgepflückten Blüten der Uni Blanc-Rebe aus der Region Cognac in Frankreich und einem Destillat aus den Trauben der gleichen Rebe. Im September jeden Jahres wird die Traube geerntet und zu Wein verarbeitet. Dieser wird viermal destilliert und das Ergebnis ist ein neutrales Traubendestillat und im Gegensatz zu klassischem Gin kein Korn-Destillat.

G´Vine [Floraison]
G´Vine[Floraison], abgefüllt in einer hellgrünen Flasche mit einem grünen Verschluss, schmeckt sehr weich, rund, würzig und blumig mit Noten von Ingwer, Kardamom und Wachholder.Die Aromanuancen sind süß, floral, warm-würzig. Der Abgang ist trocken, anhaltend und sauber.
Der Alkoholgehalt ist 40% vol.

G´Vine [Nouaion]
Der hellgraue G´Vine[Nouaion] schmeckt fruchtig, kräftig, intensiv mit komplexen Aromen, begleitet von Zitronen und floralen Aromen.Die Aromanuancen sind leicht barrique-holzig, botanisch und wachholderig. Der Abgang ist kräftig, herb, blumig und fruchtig.
Der Alkoholgehalt ist 43,9% vol.

The Duke Munich Dry Gin
Deutschland

Die beiden Brenner Max Schauerte & Daniel Schönecker richteten in einem bescheidenen Hinterhof im Herzen Münchens die Persephone-Destillerie ein, um den ersten Gin „Made in Munich" zu brennen.
„The Duke Munich Gin" wird aus den besten Kräutern und Gewürzen biologisch kontrollierter Anbaugebiete hergestellt. Unbehandelte Wachholderbeeren, Koriander, Zitronenschalen, Angelikawurzel, Lavendelblüten, Ingwerwurzel, Orangenblüten, Kubebenpfeffer und andere Drogen, insgesamt 13 ausgesuchte Kräuter und Gewürze sind für den hervorragenden Geschmack verantwortlich.
Der Alkoholgehalt liegt bei 45%.
Die beiden Brennmeister empfehlen, „The Duck-Tonic" mit einer Orangenzeste zu servieren, eine Harmonie mit den Zutaten dieses Gins.

Adler Dry Gin Berlin
Deutschland

Adler Dry Gin Berlin ist ein deutsches Produkt aus der Hauptstadt mit 42% Alkoholgehalt. Die Destillerie stellt Gin seit 1874 her. Die Zahl der hergestellten Flaschen ist begrenzt. Er schmeckt kräftig nach Wacholder, mit leichten Zitronen-Noten und einem Hauch von Lavendel, Koriander und Ingwer.
Er wird nach der Destillation noch 3 Monate in Steingutfässern gelagert um einen harmonischen Aromen-Ausgangspunkt zu erreichen.

Monkey 47 Schwarzwald Dry Gin
Deutschland

Monkey 47 ist ein deutscher Gin aus dem Schwarzwald.
Es gibt eine sehr interessante Geschichte zu dem Namen dieses Gins.
Der Wing Commander „Montgomery Collins", Angehöriger der Royal Air Force wurde im Jahr 1945 nach Berlin versetzt. Er war als Sohn eines englischen Diplomats im Jahr 1909 in der britisch-indischen Provinz Madras auf die Welt gekommen. Collins sprach 5 Sprachen, eine davon war Deutsch. Er war Uhrenliebhaber und Weltenbummler. Nach dem Kriegsende arbeitete er in der Verwaltung und engagierte sich für den Wiederaufbau des Landes. Eines der Projekte war der Wiederaufbau des Berliner Zoo´s und er übernahm die die Patenschaft für einen Javanerraffen namens Max.
1951 schied er aus der Royal Air Force aus und um seinen Wunsch, das Uhrmacherhandwerk auszuüben, zog er in den Schwarzwald. Es klappte aber nicht mit der Uhrmacherei und er eröffnete stattdessen ein Landgasthof, den er zu Ehren seines Patentieres „Zum wilden Affen" nannte.
Im Schwarzwld waren die Voraussetzungen für die Herstellung von Gin gegeben, Wachholder, feines Quellwasser und spezielle Kräuter, standen ihm zur Verfügung. **Da** er als britischer Gentelman gerne Gin trank, kreierte er kurzerhand seine eigene Gin-Rezeptur. Sein Rezept fand man während der Renovierungsarbeiten seines Landgasthofes in einer alten schwarzen Kiste. Die Flasche war beschriftet und von Hand bemalt. Man sah auf der Flasche einen Affen neben der Aufschrift: „Max the Monkey-Schwarzwald Dry Gin".
Man verwendet insgesamt 47 handverlesene Planzen und weiches Quellwasser. Neben vielen anderen Kräutern und Gewürzen sind Kardamom, Gewürznelken, Muskat, Ingwer, Ceylon-Zimt, Süßholz, Kalmuswurzel, Schwarzwälder Akazien, wilde Geißblätter, Goldmelisse und Zitrusfrüchte für die komplexen, feuerigen und frischen Noten von Monkey 47 verantwortlich. Er schmeckt frisch, spritzig mit Zitronennote, blumig, würzig und pfefferig mit intensiven Wachholder-Düften.

Monkey 47 wird bei „Black Forest Desillerie" hergestellt. Der Brennmeister heißt
Christoph Keller. Der Gin wird komplett in Handarbeit hergestellt.
Der Alkoholgehalt liegt bei 47% vol.

Gin-Produktionsstädte in USA

- Pennsylvania (Bluecoat American Dry Gin)
- Denver (Leopold´s Gin)

Bluecoat American Dry Gin
USA

Bluecoat American Dry Gin ist ein amerikanischer Gin, fünffach destilliert aus
Philadelphia im US-Bundesstaat Pennsylvania.
Er wird mit Verwendung von den Wacholdbeeren, amerikanischen Zitrus-Schalen
und pflanzlichen Stoffen zu einem würzig, fruchtigen Gin hergestellt.
Alleine wegen der schönen kräftig-blauen Flasche mit goldener Schrift, sollte man diesen
Gin probieren.
Bluecoat Gin hat 47% vol. Alkoholgehalt.

Leopold´s Gin
USA

Leopold´s Gin ist eine amerikaniche Gin-Marke aus der Destillerie „Todd Leopold".
Zur Herstellung von Leopold´s Gin verwendet man unter anderem auch eine
Mischung bestausgesuchter amerikanischer Kräuter, Orangen aus Florida,
kalifornische Pummelos, die den Gin zu einem fruchtigen, weichen und feinen
Genuss machen.
Der Sitz der Destillerie ist in Denver.
Der Alkoholgehaltgehalt ist 40% vol.

Weitere Gin-Labels:
Pink 47 London Dry Gin G & J Greenall
Geranium London dry Gin
Sipsmith London Dry Gin
Blackwood´s Vintage Dry Shetland
Caorun Gin Scotland
Lebensstern Dry Gin
Citadelle Gin Reserve Frankreich

Genever
Holland

Genever aus den Niederlanden ist der Vorgänger des Gins, der immer noch nach der traditionellen Rezeptur hergestellt wird.
Er wird aus Getreide gebrannt und mit Wacholder, Kümmel, Anis, Koriander und anderen Kräutern und Gewürzen aromatisiert.
Er hat mindestens 35% vol.Alkohol.

Zuidam Genever

Die Destillerie „Zuidam" betreibt die gleichnamige Familie seit mehr als 50 Jahren in Baarle Nassau, Niederlanden. Alle Rezepte werden von Vater und Sohn Fred und Patrick van Zuidam konzipiert.

Zur Herstellung von Genever verwendet man Gerstenmalz, Roggen und Mais, gemahlen in traditionellen Windmühlen. Nach der Destillation verwendet man verschiedene Kräuter und Gewürze, wie Anis, Süßholzwurzel und Wacholder zum Aromatisieren des Destillats.
Anschließend reift der Brand in kleinen Eichenfässern. Die Destillerie benutzt verschiedene Fässer, wie neue amerikanische Eichenfässer , Bourbon-Fässer oder Oloroso-Fässer. Die Destillerie Zuidam hat eine große Pallette an Produkten. „Zuidam Korenwijn 5 Jaar" ist Genever, der

mindestens 5 Jahre in bestausgesuchten, nummerierten Fässern reift. Er ist vierfach destilliert. Der 5 Jahre alte Genever hat eine goldene Bernstein Farbe, schmeckt nach Toffee und Eiche und duftet intensiv nach Vanille und Toffee. Der Alkoholgehalt liegt bei 38%vol.

Weitere Genever-Labeln:
Ketel 1 Jenever Hollland
Bols Genever Holland
Bessen De Kuyper Genever Holland

Wodka

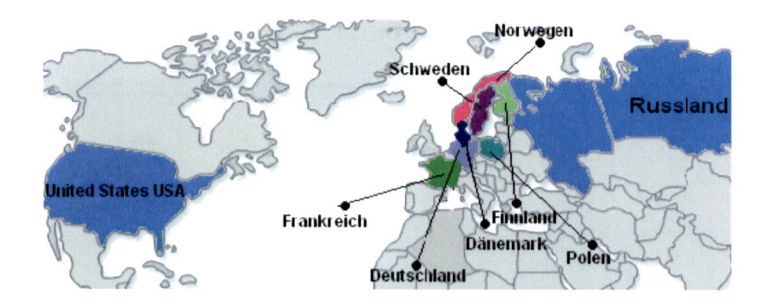

Wodka ist eine farblose Spirituose, hergestellt aus Getreide mit neutralem Geschmack.
In den slawischen Sprachen, die in Ländern wie Russland, Polen oder der Ukraine gesprochen werden, heißt er „Vodka". Russland und Polen gehören neben den skandinavischen Ländern und Amerika zu den größten Wodkaherstellern der Welt. Aus dem Slawischen übersetzt bedeutet „Vodka" „Wässerchen".
Dieses Wässerchen schmeckt neutral, ohne Fuselöle und ist daher sehr gut geeignet zum Mixen.
Er zeichnet sich durch seine Reinheit und Klarheit aus, durch jede zusätzliche Destillation wird der Geschmack noch reiner und die Qualität noch besser. Durch Aktivkohle-Filterung werden die letzten Aromen und Geschmacksspuren entfernt.
Zum Herstellen des Wodkas verwendet man meistens Getreide, aber auch manchmal Kartoffeln oder Melasse.
Die Getreide, die man zum Herstellen von Wodka verwendet, sind Roggen, Weizen oder auch Gerste. Den Geschmacksausgangpunkt des hergestellten Wodkas beeinflusst natürlich die Art dieser verwendeten Getreide.
Die Wodkas aus Roggen sind sehr weich, ein bisschen süßlich im Geschmack und mild. Meistens kommen diese Wodkas aus osteuropäischen Ländern. Die Wodkas mit kräftigerem Geschmack kommen meist aus skandinavischen Ländern und werden aus Weizen oder Gerste hergestellt.
In manchen Ländern werden auch Kartoffeln zum Herstellen des Wodkas verwendet. Das Resultat ist ein Wodka, der schwerer und süßlicher schmeckt. Zuckermelasse ist ebenfalls ein Produkt, das in manchen Ländern, vor allem denen mit Zuckerrohranbaugebieten, zur Herstellung des Wodkas verwendet wird. Der Vorteil ist, dass die Produktionskosten niedrig sind, allerdings schmeckt der Wodka nicht so gut und besitzt keine so eine gute Qualität.
Der Wodka soll ursprünglich zum ersten Mal in Russland im 16. Jahrhundert hergestellt worden sein, als Russland über einen Roggenüberschuss verfügte und dies die Herstellung des Wodkas ermöglichte. Andere Quellen behaupten aber,

Polen sei das Ursprungsland des Wodkas und im 14. Jahrhundert sei der erste Wodka im damaligen Königreich Polen amtlich erwähnt worden.

Die **Herstellung des Wodkas** folgt nach Einmaischen der Getreide im Wasser, der Erhitzung dieser Mischung und der Umwandlung der Stärke in Zucker. Nach Zugabe von Hefe kommt die Gärung der Maische. Der Zucker wandelt sich in Alkohol um.

Die alkoholhaltige Maische wird nun mehrmals destilliert und anschließend über Holzkohle filtriert und die Begleitaromen und Geschmacksspuren werden entfernt. Das Ergebnis ist ein klarerer, reiner geschmacksneutraler Alkohol.

Beim letzten Schritt wird der Wodka durch Mischung mit Wasser auf Trinkstärke heruntergesetzt.

Den Wodka trinkt man meistens eiskalt oder in Mixgetränken.

In Deutschland hat der Wodka einen Alkoholgehalt von Mindestens 40%. Ja dann **Prost**, oder besser gesagt **Nasdarovia**!!!

Wodka-Produktionsländer

Vodkas aus Russland

Moskovskaya

Moskovskaya bedeutet „aus Moskau kommend". Er ist ein milder, weicher Vodka, der in Russland hergestellt und in Riga (Lettland) abgefüllt wird. Er wird aus bestausgesuchtem Getreide hergestellt. Durch mehrfache Destillation und dreimalige Filteration über Holzkohle wird Vodka Moskovskaya sehr mild, rein, vielseitig und klar. Der Alkoholgehalt ist 40% vol.

Moskovskaya Cristall ist ein besonders reiner, klarer Wodka, hergestellt durch die mehrfache Destillation und eine Aktivkohlefilterung.

Andere Produkte des Unternehmens sind, Moskovskaya **Pertsovka** (mit Pfefferschotten-Aromen), **Zitrovka** (mit Zitronen-Aromen), und **Zubrovka** (mit Büffelgras).

Moskovskaya ist einer meiner Lieblingsvodkas, den man auch gerne pur trinkt.

Stolichnaya

Stolichnaya ist ein Vodka aus Russland, der aus bestausgewähltem russischen Roggen und Weizen hergestellt und durch Birkenholzkohle und Quarzsand gefiltert wird. Stolichnaya ist einer der besten und meist verkauften Vodkas der Welt. Der Alkoholgehalt ist 40%vol.

Stolichnaya Elit ist eine besondere Marke des Herstellers. Seine gute Qualität und Reinheit erhält er durch die langsame Destillation, die 50mal langsamer ist als bei gewöhnlichen Vodkas. Auch die Lagerung der Fässer in eiskalter Witterung über Nacht und im Freien und das Herauslaufen lassen des Vodkas aus der Öffnung im Boden der Fässer am nächsten Tag vor Sonnenaufgang und die Weiderholung dieses Vorgangs führen zu einem klaren und reinen Ergebnis.
Der Alkoholgehalt ist 40%.

Andere Vodka Labels aus Russland:
Parliament Vodka (Russland)
Beluga Vodka (Russland)
Kaufman Vodka (Russland)

Wodkas aus Polen

Wyborowa Wodka

Wyborowa ist ein leckerer Wodka aus Polen, der aus feinstem Roggen hergestellt und dreifach destilliert und gefiltert wird.
Für den guten Geschmack sind die ausgewählten Roggen aus der Region um Poznan und das qualitativ hochwertige Quellwasser verantwortlich.
Wyborowa bedeutet „köstlich" und so schmeckt er auch.
Der Alkoholgehalt ist 40%vol.

Belvedere Vodka

Namensgeber für diesen hervorragenden Vodka ist der Palast „Belvedere" im Westen von Warschau, der fast 100 Jahre der Sitz der polnischen Präsidenten war.
Er ist ein Wodka aus 100% Roggen mit einer beispielhaften Klarheit und Reinheit.
Belvedere wird vierfach destilliert.
Er schmeckt weich, leicht und mit einer zarten Zitrusnote und Süße.
Der Alkoholgehalt ist 40%vol.

Grasovka

Grasovka ist eine polnische Wodka-Spezialität. Er wird mit Büffelgras aus den Wäldern des Nationalpars von „Bialowieza" an der Grenze zwischen Polen und Weißrussland aromatisiert.

Er schmeckt würzig, leicht nach Waldmeister. Er ist farblos mit leichten grünen Untertönen.
Der Alkoholgehalt ist 40% vol.

Weitere Vodka-Labeln aus Polen:
Provada Wodka (Polen)
Debova Wodka (Polen)
Chopin Vodka (Polen)

Wodkas aus Skandinavien

Absolut Vodka

Absolut Vodka ist ein hervorragender Wodka aus Schweden, hergestellt aus Winterweizen und reinem Quellwasser aus der Stadt Ahus in der Provinz Skane län.
Er ist die Nr. 1 in Skandinavien.
Absolut Vodka wird seit 1879 produziert. Damals, nach den ersten Brennversuchen durch den schwedischen Unternehmer Olsson Smith und seine gelungene Destillation, die Trennung von den Fuselölen und anderen Geschmacksspuren in Brennblasen, nannte er diesen hochwertigen Alkohol „Absolut Renat Brännvin", was bedeutet „absolut reiner Branntwein".
Von 1917 bis 2008 (seit 2008 gehört Absolut zu Pernod-Ricard) wurde die Alkoholindustrie und auch Absolut von der schwedischen Regierung geführt und damit auch der Verkauf und die Vermarktung des Wodkas in Schweden. Der Name Absolut wurde als Markenname dieses Wodkas im Jahre 1979 eingetragen.
Absolut Vodka hat eine spezielle Flaschenform, die an schwedische Apothekenflaschen erinnert.
Absolut Vodka gehört zu den meist verkauften Vodkas der Welt und im Sortiment sind die unten genannten Abfüllungen :
Absolut Blue Label ist der klassische Absolut. Er wird seit 1879 produziert und ist im Geschmack weich, mit Malz und Früchtenote.
Der Alkoholgehalt ist 40% vol.
Zum aromatisieren der Wodkas werden nur natürliche Zutaten und kein Zucker verwendet.
Absolut Red Label ist kräftiger als Blue Label durch seinen höheren Alkoholgehalt.
Der Alkoholgehalt ist 50% vol.
Absolut Peppar ist ein Absolut, aromatisiert mit Capsicums(eine Art Chilli) und grünen Jalapeno-Pfeffers. Er schmeckt sehr trocken und scharf. Absolut Peppar eignet sich sehr gut zum Mixen.

Der Alkoholgehalt ist 40% vol.
Absolut Citron mit Zitronenaroma schmeckt sehr frisch und eignet sich sehr gut zum Mixen oder pur.
Der Alkoholgehalt ist 40% vol
Absolut Kurant ist aromatisiert mit schwarzen Johnanisbeeren. Er eignet sich sehr gut zum Mixen oder pur.
Der Alkoholgehalt ist 40% vol.
Absolut Mandarin schmeckt sehr frisch nach Mandarinen und Zitronen. Absolut Mandarin eignet sich sehr gut zum Mixen fruchtiger Cocktails oder auch als Long Drink, aufgefüllt mit Cranberry Juice oder Gingerale.
Der Alkoholgehalt ist 40% vol.
Absolut Vanilia schmeckt nach Vanille. Er ist ideal zum Mixen oder pur (am liebsten eiskalt).
Der Alkoholgehalt ist 40% vol.
Absolut Raspberri ist aromatisiert mit Himbeeren. Er schmeckt sehr frisch und fruchtig. Absolut Raspberri ist in einer sehr schönen hellroten Designflasche abgefüllt. Er eignet sich gut zum Mixen.
Der Alkoholgehalt ist 40% vol.
Absolut Apeach mit Pfirsicharoma begeistert jeden Gaumen und jede Nase. Er schmeckt frisch, fruchtig und eignet sich sehr gut für Mixgetränke.
Der Alkoholgehalt ist 40% vol
Absolut Ruby Red schmeckt und riecht nach frischen Grapefruits. Ihn kann man pur, als Long Drink oder gemixt genießen.
Der Alkoholgehalt ist 40% vol.
Absolut Pears mit Birnenaroma schmeckt sehr frisch nach saftigen Birnen und nach Mandeln. Er überzeugt mit seinem frischen Geschmack und seinen Duftnoten.
Der Alkoholgehalt ist 40% vol
Absolut Mango schmeckt exotisch, tropisch, fruchtig und frisch. Ihn kann man als Long Drink, in einem Cocktail oder pur genießen.
Der Alkoholgehalt ist 40% vol
Absolut Level ist der Premium Vodka der Marke Absolut. Er schmeckt klar und weich und besitzt eine besondere Reinheit. Die gute Qualität dieses hervorragenden Wodkas erzielt man durch zweifaches Destillationsverfahren. Durch die Batch-Destillation wird der Brand immer weiter konzentriert um ein möglichst fruchtiges, würziges Endergebnis zu erzielen.
Der Alkoholgehalt ist 40% vol.
Absolut 100 schmeckt trotz seines hohen Alkoholgehalts sehr weich. Ihn genießt man am bestens entweder kalt oder auf Eis. Er schmeckt weich, nach getrockneten Früchten und vollmundig.

Der Alkoholgehalt ist 50% vol.
Absolut Cut sind Absolut-Mixgetränke mit 7% Alkoholgehalt.

Andere Wodka Labeln aus Schweden:
Pinky Rose Wodka (Schweden)

Finlandia Vodka

Finlandia Vodka ist ein finnischer Vodka, der seit 1970 auf dem Markt ist. Er wird in „Ilmajoki", nördlich der Hauptstadt „Helsinki" hergestellt.
Er ist die Nr. 2 in Skandinavien.
Zum Herstellen und Destillieren dieses schmackhaften, milden Wodkas verwendet man sechszeilige Gerste und reines Gletscherquellwasser. Das Wasser wird auf natürlichem Wege durch Naturmoränen gefiltert. Finlandia wird zweifach destilliert und dreimal rektifiziert.
Durch das hochwertige Quellwasser und eine Getreidemischung aus Gerste, Roggen, Weizen und manchmal auch Kartoffeln ist das Ergebnis ein reiner, milder Wodka mit einem angenehmen Bukett und gewisser Salznote.
Der Alkoholgehalt ist 40% vol.
Finnlandia gibt es auch mit verschiedenen Flavours wie, Lime, Cranberry oder Mango.
Finlandia wird mittlerweile in mehr als 100 Länder verkauft.

Danzka Vodka

Danza ist ein dänischer Wodka, abgefüllt in einer silbernen Metallflasche. Heimatort dieses Wodkas ist Dalby, auf der dänischen Insel Seeland.
Danzka Vodka wird aus 100% ganzen Weizenkörnern und weichem Quellwasser hergestellt.
Danzka Voka wird seit 1989 weltweit verkauft und ist Nr. 3 in Skandinavien nach Absolut und Finlandia Vodka.
Er hat 40%vol. und im Sortiment gibt es Danzka Vodka auch mit verschiedenen Flavours wie Currant, Grapefruit oder Citrus.

Wodka made in U.S.A.

Skyy Vodka

Es war ein Sommerabend in der Cocktailbar, in der ich vor fast 12 Jahren in Süddeutschland arbeitete. Ich bekam eine kleine Probeflasche Skyy Vodka. Von dem Design und der schönen blauen Farbe der Flasche, passend zu dem blauen Sommerhimmel, war ich begeistert. Der Vodka überzeugte mich aber vollständig, als ich ihn probierte, ein milder, weicher Wodka.
Skyy Vodka wird in San Fransisco hergestellt. Im Jahr 1992 brachte der Unternehmer Maurice Kanbar den Wodka auf den Markt. Der Wodka wird vierfach destilliert und 3 mal gefiltert. Das Ergebnis ist ein reiner, vollmundiger Wodka.
Skyy Vodka wird aus hochwertigem amerikanischem Weizen hergestellt.
Der Alkoholgehalt ist 40% vol.
Skyy ist ein Muss für jede Bar.
Es gibt folgende Flavours-Abfüllungen :
Passion Fruit, Cherry, Grape (in U.S.A. erhältlich), Rasberry, Citrus, Pinneapple (in U.S.A. erhältlich)
Skyy 90 ist die Nobelmarke des Herstellers mit 45%vol., sanft rauchig im Geschmack und kraftvoll.

Smirnoff Vodka

Smirnoff Vodka steht in fast jeder Bar, er ist der meist verkaufte Vodka der Welt. Meine Eltern tranken ab und zu mal gerne Vodka und ich erinnere mich an die klassische Smirnoff-Flasche damals, das war fast vor 35 Jahren.
Smirnoff Vodka kommt ursprünglich aus Sankt Petersburg. Seinen Erfolg feierte Smirnoff bis zur russischen Revolution im Jahr 1917, als die Kommunisten die Macht übernahmen. Während der Revolution wurde die Brennerei konfisziert.
Wladimir Smirnow, Sohn von Pejor Simrnow, dem Gründer des Unternehmens, müsste nach der russischen Revolution mit seiner Familie nach Konstantinopel fliehen und baute dort eine neue Brennerei.
Im Jahr 1925 änderte sich der Name Smirnow in Smirnoff und fünf Jahre später war Smirnoff in den meisten europäischen Ländern vertreten.
1939 wurde der Sitz nach Amerika verlegt. Vladimir Smirnow verkaufte seine Rechte an Rudolph Kunett und der an Heublein Co weiter.

Heublein vermarktete Smirnoff sehr gut, auch als Ausgangspunkt für Cocktails.
Der klassische Smirnoff ist Red Label, mit einem Rrten Label.

Verschiedene Smirnoff-Labeln

Smirnoff Red (No.21): Er ist dreifach destilliert und 10 mal gefiltert, Smirnoff red ist der meist konsumierter Wodka in der Welt. Der Alkoholgehalt ist 37% vol. Er schmeckt leicht und mild mit einem Hauch an Süße. Der Abgang ist gleichmäßig und Angenehm.

Smirnoff Blue: Er wird dreifach destilliert und 10 mal gefiltert. Der Alkoholgehalt ist 50% vol. Smirnoff Blue schmeckt üppig und kräftig.

Smirnoff Black: schmeckt rund, kräftig, würzig, ursprünglich, nach viel Getreide, er wird langsam destilliert und über sibirischer Silberbirken Holzkohle gefiltert.
Der Alkoholgehalt ist 40% vol.

Smirnoff Silver: Er wird zehnfach gefiltert. Er schmeckt mild und rein.
Der Alkoholgehalt ist 42,5% vol.

Smirnoff North Vodka Norsk: Er schmeckt weich, glatt und beerig mit einer schönen schillernden blauen Farbe. Er ist eine Verbindung aus nordischen Blaubeeren und Smirnoff.
Der Alkoholgehalt ist 20% vol.

Smirnoff Green Apple: Er schmeckt intensiv nach frischem Apfel, ein toller Wodka vor allem zum Mixen oder als Long Drink.
Der Alkoholgehalt ist 37,5% vol.

Weitere Abfüllungen:
Smirnoff Vodka Raspberry(Himbeer),Vanilla, Citrus, Orange
Die Smirnoff Flavours sind alle mit natürlichen Zutaten aromatisiert und eignen sich sehr gut zum Mixen, als Long Drink oder einfach auf Eis.
Sie liegen alle bei 38% vol.Alkoholgehalt.

Andere Wodka-Labels aus den U.S.A.:
Cold River
Cold River ist ein weicher, klarer Wodka, der dreifach destilliert wurde mit einem Hauch an Süße.
Der Alkoholgehalt ist 40% Vol.

Skorppio Wodka
Skorppio Wodka wird aus Korn hergestellt und 5 fach destilliert.
In der Flasche befindet sich ein echter essbarer mexikanischer Skorpion.
Der Alkoholgehalt ist 37,5% vol.

Trump Wodka
Trump Wodka schmeckt leicht süßlich und sehr weich. Die Flasche ist 24 Karat vergoldet.
Der Alkoholgehalt ist 40% vol.
Es gibt natürlich in Amerika noch hunderte anderer Wodka-Marken und Hersteller.

Wodka aus Deutschland

Wodka Gorbatschow

Leontowitsch Gorbatschow, Gründer der Firma Gorbatschow, floh nach der Oktoberrevolution mit seiner Familie aus seiner russischen Heimat nach Berlin, wo er zum ersten Mal im Jahr 1921 Wodka destillierte und 2 Jahre später den Firmennamen eintrug.
Zunächst war Wodka Gorbatschow nur in Berlin bekannt, in den 50-er und 60-er Jahren änderte sich das und der Absatz verdoppelte sich bundesweit.

Wodka Gorbatschow wird aus hochwertigen Ausgangsprodukten hergestellt und dreifach kaltgefiltert.
Der Wodka wird bei der Kältefiltration auf 12° gekü hlt. In einem Wärmetauscher wird der warme Wodka durch den Gegenstrom vom kalten Wodka abgekühlt. Durch die anschschließende Aktivkohlefilterung bleiben die unerwünschten Moleküle hängen und das Resultat ist ein weicher, sauberer Wodka mit milden Aromen.
Der Alkoholgehalt beträgt 40% vol.
Weitere Abfüllungen des Unternehmens sind:
Gorbatschow Black mit 50% vol.
Plantium 44 mit 44% vol.
Gorbatschow Citron mit 37% vol.

Wodka aus Frankreich

Grey Goose Vodka

„Grey Goose" ist ein französischer Wodka. Die Destillerie liegt in La Beauce südwestlich von Paris. Zur Herstellung verwendet man feinen französischen Weizen und kristallklares Wasser, das durch den Champagne-Kalkstein gereinigt wurde. Grey Goose schmeckt weich mit Mandel- und Nussnoten.
Der Alkoholgehalt ist 40% vol.

Alpha Noble Vodka

„Alpha Noble" ist ein Ultra-Premium-Vodka aus Frankreich. Der feinste Weizen und kristallklares Quellwasser aus der Region der südlichen Vorgesen verwendet man zur Herstellung dieses hochwertigen französischen Vodkas. Der Vodka wird sechsfach destilliert.

Alpha Noble ist ein klarer, weicher Vodka mit frischen-würzigen Aromen.
Der Alkoholgehalt ist 40% vol.

Andere Vodka-Labels aus Frankreich:
Pure Green Vodka

Wodka aus England

Tanqueray Sterling Vodka

„Charles Tanqueray & Co" stellt nicht nur hervorragenden Gin, sondern auch sehr guten Wodka her. Seit 1989 gibt es Tanqueray Vodka, abgefüllt in den klassischen Tanqueray Flaschen.
Tanqueray Sterling Vodka wird aus Weizen hergestellt und kohlegefiltert. Er schmeckt weich, leicht süß und mild.
Der Alkoholgehalt ist 40% vol.

Es gibt viele Länder, die Wodka herstellen. Ich nenne nur einige:
Norwegen, Holland, Bulgarien, Kanada, Schweiz, Belgien, Kroatien.

Aquavit & Korn

Aquavit

„Aquavit" ist der meist verzehrte hochprozentige Brand in Skandinavien. Ob in Dänemark, Schweden, Norwegen oder Finnland, Aquavit ist sehr beliebt. Aquavit kommt aus dem lateinischen „Aqua Vitae" und bedeutet „Wasser des Lebens".
Es sollen dänische Mönche und Apoteker gewesen sein, die im 16.Jahrhundert auf die Idee kamen, dem „Aqua Vitae" verschiedene Kräuter und Gewürze beizufügen und als Heilmittel einzusetzen.
Aquavit ist ein mit verschiedenen Gewürzkräutern aromatisierter Brand.
Der extrafein-filtrierte Alkohol, destilliert aus Getreide mit einem Alkoholgehalt von 96% wird mit Kümmel und verschiedenen Gewürzen wie Koriander, Nelken, Dill aromatisiert und mit Wasser auf Trinkstärke abgesetzt.
Um den Geschmack abzurunden und zu verfeinern, ruht der Brand einige Zeit und reift auch teilweise in Eichenfässern.
Aquavit muss einen Mindestalkoholgehalt von 37,5% aufweisen können.
Man trinkt ihn eiskalt in eisgekühlten Schnapsgläsern.

Linie Aquavit

Jorgen Bernhoft Lysholm gründete 1821 die gleichnamige Likörfabrik im norwegischen Trondheim in Norwegen. Er wurde in Todenheim im Jahr 1796 geboren und studierte in jungen Jahren in Berlin. Seinem Vater Nicolay gehörte eine Seifenfabrik. Aus dieser Fabrik machte Jorgen eine Likörfabrik. Die Spirituosen-Fabrik „Lysholm" stellte sehr erfolgreich „Linie" her. Der Jorgen starb bereits im Alter von 47 Jahren.
„Linie" ist ein einzigartiger Aquavit aus Norwegen mit einer langen Reifezeit von über 19 Wochen in Sherryfässern an Bord von Schiffen, die den Äquator kreuzen. Sie fahren von Oslo nach Sydney und wieder zurück. In dieser Zeit reift Aquavit und sein Geschmack wird maßgeblich beeinflußt durch die verschiedenen klimatischen Faktoren, sowie die salzige Luft oder unterschiedliche Temperaturen während der Fahrt.
Auf jedem Flaschen-Etikett sind die Einzelheiten der Reisen eingetragen.
Nach einer Legende fuhr ein Schiff, beladen mit Stockfisch, Schinken, Käse und einer Ladung von norwegischer Aquavit-Fässer im Jahr 1805 nach Australien und wieder zurück. Nach der Ankunft in Norwegen und der Verkostung des gereiften Aquavit merkte man, dass der Brand durch die Reifung in den Fäassern weicher und milder geworden war.
Linie hat eine dunkelgoldene Farbe. Er hat einen reichen, abgerundeten Geschmack mit Eichen-, Kümmel- und Anis-Noten.
Der Alkoholgehalt ist 41,5% vol.

Malteserkreuz Aquavit

Am 18. September 1924 wurde die Tochtergesellschaft der Spiritfabrik „Anske" in Berlin gegründet. Aufgrund des Einfuhrverbotes ausländischer Spirituosen nach Berlin, unter anderem auch „Akvavit Aalborg" aus Dänemark, produzierte die neugegründete Fabrik eine eigene Aquavitmarke namens „Malteserkreuz Aquavit" nach dem gleichen dänischen Rezept. In den ersten Jahren nach der Produktion gingen die handetikettierten, in weißer Seide umgewickelten und in schönen Holzkisten verpackten Flaschen in luxuriöse Berliner Hotels. Der Umsatz erhöhte sich unglaublich rasch.
Der zwite Weltkrieg zerstörte die Stadt Berlin und auch die Produktionstätte in Charlottenburg. Malteserkreuz Aquavit wurde erst Jahre später nach dem Ende des zweiten Weltkriegs wieder produziert und innerhalb der weniger Jahre millionenfach verkauft.

Aufgrund der starken Nachfrage wurde die Produktionsstätte ausgeweitet und ein neues Werk in Buxtehude in Niedersachsen aufgebaut.
Für Herstellung von Malteserkreuz Aquavit verwendet man eine Kräuter-Gewürz-Samen-Mischung, unter anderem mit Kümmel und Dill.
Er ist farblos mit würzigen Geschmacksnoten von Dill und Kümmel.
Der Alkoholgehalt ist 40% vol.
Verzehrt wird er eiskalt in eisgekühlten Gläsern.

Bommerlunder

Im Jahr 1760 rettete sich ein kriegsverletzter junger französischer Reitersoldat sich in den Dorfkrug von Bommerlund, in der Nähe von Flensburg.
Der Schankwirt Peter Schwennesen und seine hübsche blonde Tochter kümmerten sich sehr sorgfältig um ihn und pflegten ihn liebevoll. Er erholte sich schnell, unter anderem auch aufgrund der guten Küche des Gastronoms. Als Zeichen der Dankbarkeit hinterließ der Soldat ein vergilbtes Schnapsrezept mit Anis und Kümmel. Das war die Geburtsstunde des Bommerluders.
Bommerlunder Aquavit wird von der Firma „Berentzen" hergestellt und vertrieben. Im Jahr 2000 wurde die Produktionsstätte aus Flensburg nach Haselünne in Niedersachsen verlegt. Er wird aus traditionell aus verschiedenen Kräutern und Gewürzen hergestellt.
Bommerlunder ist farblos und schmeckt mild und fein-würzig.
Der Alkoholgehalt ist 38% vol.

Aalborg Akvavit

Der größte Spirituosen-Produzent und Lieferant für Akvavit ist die dänische „V&S Destillers". Sie war der Grundstein für den dänischen Aquavit und ist heute der weltweit größte Produzent und Exporteur von Aquavit.
Das Unternehmen wurde im Jahr 1881 von C.A. Olesen und C.F. Tietgen gegründet.
Die Destillery Aalborg arbeitet mit viel Know-How, Erfahrung und Tradition und das Ergebnis ist eine Palette von 17 verschiedenen Aquavits die auch die Geschichte des Unternehmens repräsentieren.
Der goldene „Jubi" wurde zum 100. Geburtstag von Aalborg im Jahr 1946 kreiert.
Für seinen Geschmack ist eine Mischung verschiedener Kräuter, Gewürze und Samen verantwortlich. Die goldene Farbe und den besonderen Geschmack erhält er durch die Zugabe verschiedener Kräutermazerate. Er schmeckt würzig, sanft mit Dill-Note.

Der Alkoholgehalt ist 42% vol.

Korn
Korn-Doppelkorn –Weizenkorn

Korn ist ein Brand aus Deutschlan mit einer fast 500-jährigen Geschichte. Korn wird nach dem Branntweinmonopolgesetz aus dem Jahr 1922 ausschließlich aus Weizen, Buchweizen, Roggen, Gerste oder Hafer destilliert. Er gehört zu den klaren Bränden. Korn muß einen Mindestalkoholgehalt von 32% vol. aufweisen, ab 38% vol. trägt der Brand die Bezeichnung Doppelkorn. Nach der Destillation der Maische aus gemalenem Getreide und Wasser mit Zusatz von Malz entsteht ein hochprozentiger Brand mit über 80% Alkoholgehalt. Dieser hochprozentige Brand wird mit Wasser(Quellwasser) auf Trinkstärke herabgesetzt.

Fürst Bismarck

Otto Eduard Leopold von Bismarck-Schönhausen war Fürst von Bismark, Graf und Reichskanzler des deutschen Reichs von 1871 bis 1890.
Die gleichnamige Brennerei wurde im Jahr 1799 gegründet. Ab diesem Jahr leitete der deutsche Bundeskanzler „Otto Fürst von Bismark" die Destillerie im Sachsenwald. Dank dem Geschick und den Bemühungen des Reichskanzlers errang die Marke sehr schnell überregionale Bedeutung. Ab 1874 wurde der Betrieb von der Bismarkschen Familie weitergeführt.
Fürst Bismarck ist ein Kornbrand, der noch immer nach dem Originalrezept der Familie Bismarck gebrannt wird. Zur Herstellung verwendet man nur kräftigen Roggen und feinen Weizen, sowie aromatische Gerste für das Darmalz. Bei der Destillation werden alle Geschmacks- und Geruchsstoffe entfernt. Das Destillat wird dann mit weichem Wasser auf Trinkstärke herabgesetzt.
Fürst Bismark ist bundesweit ein sehr bekannter Korn und vor allem in Norddeutschland sehr beliebt.
Fürst Bismarck ist farblos. Er schmeckt mild, süßlich, abgerundet mit kräftigen und feinen Getreide-Aromen. Der Abgang ist mild, ausgewogen und aromatisch.
Der Alkoholgehalt ist 38% vol.

Doornkaat

Doornkaat ist ein dreifach destillierter Kornbrand mit Wachholder-Aroma. Der

Niederländer Jan Ten Doornkaat gründete die Brennerei im Jahr 1806 in Norfriesland und kam sehr schnell zum Erfolg.

Doornkaat wird immer noch nach der alten Rezeptur des Hauses gebrannt. Er wird dreifach destilliert, das bedeutet auch, dass der Kornbrand von Fuselölen befreit wird. Bei der letzten und dritten Destillation werden die Alkohol-Wasser-Dämpfe über Wachholderbeeren geleitet. Anschließend wird der Brand auf Trinkstärke herabgesetzt. Doornkaat trinkt man am besten nicht eiskalt, sondern bei ca. 6 Grad um auch die Wachholderaromen zu spüren.

Doornkaat ist farblos, mild und klar im Geschmack mit Aromatönen von Wachholderbeeren.

Der Alkoholgehalt ist 38% vol.

Nordhäuser Korn & Doppelkorn

Nordhäuser Korn ist ein Kornbrand, der traditionell ausschließlich aus Roggen destilliert wird. Nordhäuser Korn schmeckt würzig und kräftig. Der Alkoholgehalt ist 32% vol. Der Doppel Korn ist wie der einfache Korn farblos, aber mit einem Alkoholgehalt von 38% vol. Er schmeckt reich-würzig nach reinem Roggen und Malz mit Untertönen von Eiche.

Der Nordhäuser Kornbrand wird in Nordhausen in Thüringen seit über 500 Jahren hergestellt. Die älteste erhaltene"Korn-Urkunde" stammt aus dem Jahr 1507, verfasst in Nordhausen. Daher ist auf dem Flaschen-Hals-Etikett „BrennTradition seit 1507" vermerkt.

Whisk(e)y

Die Schotten und Iren waren die ersten Völker, die aus einer Getreide-Maische Whisk(e)y brannten. Bis heute ist das Whisk(e)y-Brennen ein Teil der irischen und schottischen Kultur.

Die Herstellung des Whisk(e)ys ähnelt der von Wodka oder Gin, man verwendet Getreide und Wasser zum Erzeugen der Maische. Den Unterschied zur Herstellung anderer Getreide-Destillate machen unter anderem der Reifungsprozess und die Lagerung. Der Geschmack wird von vielen Faktoren beeinflusst: der Qualität des Quellwassers, der Art der Getreide, Beschaffenheit der Fässer, Dauer der Lagerung, dem Klima und der Art des Blendings.

Whisk(e)y ist keine geschützte Herkunftsbezeichnung wie „Cognac" oder „Champagner", deshalb wird Whisk(e)y auch in vielen anderen Ländern wie in Japan und Deutschland hergestellt. Geschützt ist aber die Bezeichnung „Scotch", „Bourbon" oder „Irish".

Scotch Whisky

Scotch Whisky ist die Bezeichnung für in Schottland hergestellte Malt, Grain und Blended Whiskys.

Scotch Malt Whisky

Malt Whisky ist ein Destillat aus Gerste, das mit Hilfe des heimischen Quellwassers (das schottische Quellwasser enthält Spurenelemente und Mineralien) zum Keimen und anschließend durch Ausbreiten auf dem Boden zum Malzen gebracht wird. Durch die Hitze des Torffeuers unter dem Boden wird die gemälzte Gerste anschließend getrocknet. Dadurch erhält der Malt Whisky seinen torfigen Geschmack. Anschließend wird das Malz in einer Malzmühle gemahlen. Das gemahlene Malz wird eingemaischt und mit Hilfe von Bierhefe zur Gärung gebracht. Die Gärflüssigkeit enthält noch sehr wenig Alkohol, zwischen 5 - 9%.

Malt Whisky-Regionen & Produktionsgebiete in Schottland

Anschließend wird die Flüssigkeit zweimal destilliert. Während der zweiten Destillation werden Verunreinigungen entfernt und die Aromastoffe konzentriert. Das Destillat wird mit Quellwasser auf Trinkstärke versetzt und in Eichenfässer gefüllt. Bei diesen Fässern handelt es sich um amerikanische Bourbon Fässer oder spanische Eichenfässer (Sherry-Fässer). Laut der schottischen Gesetzgebung muss der schottische Malt Whisky mindestens 3 Jahre in den Eichenfässern lagern. Die meisten Malts Whiskys bleiben aber viel länger in den Fässern.

Malt Whiskys haben herkunftsbedingt unterschiedliche Eigenschaften. Die einzelnen Regionen sind:

Highlands (unterteilt in Northern, Southern, Eastern, Western Highlands, Speyside) Highland ist die größte Region für die Maltherstellung. Aufgrund der Größe dieses Gebiets und der Vielfältigkeit seiner Landschaft und seines Klimas, sind die Highland Whiskys sehr unterschiedlich im Geschmack und Aroma. Die Region um den Fluß Spey, der durch die schottischen Highlands fließt wird als „Speyside" bezeichnet. Die Whiskys aus dieser Unterregion sind weich und zart im Geschmack mit leicht süßen, fruchtigen Noten.

Lowlands
Lowland übersetzt bedeutet Tiefland und ist eine Malt Whisky-Region im Zentrum des Landes. Es ist eine Industrieregion mit hoher Bevölkerungsdichte. Die Lowlands-Malt Whikys sind milde Whiskys mit einem trockenem Abgang und nicht torfig.

Campeltown
Campeltown ist eine Halbinsel im Südwesten von Schottland. In dieser Region gibt es nur wenige Destillerien, die aber teilweise weltbekannt sind, wie z.B. „Springbank". Die Whiskys, die hier hergestellt werden, sind aromatisch, rauchig, torfig und teils medizinisch.
Islands (Sky, Mull, Orkney,Jura)**& Islay**
Islay an der Südküste Schottlands ist sehr bekannt für seine torfigen, rauchigen, salzigen und kräftigen Whiskys. Die Malts aus dieser Region sind sehr beliebt und haben eine alte Tradition.
Die Inseln **Jura**, **Mull** und **Sky** befinden sich der Reihenfolge nach oberhalb von Islay und die Insel **Orkney** im Norden oberhalb der Nord-Highlands. Die Whiskys von hier sind nicht so kräftig und torfig wie aus Islay, dennoch fehlt es ihnen nicht an Intensivität und Power.

Grain Whisky

Wenn sie in einer Bar Grain Whisky bestellen, kann es gut sein, dass der Barkeeper fragt: „Was ist ein Grain Whisky überhaupt?"
Es handelt sich um ein Destillat aus verschiedenen Getreidedensorten wie Mais, Weizen, gemälzter und ungemälzter Gerste.
In Deutschland findet man, sowohl in Bars, als auch in Spirituosen-Geschäften kaum Grain-Whiskyes.

Scotch Blended Whisky

Scotch Blended Whisky ist ein sehr populärer Whisky aus Schottland, eine Mischung aus verschiedenen Malt und Grain Whiskys. Fast 90% aller verkauften Scotch Whiskys, sind Blended.
Die Zusammenmischung der verschiedenen Whiskys übernimmt ein Fachmann, der Masterblender. Er beherrscht die schwierige Kunst, verschiedene Whiskys zusammen zu mischen, beste Qulaität zu erreichen und immer ein gleiches Ergebnis. Sein unglaublicher Geruchsinn und seine zahlreichen Kenntnisse über Whiskyseigenschaften ergänzen sich optimal. Teilweise werden zum Blenden mehr als 50% Malt Whisky-Anteil und bis zu 30 verschiedene Whikys verwendet. Die Qualität jedes Blends hängt auch von den verwendeten Malt Whiskys ab. Nach dem Blenden werden die Whiskys für einige Monate in Eichenfässern gereift.

Scotch Single Malt Whisky

LAPHROAIG
QUARTER CASK
LAPHROAIG
25
LAPHROAIG
18
LAPHROAIG
10
LAPHROAIG
10
KNOCKANDO
12
1996
ABERLOUR
10
ABERLOUR
GLENDRONACH
ORIGINAL
12
GLENDRONACH
33
Ardbeg
TEN
Ardbeg
BLASDA
SCAPA
14
LAGAVULIN
16
TALISKER

CARDHU
12
GLENMORANGIE
QUINTA RUBAN
LASANTA
ORIGINAL
SIGNET
THE GLENLIVET
SINGLE MALT SCOTCH WHISKY
12
Glenfiddich
15
30
21
18
12
THE BALVENIE
DOUBLEWOOD
12
SINGLE BARREL
15
PORTWOOD
21

Dalwhinnie
Highlands

„Dalwhinnie" kommt aus dem Gälischen und bedeutet „Der Treffpunkt der Viehtreiber".
Die Brennerei wurde im Jahr 1897 von John Grant unter dem Namen „Strathspey" erbaut und ein Jahr später von John Sommerville übernommen, der ihr den Namen „Dalwhinnie" gab. Im Jahr 1914 brannte die Destillerie fast komplett aus. Der Wiederaufbau dauerte 4 Jahre.
Die Brennerei hatte zahlreiche Besitzer bis sie schließlich an den Getränke-Konzern „Diageo" ging.
Dalwhinnie ist die höchstgelegene Destillerie in Schottland und produziert daher in kühlem Klima mit einer durchschnittlichen Temperatur von 6℃, was die Qualität und den Geschmack des Wiskys positiv beeinflusst. Das verwendete Quellwasser kommt aus dem 600 Meter hoch gelegenen „Lochan an Doire", was übersetzt „See mit dem grünen Gebüsch" bedeutet.

Dalwhinnie 15 Years Old
Der 15 Jahre alte Dalwhinnie hat eine goldene Farbe.
Er duftet frisch, bildet eine Harmonie zwischen trockenen und aromatischen Nuancen mit Spuren von Heide und Torf.
Sein Geschmack ist weich mit Noten von Heidekraut, Vanille und Honigsüße, begleitet von Zitrusfrüchten und einem Hauch von geröstetem Brot.
Der Abgang ist lang, intensiv, und anhaltend mit einem leicht rauchigen Anfang, begleitet von Torf und Malz. Der Alkoholgehalt ist 15% vol. Er hat eine 15-jährige Reifung in amerikanischen Bourbonfässern hinter sich.

Glenmorangie
Northern Highlands

Glenmorangie, übersetzt „Tal der tiefen Ruhe", wurde im Jahr 1887 gegründet. Die Whisky-Destillerie liegt in Tain, nördlich der Highlands.
Zum Unternehmen gehören „Glen Moray" und „Ardberg Destillery".
Glenmorangie ist der meist verkaufte Malt Whisky im Schottland. Das Quellwasser stammt aus der firmeneigenen Quelle, die reich an Mineralien ist.
Durch das milde Meeresklima, die perfekte Wood-Mangement-Politik und acht Stills (acht Brennblasen) werden leicht salzige, fruchtige und weiche Malts produziert.

In Fachkreisen bekannt sind die „Sixteen men of Tain". Gemeint, ist die Zahl der beschäftigten Mitarbeiter der Destillerie Glenmorangie, die seit jeher für die Herstellung des Whiskys verantwortlich sind.
Glenmorangie-Whiskys werden in Bourbonfässern gereift. Man experimentiert aber auch mit anderen Fässern wie Sherry, Port oder Wein-Fässern, in denen die Whiskys reifen. Im Glenmorangie-Sortiment sind folgende Whiskys :

Glenmorangie The Original
Glenmorangie „The Original" ist ein 10 Jahre in amerikanischen Bourbonfässern gereifter Malt Whisky. Er wurde früher unter dem Namen „Glenmorangie 10 Years" vermarktet.
Er schmeckt leicht fruchtig mit einem Hauch von Vanille. Am Gaumen spürt man fruchtige Noten wie Pfirsich, Zitrone und Mandarinen und aromatische Noten wie Fenchel, Muskatnuss, Mandel und Kokosnuss.
Die Aromanuancen erinnern an sonnengereifte Mandarinen, Zitronen, Äpfel, Birnen und Pfirsiche mit einem Hauch von Vanille. Die Nase wird verwöhnt durch natürliche und würzige Flora wie wilde Pfefferminze, Eukalyptus, Muskatnuss und Ingwer.
Der Abgang ist fruchtig und leicht süß.
Die Farbe ist Bernstein, der Alkoholgehalt 40%vol.

Glenmorangie The Lasanta
Glenmorangie „The Lasanta" ist ein Single Malt Whisky, der für mindestens 10 Jahre in Bourbonfässern gereift und anschließend in Sherryfässern nachgereift wurde. Dieser Single Malt wurde früher unter dem Namen „Sherry Wood finish" vermarktet.
Er schmeckt vollmundig mit tropischen, süßen Noten durch die Reifung in Sherryfässern, begleitet von Orangen, Walnüssen und Butter-Toffee.
Ein Hauch von Haselnüssen, Rosinen, ein bisschen Leder, begleitet von Schokolade und würzigen Noten ergänzen den Gesamtgeschmack.
Er duftet nach Schokolade, Rosinen undd Honigwabe und weichem Karamell-Toffee und Zitrone, gefolgt von würzigen Aromanuancen.
Im Abgang ist er sättigend lang, würzig, leicht süß, zitronig und nussig.
Die Farbe ist Gold, der Alkoholgehalt liegt bei 46% vol.

Glenmorangie The Quinta Ruban
Glenmorangie „The Quinta Ruban" ist ein Single Malt Whisky, der für mindestens 10 Jahre in Bourbonfässern gereift und anschließend in Portweinfässern

nachgereift wurde. Früher ist dieser Single Malt unter dem Namen „Port Wood finish" vermarktet worden.
Er schmeckt nach dunkler Schokolade, Walnüssen und Orangen.
Er duftet leicht nach geschälten Mandarinen und belgischen Pfefferminz-Schokoladen-Crisps, gefolgt von gerösteter Walnuss, Muskatnuss und Sandelholz.
Der Abgang ist lang mit anhaltenden Aromen von dunkler Pfefferminz-Schokolade und Orangen.
Die Farbe ist Gold und der Alkoholgehat liegt bei 46% Vol.

Glenmorangie The Nectar D´or

Glenmorangie „The Nectar D´or" ist ein Single Malt Whisky, der für mindestens 10 Jahre in Bourbonfässern gereift und anschließend in Sauternes Weinfässern aus Bordeaux nachgereift wurde. Im Geschmack ist er weich. Eine Weichheit von Zitronentorte macht den Weg frei für Noten wie Creme Caramel und Limette. Man spürt am Gaumen einen Austausch zwischen warmem Ingwer und lieblichen Aromen von gerösteten Mandeln und Muskatnuss.
Die Aromanuancen sind cremig, zitronig und vanillig. Die Duftnuancen sind von fruchtigen Rosinen, Datteln, Kokosnuss, Muskatnuss. Im Hintergrund spürt man Lebkuchen- und rauchige Nuancen.
Der Abgang ist leicht, süß mit Zitronenschale und Vanille-Aromen, mit einem Hauch von Ingwer und Muskatnuss.
Glenmorangie The Nectar D´or hat eine dunkelgoldene Farbe. Der Alkoholgehalt ist 46% vol.

Glenmorangie 18 Years Old

Glenmorangie 18 Years ist ein 18 Jahre gereifter Single Malt Whisky. Er wurde in den ersten 15 Jahren in den amerikanischen Bourbonfässern gereift und die restlichen 3 Jahre in Oloroso Sherryfässern nachgereift.
Er schmeckt vollmundig und rund, begleitet von einer Übereinstimmung aus schmelzendem Honig und floralen Aromen. Diese blumigen Nuancen, wie Jasmin und Narzissen machen den Genuß perfekt. Sirupartige und nussige Aromen, wie Hasel- und Walnuss, erinnern an die Oloroso-Sherry-Fässer, in denen der Whisky reifte. Die weiteren Geschmacksnoten sind süße sonnengereifte Datteln und Feigen.
Er duftet süßtorfig, verbunden mit einer lieblichen Weichheit und cremigen Vanille.
Der Abgang ist anhaltend und verlockend mit der feinen Süße von getrockneten Früchten und der nussigen Trockenheit von Sherry.
Die Farbe ist tief Gold. Der Alkoholgehalt ist 43% vol.

Glenmorangie 25 Years Old

Glenmorangie 25 Years „Quarter Century" ist ein 25 Jahre lang in amerikanischen Bourbonfässern gereifter Single Malt.

Er besitzt einen vollen Körper und eine Kombination von süßen, wilden roten und schwarzen Johannisbeeren.

Er schmeckt weich, klar und belebend mit floralen Noten wie Anissamen und Zimt, gefolgt von warmen würzigen Nuancen.

Er duftet nach Spätsommerfrüchten,wie Kirschen, Pflaumen und schwarzen Johannisbeeren, ergänzt durch Schokoladen- und Kaffeenuancen, begleitet von fruchtigen klaren Tönen von frischer Wildpfefferminze.

Der Abgang ist weich, warm würzig mit Aromen von Brombeeren.

Die Farbe ist Gelbgold. Der Alkoholgehalt ist 43% vol.

Glen Ord
Northern Highlands

Tal des runden Hügels, bedeutet „Glen Ord". Die Destillerie liegt auf der Halbinsel „Black Isle" in der Ortschaft „Muir of Ord". Glen Ord wurde im Jahr 1838 von Robert Johnstone und Donald McLennen gegründet. Im Laufe der Jahre wechselten die Besitzer bis zum Jahr 1923 als das Unternehmen von Thomas Dewar aufgekauft wurde. Im Jahr 1985 wurde die Destillerie schließlich an „United Distillers" verkauft. Die Brennerei besitzt 6 Brennblasen*(*Siehe Fachbegriffe A bis Z).

Das Quellwasser zum Destillieren kommt aus „Loch nam Bonnach" und „Loch nam Euan".

Glen Ord 12 Years Old

Glen Ord 12 Years old wurde über 12 Jahre in Sherry-Eichenfässern gereift. Er schmeckt sehr weich, würzig und aromatisch mit Noten von Sherry, Mandeln, Torf und Ingwer. Die Duftnuancen sind leicht blumig, malzig mit einem Hauch von Sherry.

Der Abgang ist lang, anhaltend, leicht herb und fruchtig-würzig.

Die Farbe ist Bernstein. Der Alkoholgehalt ist 43% vol.

Oban
Western Highlands
Highlands meet the Islands

Die Hafenstadt Oban liegt in den West Highlands, 2 Autostunden entfernt von Glasgow. Die Stadt, mit einer wunderschönen, malerischen Bucht, gefüllt mit kleinen Fischerbooten und Yachten gilt als geheime Hauptstadt der schottischen Highlands. Die Stadt liegt im Westen, zwischen Wasser und Land, mit einem optimalen milden Meeresklima und salziger Luft, die die Whiskyeigenschaften beeinflussen. Die Destillerie Oban wurde von der Familie Stevenson im Jahr 1793 gegründet und die gleichnamige Hafenstadt wurde wahrscheinlich im Nachhinein um die Destillerie gebaut. Die Oban Destillerie ist eine der kleinsten und ältesten im Land.

Oban Single Malt 14 Years Old
Oban Single Malt 14 Jahre ist hierzulande das bekannteste Produkt des Unternehmens. Er hat eine goldene Farbe, der Alkoholgehalt beträgt 43% vol. Oban Single Malt 14 Jahre ist vollmundig mit einem reichen Körper. Er ist rauchig, würzig, malzig mit Geschmacksnoten von getrockneten Feigen und Honig. Der Abgang ist lang und leicht süß und hinterlässt salzige Erinnerungen.
Weitere Abfüllungen:
Oban Single Malt 1992
Oban Single Malt 2000

Tormore
Highlands(Speyside)

Tormore ist eine der jungsten Destillerien in Schottland. Mit dem Bau der Destillerie wurde im Jahr 1958 begonnen. Tormore bedeutet „großer Hügel".
Die Destillerie liegt am Ufer des Flusses „Auchvochkie Burn", einem der vielen Nebenflüsse des Speys. Der Fluss beliefert dier Destillerie „Tormore" das ganze Jahr hindurch mit reinem Speywasser mit einer Temperatur von 4 bis 9°C. Das klare Wasser des Flusses ist der ideale Lebensraum für die Perlenmuscheln, die sich ungestört entfalten. Daher ist Tormore auch bekannt als „The Pearl of Speyside".

Tormore Aged 12 Years
Toremore 12 Jahre alt ist ein hervorragender Single Malt Whisky mit einer herbstgoldenen Farbe. Er duftet nach Zitronen und Orangenmarmalade mit leichter Malzzuckernuance. Danach sind die Nuancen wie Marzipan, geröstete Mandeln, Zimt, Gewürznelken, aber auch Gras und wilde Blumen, die von der Nase wahrgenommen werden.
Tormore Aged 12 Years schmeckt ölig und vollmundig mit Noten von gerösteten Mandeln, würzigen Süßholzwurzeln. Er hat einen samtigen, vielschichtigen und lang anhaltenden Abgang. Der Alkoholgehalt ist 40%vol.
Weitere Abfüllungen:
Tormore Aged 10 Years
Tormore 1994

Glenfiddich
Highlands(Speyside)

"Glenfiddich" bedeutet „Tal der Hirsche". Die Destillereie liegt im Herzen der Highlands in dem Städtchen „Dufftown" in Spyeside. Glenfiddich ist vielleicht der bekannteste „Single Malt Whisky", aber mit Sicherheit der erfolgreichste. Er ist der meist verkaufte Single Malt der Welt.
Die Brennerei wurde von „William Grant" im Jahr 1886 gegründet.
Die typische dreieckige Flaschenform des 12- jährigen Glenfiddich kennt fast jeder. Aus meiner Arbeitserfahrung in der Bar weiß ich, dass zahlreiche Gäste, ob heimische, aus Asien oder Übersee, diesen Whisky gerne bestellen.
Die Destillerie Glenfiddich gibt sich aber nicht nur mit ihrem 12-jährigen Single Malt zufrieden, sondern überzeugt auch mit anderen hervorragenden Abfüllungen.
Das „Glenfiddich Destillat" wird mit dem Quellwasser aus der „Robbie-Dhu-Spring" auf eine Alkoholstärke von 63% gebracht und anschließend in Eichenfässern gelagert. Die Reifung findet in Sherry- oder Bourbon-Fässern statt. Dies gibt dem Brand süße und milde Töne und beeinflusst Farbe und Aromen.
Laut eigenen Aussagen ist die „Glenfiddich Distillery" die einzige Brennerei, die zum „Blending", dem Zusammenführen von Whiskies aus verschiedenen Fässern, auch „Marriage" genannt, hölzerne Fässer mit einem Fassungsvermögen von nur 200 Liter verwendet. In kleineren Fässern hat der Brand mehr Berührung mit dem Holz und nimmt daher mehr Aromen auf. Dieses Verfahren dauert 9 Monate.

Glenfiddich Single Malt Whisky 12 Years Old
„Glenfiddich 12 Years Old" reift über 12 Jahre in den Eichenfässern aus ausgesuchtem Holz (siehe Wood-Management).

Seine Farbe ist hellgold.
Er duftet frisch und leicht süß mit fruchtigen Noten wie Birne und Eichenholz.
Der Geschmack ist fruchtig, trocken, leicht torfig mit Noten von Pinien.
Der Abgang ist mittellang und aromatisch. Der Alkoholgehalt liegt bei 40% vol.

Glenfiddich Single Malt Whisky 15 Years Old

Dieser hervorragende Single Malt reift über 15 Jahre in drei verschiedenen Eichenfässern. Die „Marriage" ist die Aufgabe des Malt Masters. Sie findet hier zwischen Whiskies aus Sherryfässern, traditionellen Bourbonfässern und neuen Eichenfässern statt.
Das Resultat ruht in einem großen Solera-Fass und hat Zeit sich harmonisch zu vermählen. Bei der Abfüllung wird nur bis zur Hälfte des Fasses geleert und wieder aufgefüllt mit einer neuen „Marriage-Mischung".
Die Farbe des 15 jährigen Single Malt Whiskys ist strahlend Gold. Er duftet nach Eiche, Honig und Gewürznelken. Die Geschmacksnoten sind fruchtig, würzig, leicht süß mit Honig- und Vanille-Tönen.
Der Abgang ist lang mit einer weichen Süße.
Der Alkoholgehalt ist 40% vol.

Glenfiddich Single Malt Whisky 18 Years Old

Diese Abfüllung von Glenfiddich ist eine Vermählung aus den Whiskies, die über 18 Jahre in Bourbon und Oloroso-Eichenfässer reiften.
Der 18-jährige Glenfiddich hat eine tief-goldene Farbe.
Er duftet nach Apfel, Zimt und Holz. Am Gaumen ist er sehr weich, leicht süß und malzig mit Eichen-Note. Der Abgang ist lang, anhaltend und weich.
Der Alkoholgehalt ist 40% vol.

Glenfiddich Single Malt Whisky 21 Years Old

Dieser Glennfiddich wurde mindestens 21 lange Jahre in Eichenfässern gelagert und danach für 4 Monate in kubanischen Rum-Fässern nachgereift.
Er ist ein hervorragender, weicher Single Malt Whisky mit einer schönen Bernstein-Farbe.
Er duftet leicht rauchig-torfig mit einer Vanillenuance. Der Geschmack ist weich würzig, leicht rauchig mit Limone- und Ingwer-Noten. Der Abgang ist trocken, warm, würzig und lang.
Der Alkoholgehalt beträgt 40% vol.

Glenfiddich Single Malt Whisky 30 Years Old
Diesen Whisky sollte man genießen. Er begeistert mit seiner tief dunklen Goldfarbe und angenehmen Sherry, Ingwer und Schokoladen-Duft-Nuancen. Er fasziniert nicht nur durch sein Aroma, sondern auch durch die angenehmen Sherry-, Rosinen-Geschmacksnoten, begleitet von eichenholzigen und blumigen Tönen. Der Alkoholgehalt ist 40% vol.

Weitere Abfüllungen:
Glenfiddich Rare Collection Aged 40 Years
Glenfiddich Rare Collection Aged 50 Years
Glenfiddich Rare Collection 1937
Glenfiddich Vintage Reserve 1972
Glenfiddich Vintage Reserve 1976
Glenfiddich Vintage Reserve 1977
Glenfiddich Private Vintage 1974

The Macallan
Highlands(Speyside)

„The Macallan" Destillery wurde im Jahr 1824 von Roderick Kemp am Ufer des Spey gegründet. Macallan bedeutet „Sohn des Allan".
Macallan ist bekannt als „Rolls-Royce" unter den Single Malt Whiskys.
Gebrannt wird immer noch in den kleinen, traditionellen Destillerieapparaten aus Kupfer(Kupfer Stills).
Gereift werden die Whiskys über mehrere Jahre in Oloroso Sherry Eichenfässern. Der Wood-Manager des Unternehmens Macallan sucht die besten Holz-Qualitäten in Spanien. Das Unternehmen lässt die Fässer im eignen Land herstellen, die an die Sherry-Hersteller ausgeliehen und nach einigen Jahren für eigene Zwecke zurückgenommen und verwendet werden.
Die Reifung in den Sherry-Fässern verleiht dem Brand einen weichen, lieblichen Duft und ebensolche Geschmacksnuancen.
1996 wurde die Brennerei von der Highland-Suntory übernommen. Durch die Übernahme sollte nichts an der Unternehmens-Philosophie geändert werden. Das Ziel war eine Steigerung der Verkaufszahlen.
Ein großes Ereignis in der neueren Firmengeschichte war 1997 die Versteigerung einer Flasche Macallan aus dem Jahr 1874. Die Flasche war in einem untergegangenen Schiff gefunden worden.

The Macallan Fine Oak

Fine Oak ist eine einzigartige, außergewöhnliche Reifungsmethode der Macallan Destillerie. Es ist eine Kombinations-Reifung in drei verschiedenen Eichenholzfässern.

Der Single Malt Whisky reift über mehrere Jahre in drei Zeitabschnitten in spanischen Eichenfässern, in denen über mehrere Jahre Sherry gelagert wurde, in amerikanischen Eichenfässern, in den vorher Bourbon Whisky ruhte und in Bourbonfässern, in denen Sherry gereift wurde.

The Macallan 12 Years Fine Oak

Dieser Fine Oak ist ein Single Malt, der mindestens 12 Jahre in den drei oben benannten Eichenfässern gereift wurde. Er schmeckt würzig, leicht rauchig, mit Noten von Eiche und mittelschwerem Körper. Die Duftnuancen sind komplex und erinnern an trockene Früchte. Der 12 jährige Macallan Fine Oak hat eine goldene Bernstein Farbe. Der Alkoholgehalt ist 40%vol.

The Macallan 18 Years Fine Oak

Hier ist ein Single Malt, der mindestens 18 Jahre in den drei oben benannten Eichenfässern gereift wurde.
Die Duftnuancen sind blumig, leicht torfig und rauchig, erinnern an tropische Früchte.
Der Geschmack ist zitronig, leicht holzrauchig und würzig mit einem langen Abgang, der Erinnerungen an Orangenschalen am Gaumen hinterlässt. Die Farbe ist Bernstein. Der Alkoholgehalt beträgt 43% vol.

The Macallan 25 Years Fine Oak

The Macallan 25 Years Fine Oak ist ein Single Malt, der mindestens 25 Jahre in den drei oben benannten Eichenfässern gereift wurde. Er ist ein reifer, weicher Single Malt. Er schmeckt leicht torfig, süß nach Rosinen mit Noten von Zitrusfrüchten. Der 25-jährige Macallan duftet nach Vanille und Kokosnuss. Seine Farbe ist Bernstein. Der Alkoholgehalt ist 43%vol.

Im Sortiment von „The Macallan Fine Oak" sind noch 3 andere Jahrgänge :
10 Years, 21 Years und 30 Years Old.

The Macallan Sherry Oak

Die beste Eichenholzqualität kommt aus den Regionen in Nordspanien, nämlich "Galicia, Asturias und Cantabria" mit mildem bis maritimem und bergischem Klima.

In Andalusien in Südspanien wird Sherry in den Fässern gereift.
Die Sherry-Fässer verwendet The Macallan zur Reifung eigener Whiskys.
In der Serie sind Folgende Whiskys:
Macallan 10 Years Sherry Oak

Macallan Sherry Oak 10 Years Cask Strength
Cask Strength ist ein Destillat, das ohne Filterung und Verdünnung in Flaschen abgefüllt wird. Cask Strength kann man übersetzen als „Fassstärke".

Macallan 12 Years Sherry Oak
Macallan Sherry Oak 12 Years mit einer goldenen Farbe schmeckt weich, mit Noten von trockenen Früchten und Sherry mit einer harmonischen Balance zwischen würzig und rauchig. Die Duftnuancen erinnern an Vanille mit einem Hauch von Ingwer, trockenen Früchten, Süße und Holzrauch. Der Abgang ist würzig, rauchig und süß torfig. Der Alkoholgehalt liegt bei 40 % vol.

Macallan 18 Years Sherry Oak
Macallan Sherry Oak 18 Years ist mindestens 18 Jahre in Sherryeichenfässern gelagert. Er schmeckt vollmundig, würzig, nach Nelken mit Noten von trockenen Früchten und Holzrauch. Die Duftnuancen sind Ingwer, ein Hauch Zitrus, Vanille und Zimt. Der Abgang ist süß-torfig, leicht holzrauchig, kräftig und anhaltend. Die Farbe ist leicht Mahagoni. Der Alkoholgehalt ist 43% vol.

Macallan 25 Years Sherry Oak
Die Reifung in Sherryfässern geht hier über 25 Jahre. Die Farbe ist dunkel Mahagoni. Der 25 jährige Macallan schmeckt vollmundig mit Noten von getrockneten Früchten und Holzrauch. Er ist körperreich mit Duftnuancen der Zitrusfrüchte und einer harmonischen Balance zwischen Zimt, Sherry und Holzrauch. Der Abgang ist lang und hinterlässt würzige, fruchtige und rauchige Eindrücke. Der Alkoholgehalt beträgt 43% vol.

Macallan 30 Years Sherry Oak
Die Farbe ist ebenfalls dunkel Mahagoni. Der 30-jährige Macallan wurde hat einen vollen Körper, schmeckt weich und mild, mit Noten von Sherry, getrockneten Früchten, Orangen und Holzrauch. Die Duftnuancen erinnern an Muskatnuss, Orangen, Sherry, Holzrauch und Nelken.
Der Abgang ist lang mit Eindrücken von Gewürzen und Orangen.
Der Alkoholgehalt ist 43% vol.

Im Program von „The Macallan" ist auch die unbedingt zu erwähnende **Replica-Serie**, besonders interessant für Bars, die sich auf Whiskys spezialisiert haben. „Replica" übersetzt bedeutet Nachbildung. Die „Replica-Serie" besteht aus 4 hervorragenden Whiskies. Diese 4 Whisky Kreationen werden nach einem unglaublich umfangreichen Verfahren aus ausgewählten Fässern nachempfunden und sollen geschmacklich alten Macallan Whiskys aus dem 19. Jahrhunert ähneln.
In der Serie sind folgende Abfüllungen:
  „**Replica 1841**", „**Replica 1861**", „**Replica 1874**" und
  „**Replica 1876**".
Alleine zur Herstellung der „„Replica 1841" sind 43 Fässer zum Blenden mit Whiskys mit einem Alter von 10 bis 14 Jahren verwendet worden. Sie wurden nach einer Probe von insgesamt 1500 Fässern im Zeitraum von 9 Monaten ausgewählt. Eine weitere Rarität des Hauses „The Macallan" ist die „**Lalique-Serie**". Es handelt sich um eine Serie aus den besten Whiskys des Unternehmens, abgefüllt in Kristall-Flaschen hergestellt bei Lalique. In dieser Serie erschienen sind drei edele Whisky-Abfüllungen:
  „**Lalique I 50 Years Old**", „**Lalique I 55 Years Old**"
  und "**Lalique 3 57 Years Old**".

Knockando
Highlands(Speyside)

„Knockando" bedeutet „Kleiner schwarzer Hügel" und war die erste Destillerie in der Region Speyside. Die Brennerei Knokando wurde im Jahr 1898 von John Thomson gegründet, in der Zeit des großen Whisky-Booms. 1904 wurde die Destillerie von Gilbey übernohmen und im Jahr 1962 schloss sich Gilbey mit J&B(Justerini & Brooks) zusammen. Heute gehört das Unternehmen dem Getränkekonzern „Diago". Der Malt Whiky aus dieser Destillerie wird weiterhin für das J&B Blending verwendet.
Interessant bei der Abfüllung dieses Malt Whiskys ist, dass auf jeder Flasche das Datum der Abfüllung und der Destillation vermerkt ist. Dieses Konzept der Abfüllung bezieht sich auf die Jahrgänge und nicht auf das Alter des Whiskys.
Die Standardabfüllung ist der 12 jährige Knockando.

Knockando 12 Years Old
Die Farbe ist Bernstein. Er ist ein leichter, weicher Malt Whisky mit angenehm süßen Geschmacksnoten. Die Duftnuanancen sind fruchtig, blumig mit einem Hauch schwarzer Johanissbeeren. Der Abgang ist leicht, sauber und kurz.

Der Alkoholgehalt ist 40% vol.
Im Sortiment sind auch ein 18- und ein 21-jähriger Knockando.

The Glenlivet
Highlands (Speyside)

„Glenlivet" übersetzt bedeutet "Livet-Tal" in dem der gleichnamige Fluss liegt. Glenlivet liegt höher als die anderen Täler der Region mit einem kühleren Klima, das die Qualität des Whiskys sehr positiv durch die klare und reine Luft im Tal und das kristallklare Wasser aus der Schneeschmelze der Gebirge beeinflusst. Gegründet wurde die Glenlivet Destillerie im Jahr 1824 von „George Smith" und war die erste Whisky-Brennerei mit Lizenz.
Glenlivet wurde zum Markenzeichen der gesamten Region und als „längstes Tal Schottlands" getauft, weil auch viele andere Brennereien aus anderen Gegenden der Umgebung die Bezeichnung verwendeten, um ihre Whiskys als qualitativen Brand zu verkaufen.
Der Nachfolger von George Smith war John Gordon Smith, der den Fall vor Gericht brachte und im Jahr 1884 wurde endlich gerichtlich bestätigt, dass nur das Original unter den Malt Whiskys die Bezeichnung „Glenlivet" tragen darf.
Im 20. Jahrhundert war der Urenkel des Gründers „Captain Bill Smith Grant" der neue Eigentümer des Unternehmens und hatte die Idee, direkt nach der Prohibition in Amerika den Brand im Land der unbegrenzten Möglichkeiten zu vermarkten. Glenlivet wurde die Nummer 1 unter den Single Malts in Amerika und das blieb er bis heute.
Im Sortiment der Destillerie sind folgende Whiskies:

The Glenlivet 12 Year Old
Seine Farbe ist hellgolden mit einem Bukett aus blumigen und fruchtig zarten Sommerdüften. Frische, fruchtige Aromanuancen wie Chasselas-Traube, reife Birne, lieblicher Apfel und ein Hauch exotischer Früchte einerseits und andererseits weißem Flieder und Hönigblüten verwöhnen die Nase. Schwerere Düfte, wie reife Aprikosen, Créme Anglaise, Vanille und nussige Aromen ergänzen die Aromakombination.
Der Geschmack ist leicht süß, fruchtig durch Noten wie weißer Pfirsich, Birne in Vanillensirup und einer Spur Ananassaft und blumig durch Noten wie Honigblüten und Mandelplätzchen.
Der Abgang ist nussig, mit einem Hauch von Marzipan, frischer Haselnuss, geriebenem Ingwer und würzig. Der Alkoholgehalt ist 40% vol.

The Glenlivet 15 Years Old
French Oak Reserve
Der 15 Jahre alte Glenlivet wurde in französischen Eichenfässern gereift.
Die Farbe ist intensiv Gold. Die Aromen sind kräftig mit harzigen Noten, verbunden mit Zitrusnuancen, begleitet von leicht gerösteten Pinienkernen, Orangen und Grapefruitschale. Die Harmonie zwischen blumigen Noten, wie die von Geranien und schweren Noten wie die von Buttergebäck und Mandel-Brandy-Plätzchen, von Vanille und Karamell machen die Reise durch die Nase unvergesslich.
Am Gaumen ist er süß, weich, samtig und rund mit fruchtigen und nussigen Geschmacksnoten und Spuren von Eichenholz.
Der Abgang ist nussig, würzig und anhaltend mit Aromen von leicht gerösteten Haselnüssen und geräucherten Mandeln.
Der Alkoholgehalt beträgt 40% vol.
Im der Whisky-Serie des Unternehmens sind noch folgende Abfüllungen:
The Glenlivet 16 Year Old Nádurra
The Glenlivet 18 Year Old
The Glenlivet 21 Year Old
The Glenlivet 25 Year Old XXV
The Glenlivet Cellar Collection 1964 cask Strength
The Glenlivet Cellar Collection 1972 Cask Strength

Glenfarclas
Highlands (Speyside)

Glenfarclas bedeutet „Tal des Graslandes" und gehört zu den wenigen Destillerien, die noch unabhänig geblieben sind und nicht von großen Getränke-Konzernen aufgekauft wurden. Im Juni 1865 kaufte „John Grant" die Glenfarclas Destillerie, die im Jahr 1844 von „Robert Hay" erbaut wurde. Die Destillerie blieb bis heute in den Händen der Famillie Grant.
Das Quellwasser zum Destillieren bezieht Glenfarclas aus dem Berg „Ben Rinnes".
Glenfarclas hat 6 Brennblasen im Betrieb, die großten in der Region Speyside.
Hinter der Destillerie sind die Hügel des Berges „Ben Rinnes" zu sehen.
Glenfarclas ist ein sehr erfolgreicher Single Malt Whisky und ebenfalls sehr beliebt zum Blenden. Glenfarclas ist für die Reifung in Sherry-Fässern bekannt.

Es gibt zahlreiche Abfüllungen und unterschiedliche Reifungen.

Glenfarclas 10 Years Old Single Highland Malt
Er duftet verlockend malzig mit süßem Sherry und feinen würzigen und rauchigen Aromanuancen. Durch Wärme machen sich zusätzliche Aromen wie Honig, Vanille und Birne bemerkbar. Die Farbe ist hellgolden.
Der 10 Jahre alte Glenfarclas schmeckt leicht rauchig, malzig, mit Noten von süßem Sherry und einem Hauch von getrockneten Früchten, Vanille und Zimt.
Der Abgang ist lang, rauchig, würzig und zögernd fein-süß. Der Alkoholgehalt ist 40% vol.

Glenfarclas 21 Years Old Single Highland Malt
Die Farbe ist dunkel-Bernstein-Gold. Er duftet sehr intensiv aromatisch. Die Aromen fügen sich zu einer Harmonie aus Sherry-fruchtigen und tropisch-fruchtigen Nuancen, verbunden mit Noten von Muskatnuss, Mandeln, einem Hauch von Zitronenschale und süßer rauchiger Vanille.
Am Gaumen ist er vollmundig, reichhaltig mit einer langsamen Entwicklung zu fruchtigen, rauchigen und würzigen Noten.
Der Abgang ist dauerhaft lang und hinterlässt weiche, rauchige Eindrücke mit Spuren von Schokolade.
Der Alkoholgehalt liegt bei 43% vol.

Glenfarclas 30 Years Old Single Highland Malt
Die Aromen sind sehr komplex und vielfältig, verbunden mit fruchtigen Sherry- und malzigen Tönen.
Am Gaumen schmeckt man viel Sherry, Cognac und fruchtige, nussige Marzipan-Noten.
Der Abgang ist köstlich mit Spuren von dunkler Schokolade.
Die Farbe ist dunkelgolden. Der 30-jährige Glenfarcas gehört zu den besten Produkten des Unternehmens.
Der Alkoholgehalt ist 43% vol.
Weitere Abfüllungen :
Glenfarclas 105 Cask Strength 60% Vol.
Glenfarclas 12 Years Old Single Highland Malt
Glenfarclas 15 Years Old Single Highland Malt
Glenfarclas 17 Years Old Single Highland Malt
Glenfarclas 25 Years Old Single Highland Malt
Glenfarclas 40 Years Old Single Highland Malt 46%
Glenfarclas 40 Years Old Scottish Classic
Glenfarclas Historic Bottlings (Verschiedene alte Jahrgänge)
Glenfarclas The Family Casks (Jahrgänge von 1952 bis 1990)

GlenDronach
Highlands (Speyside)

„GlenDronach" bedeutet Tal der Brombeerhecken und wird „Glendronak" ausgesprochen.
1826 wurde die Destillillerie von „Jame Allardice" gegründet. Sie wechselte verschiedene Male den Besitzer bis zum Jahr 1920. In diesem Jahr übernahm Charles Grand die „GlenDronach Distillery" und führte sie erfolgreich bis zum Jahr 1960, als das Unternehmen von „William Teacher & Co" aufgekauft wurde. 2008 schließlich wurde „The Ben Riach Distillery" der neue Besitzer.
Folgende Abfüllungen gibt es:

The GlenDronach 12 Years Old Original
Dieser Single Malt Whisky wurde über 12 Jahre in einer Kombination der spanischen Fässer Oloroso und Pedro Ximinez gereift. Er ist nicht gefiltert und hat daher auch eine natürliche dunkle Bernstein-Gold- Farbe. Er duftet cremig, süß, vanillig mit einem Hauch von Ingwer, begleitet von Glühwein und Birne-Aromanuancen.
Er schmeckt vollmundig, cremig, zart und weich, warm mit süßer Holz und Sherry-Note und Früchten, würzig mit einem reichen Körper.
Der Abgang ist lang, dauerhaft, kräftig und leicht nussig.
Der Alkoholgehalt ist 43% vol.

The GlenDronach Revival 15 Years Old
Dieser Single Malt Whisky wurde über 15 Jahre in Sherry Oloroso Fässern gereift. Er ist ebenfalls nicht gefiltert und hat daher auch eine natürliche Gold-Mahagoni-Farbe. „Revival" übersetzt bedeutet „belebend".
Die Duftnuancen sind sehr komplex und vielfältig, wie Toffee und Schokolade.
Er hat einen vollen Körper mit Geschmacksnoten von Kaffee, Schokolade und Teegebäck.
Der Abgang ist lang, dauerhaft und belebend. Der Alkoholgehalt beträgt 43% vol.

The GlenDronach Allardice 18 Years Old
Der 18-jährige GlenDronach Allardice ist in Oloroso Sherry-Fässern gereift und nicht gefiltert. Die Farbe ist natürliches dunkel-Gold. Er duftet süß und aromatisch nach Butter-Toffee, fruchtigem Kompott, glacierten Schattenmorellen. Der Geschmack ist verführerisch, mit Noten von gedünsteten Früchten in Verbindung mit würzigen Aromen, begleitet von Oloroso, gerösteten Walnüssen und Schokolade mit Orangengeschmack.

Der Abgang ist explosiv, komplex und lang.
Der Alkoholgehalt ist 46% vol.

Glen Grant
Highlands (Speyside)

Im Jahr 1840 gründeten die Brüder „James und John Grant" die Destillerie. Der Name bedeutet übersetzt „Tal der Grants". Mit dem Meer und dem Hafen von Garmouth nebenan, dem Spey zu ihren Füßen und Gerste-Feldern rundherum, sind alle Voraussetzungen für die Herstellung eines guten Malt Whiskys vorhanden. Glen Grant ist eine erfolgreiche Malt Whisky-Marke und nach Glenfiddich ist er der meist verkaufte Malt weltweit.
Bei Glen Grant findet man zahlreiche Abfüllungen. Hier sind einige:

Glen Grant The Major´s Reserve
Dieser sehr junge Single Malt Whisky wurde nach seinem Gründer James Grant bekannt als "the Major" benannt. Der Whisky hat eine hellgoldene Farbe mit einem weichen Bouqet und fruchtigen Apfel-Nuancen. Am Gaumen ist er cremig, würzig und fruchtig und beim Abgang nussig, trocken. Er reift in Bourbon-Eichenfässern. Der Alkoholgehalt ist 40% vol.

Glen Grant 10 Years Old
Die Farbe ist Gold. Er duftet mild, leicht mit fruchtigen Apfeltönen. Der Geschmack verbindet Weichheit, einen leicht würzigen, vollen Körper mit fruchtigen Noten. Der Abgang ist leicht trocken und nussig. Der 10-jährige Single Malt Whisky wurde in amerikanischen Bourbonfässern gereift.
Der Alkoholgehalt beträgt 40% vol.

In der „Glen Grant Serie" sind noch folgende Single Malt-Abfüllungen:
Glen Grant 16 Years Old
Glend Grant Cellar Reserve
Glen Grant Anniversary

Cragganmore
Highlands (Speyside)

„Cragganmore" übersetzt bedeutet "großer Felsen" und liegt vor dem nahe gelegenen gleichnamigen Hügel.
Die Brennerei wurde 1869 von „John Smith" gegründet. Er hatte durch seine Tätigkeit bei verschiedenen Destellerien wie bei Glenlivet, Glenfarclas und Macallan genug Erfahrung gesammelt um die „Cragganmore Destillery" in den Erfolg zu führen.
Die „Cragganmore Destillery" war die erste, die gezielt in der Nähe einer Eisenbahn gebaut wurde um die Güterverkehrsmöglichkeiten zu verbessern.
Cragganmore ist auch ein sehr beliebter Malt zum Blenden.

Cragganmore 12 Years Old
Der 12 jährige Cragganmore hat eine goldene Farbe. Er duftet blumig mit Nuancen von Uferkräutern, einem Hauch Honig und Vanille.
Am Gaumen spürt man Malz, Holzrauch und Sandelholz.
Der Abgang ist lang, malzig, leicht rauchig mit süßen Untertönen.
Der Alkoholgehalt ist 40% vol.
Im Cragganmore-Programm ist auch ein zweiter Malt,
der **„Cragganmore Distillers Edition"** mit einer zweiten Reifung im Portweinfass.

Cardhu
Highlands (Speyside)

John Cumming und seine Frau Helen gründeten die Destillerie „Cardhu" im Jahr 1824 nach etwa 13 Jahren illegalen Whiskybrennens in dem Ort Cardow, wonach die Brennerei benannt wurde. 1893 wurde die Cardhu Destillerie von „Johnny Walker" aufgekauft.

Cardhu 12 Years Old
Er hat eine honig-goldene Farbe. Er duftet nach Birnen-Bonbons, verbunden mit Heide-, Rosinen- und süßen Honigtönen. Am Gaumen ist er frisch und ausgewogen mit leichter Süße, begleitet von trockenen Spuren. Er schmeckt weich und angenehm.
Der Abgang ist kurz mit anhaltender rauchiger Süße und einem angenehmen trockenen Nachgeschmack. Der Alkoholgehalt ist 40% vol.

The Balvenie
Highlands (Speyside)

„Balvenie" ist eine Speyside-Destillerie, die im Jahr 1892 von William Grant erbaut und von ihm und seinen Söhnen geführt wurde. Den Namen „Balvenie" übernahm man von dem gleichnamigen Castle in der Nähe. Er bedeutet „Stadt des Glückes". Zu Beginn kaufte Balvenie die ersten Brennblasen gebraucht von den Brennereien „Lagavulin" und „Glen Albyn", um günstig zu arbeiten.
Das Quellwasser kommt aus der Quelle „Robie Dubh". Das gleiche Wasser vewendet auch die Destillerie „Glenfiddch" die in der unmittelbarer Nähe liegt.
Die Brennerei Balvenie war die erste Destillerie, die Whisky mit Nachreifung in speziellen Fässern erzeugte und setzte damit einen Trend in Gang.
Einige Abfüllungen sind:

The Balvenie Signature Aged 12 Years
Eine einzigartige Reifung und Nachreifung, eine Kombination von Bourbon- und Sherry-Fässern machen diesen Whisky unvergesslich. Zuerst reift er in amerikanschen Bourbonfässern, danach in Sherryfässern, um zum Schluß wieder in Bourbonfässer umgefüllt zu werden. Ein Verfahren, das den Whisky geschmacklich und charakterlich stark beeinflusst.
Die Farbe ist Gold. Die Duftnuancen sind komplex, erinnern an Honig, Zitusfrüchte und Vanille. Am Gaumen ist er kräftig mit Honignoten und fruchtigen Aromen vom Sherry. Man spürt holzige, würzige Noten begleitet von Zimt und Muskatnuss. Der Abgang ist lang und zögernd. Der Alkoholgehalt ist 40% vol.

The Balvenie Double Wood 12 Years
Balvenie Double Wood 12 Years ist ein Single Malt, der nach der Reifung in Bourbonfässern nochmals in Sherryfässern nachgereift wurde.
Die Farbe ist Gold. Er duftet fruchtig-süß, mit Oloroso-Nuancen, Vanille und Honig. Er schmeckt weich und sanft, verbunden mit blumigen, süß-nussigen Noten und Spuren von Zimt und Sherry. Der Abgang ist lang und warm.
Der Alkoholgehalt ist 40% vol.
Weitere Abfüllungen :
The Balvenie Single Barell 15 Years
The BalvenieVintage Cask 1978
The Balvenie Thirty Aged 30 Years
The Balvenie Maderia Cask aged 17 Years

Aberlour
Highlands (Speyside)

„Aberlour" bedeutet „Mündung des Lour". Die Brennerei Aberlour liegt am Ufer dieses kleinen Baches, der in den Spey mündet und zuständig ist für das Quellwasser der „Aberlour Distillery". Aberlour ist ein kleines Dorf zwischen den schottischen Highlands und dem Spey River und dort befindet sich auch die gleichnamige Destillerie.
Im Jahr 1898 brannte die Destillerie fast vollständig aus, doch wurde sie im selben Jahr wieder komplett aufgebaut.
Die Brennerei verwendet immer öfter Sherry-Fässer zur Lagerung ihrer Whiskies, die in traditionellen kupfernen Brennblasen (Pot Stills) gebrannt werden.
Auf den Flaschenetiketten ist stets das Gründungsjahr 1879 und der Name des Gründers, „James Flemming" erwähnt.

Aberlour 10 Years Old
Aberlour 10 Years Old ist ein Single Malt mit einer 10-jährigen Sherryfass-Reifung. Die Farbe ist Bernstein. Die Aromen sind würzig, fruchtig und voll, begleitet von Geschmacksnoten, die leicht und würzig sind, verbunden mit süßlichen Sherry-Tönen.
Der Abgang ist lang, blumig und anhaltend. Der Alkoholgehalt ist 40% vol.

Aberlour a´bunadh Single Malt 60% ist ein „Original Cask Stregth"*(Siehe Fachbegriffe A bis Z), also ein Single Malt direkt vom Fass und mit einer Fassstärke.

Scapa
Orkney

Die „Scapa Distillery" liegt auf auf der Insel „Orkney" an der Scapa Flow-Küste und gehört zu der Region der Islands. Die Brennerei wurde im Jahr 1885 von „J.T. Townsend" eröffnet. Sie liegt am Ufer des „Lingro Burn", von wo die Brennerei auch ihr Wasser bezieht. Das Wasser ist sehr torfhaltig, daher verwendet die Scapa-Brennerei ungetorftes Malz. Scapa gehört zu den bekanntesten Single Malt Whiskies der Insel Orkney.

Scapa 14 Years Old
Scapa 14 Years Old ist ein weicher, milder Single Malt mit einer goldenen Farbe. Er hat Eigenschaften, die nicht typisch sind für einen Whisky von den Islands.

Scapa 14 Jahre ist ein hervorragender Whisky, der in amerikanischen Bourbon-Fässern reift.

Der 14-jährige Scapa mit seinen milden, fruchtigen Aromen und Spuren von Honig und Heidekraut ist zu empfehlen. Er ist leicht süß und würzig im Geschmack mit Noten von Jod und Salz im Hintergrund. Der Abgang ist lang, anhaltend und warm. Wer einen leichten, weichen Single Malt Whisky mag, der nicht sehr torfig schmeckt, ist bei der Auswahl „Scapa" genau richtig.

Der Alkoholgehalt ist 40% vol.

Highland Park
Orkney

„Highland Park" Distellerie ist die nördlichste Brennerei in Schottland und auch eine der ältesten. Highland Park bedeutet „Hochland-Park" und wurde im Jahr 1795 von David Robinson gegründet. Die Brennerei liegt am südlichen Teil der Hauptstadt „Kirkwall" auf der Insel Orkney. Das Quellwasser kommt aus der benachbarten „Cattie Maggies Spring".

Higland Park ist ein harmonischer, torfiger, kräftiger Whisky mit Salznoten und Aromen von Heidekraut durch die Verwendung desselben zum Trocknen der Gerste. Die Highland Park-Destillerie verwendet zur Reifung seiner Whiskys ehemalige Sherry-Fässer.

Highland Park Aged 12 Years
Die Farbe ist leuchtendes Gold. Er duftet leicht süß nach Honig und Heidekraut, mit torfigen Rauch-Nuancen und einem Hauch Sherry.
Er schmeckt reif, abgerundet mit einer rauchigen Süße und vollmundigen malzigen Noten. Der Abgang ist leicht rauchig, heidekrautartig und hinterlässt feine Eindrücke. Der Alkoholgehalt ist 40% vol.

Highland Park Aged 18 Years
Die Farbe ist klar, hell und Natur-Gold. Er duftet reichhaltig mit Nuancen von Eiche, begleitet von rauchigen Sherry-Noten. Der Geschmack ist vollmundig, rauchig, torfig mit einem Hauch von Honig und einem vollen Körper. Der Abgang ist lang, rund und weich. Der Alkoholgehalt liegt bei 43% vol.

Highland Park Aged 30 Years

Die Farbe ist Dunkel-Rotgold. Er duftet sehr reichhaltig nach Eiche,

Zartbitterschokolade und Toffee. Er Schmeckt vollmundig, leicht nach Honig und nüssigem Toffee.
Der Abgang ist lang, reichhaltig und süß. Der Alkoholgehalt ist 48,1% vol.
Weitere Abfüllungen :
Highland Park Aged 15 Years
Highland Park Aged 21 Years
Highland Park Aged 25 Years
Highland Park Aged 40 Years

Talisker
Skye

Die Insel „Skye", übersetzt „Insel der Nebel", gehört zu den Islands und liegt oberhalb der Insel „Mull".
Die Brennerei Talisker ist die einzige auf der Insel. Die Gründer der Destillerie waren die Brüder „MacAskill" im Jahr 1831. Die Destillerie liegt am „Loch Harport" mit seinem salzigen Wasser, in dem kleinen Ort Carbost.
Talisker ist ein Single Malt Whisky mit viel Charakter, der dreifach destilliert wird. Das Quellwasser ist sehr torfig und die Meeresluft salzhaltig. Das beeinflusst natürlich auch den Charakter des Whiskys.

Talisker Aged 10 Years
Talisker ist ein kräftiger torfhaltiger Single Malt Whisky mit vollem Körper, der in Erinnerung bleibt. Seine Farbe ist Gold. Er duftet nach Torf und salziger Meeresluft, begleitet von zarten Zitrus-Nuancen und frischen Austern. Er schmeckt leichtsüß nach trockenen Früchten, warm, intensiv, torfig, rauchig und malzig.
Der Abgang ist lang und anhaltend, explosiv. Der Alkoholgehalt ist 45,8% vol.
Weitere Abfüllungen :
Talisker 12 Years Friends Bottling
Talisker 25 Years Old
Talisker 30 Years Old

Lagavulin
Islay

Die „Lagavulin Distillery" liegt an der Südküste der Insel „Islay", in „Port Elen". Im Jahr 1837 übernahm „James Logan Mackie & Co" die bereits vorhandene

Brennerei und produzierte sehr erfolgreich Malt Whisky. Islay ist sehr bekannt für ihre hervorragenden Malt Whiskys.
Lagavulin ist ein kräftiger Malt Whisky mit typischen Islay-Geschmacksnoten und Aromanuancen, ergänzt durch seine dunkle, intensive Farbe.
Er gehört zu der obersten Kategorie der Single Malt Whiskies.

Lagavulin Aged 16 Years
Er begeistert nicht nur mit seiner tiefen Bernsteinfarbe sondern auch mit intensiven torfigen, salzigen Aromanuancen, vollem Körper und Bukett und einem Hauch vom Meer. Der Geschmack ist salzig, torfig-trocken mit einem süßem Hintergrund und holzigen Noten. Der Abgang ist anhaltend, komplex, lang, torfig mit einem Hauch an Salz. Der Alkoholgehalt ist 43% vol.
Weitere Abfüllungen:
Lagavulin Distillers Edition 1991(Abgefüllt 2008)
Lagavulin Distillers Edition 1993(Abgefüllt 2009)
Beide Whiskies genossen eine Nachreifung in Pedro Ximenez Sherry-Fässern.

Bowmore
Islay

Die „Bowmore Distillery", die auf der Insel Islay am „Loch Indaal" liegt, wurde 1779 gegründet und ist damit die älteste Brennerei der Insel und eine der ältesten in Schottland.

Das zur Whiskyherstellung benötigte Wasser kommt aus dem „Laggan", einem Fluss mit torfigem Wasser. Die Eichenfässer zur Reifung der Whiskies liegen teilweise in Meerwasser. Dadurch weist der Bowmore salzige und torfige Noten auf.

Bowmore war einer der ersten Single Malt Whiskies, den ich probiert habe und meine Begeisterung war groß. Es wurden Erinnerungen an Meerwasser und salzige Luft wach und der torfige und intensive Geschmack beherrschte meine Sinne.

Bowmore Aged 12 Years
Die Farbe ist Bernstein mit feinen Aromen von Lemon und Honig, verbunden mit seinen unverwechselbaren salzigen Noten. Er schmeckt salzig, torfig, fein und warm mit Tönen von dunkler Schokolade. Der Abgang ist lang und anhaltend.
Der Alkoholgehalt ist 40% vol.

Bowmore Darkest Aged 15 Years
Der 15 Jahre alte Bowmore reift zuerst in den amerikanischen Bourbon-Fässern. Die Nachreifung findet in den spanischen Sherry-Fässern statt. Die Farbe ist rotbräunlich.
Er duftet nach dunkler Schokolade, Rosinen, begleitet von rauchigen Aromanuancen. Die Geschmacksnoten sind zedernholzig, torfig, rauchig, salzig ergänzt von Toffee. Der Abgang ist warm, robust mit einem Hauch von Sherry-Tannin. Der Alkoholgehalt ist 43% vol.

Weitere Abfüllungen:
Bowmore Legend (8 Jahre Alt)
Bowmore Aged 18 Years
Bowmore Aged 25 Years
Bowmore Claret (gereift in den Bourdeaux-Fässern)
Bowmore Voyage (gereift in den Portwein-Fässern)
Bowmore 1957
Bowmore 1964

Ardbeg
Islay

Die Destillerie Ardbeg, übersetzt „kleine Anhöhe", liegt an der Südküste der Insel Islay nicht weit von den beiden bekannten Destillerien „Lagavulin" und „Laphroaig". Der hier gebrannte Whisky ist, wie seine Nachbarn, ein torfiger, salziger und rauchiger Malt Whisky mit medizinschen Geschmacksnoten.
Die Brennerei wurde 1815 von „John McDougall" gegründet. Das Wasser kommt aus „Loch Laran und Loch Uigeadail", die zur Reifung verwendeten Fässer bestehen zu 98% aus amerikanischen Bourbon-Whisky-Fässern.

Ardberg 10 Years Old
Er hat eine leicht-goldene Farbe. Die Duftaromen vereinigen intensive, rauchige und fruchtige Noten, beeinflusst von Torf und den vollen Aromen von Limetten und Zitronen, umgegeben von dunkler Schokolade. Darüberhinaus duftet er nach geräuchertem Fisch und knusprigem Speck an der Seite von grünem Pfeffer, gebackener Ananas und Birnensaft.
Der Geschmack ist eine Explosion von knisterndem Torf auf der Zunge. Die Zitronen und Limetten mit ihrem vollen Geschmack, Torf, schwarzer Pfeffer, verbunden mit Zimt und würzigem Toffee, gefolgt von einer Welle von Birne,

weicher Buttermilch, reifer Banane und Johanissbeere harmonisieren perfekt miteinander. Rauchig bringt der Geschmack Schritt für Schritt eine Kombination von warmem, cremigem Cappuccino und gerösteten Gebäck am Gaumen hervor, velängert und vertieft durch Espresso, Lakritze und ölige Noten.
Der Abgang ist lang, anhaltend, rauchig mit Spuren von Espresso, Anis, gerösteter Mandel, gefolgt von weicher Gerste und frischer Birne.
Der Alkoholgehalt beträgt 46% vol.

Weitere Abfüllungen:
Ardbeg Still Young
Ardbeg Supernova
Ardbeg Rollercoaster
Ardbeg Ulgeadail
Ardbeg Blasda
Ardbeg Lord Robertson Single Cask

Laphroaig
Islay

Die „Laphroaig Distillery" liegt an der Südküste der Insel Islay, in der Nachbarschaft von „Lagavulin" und „Ardbeg". „Laphroaig" bedeutet „Die Senke an der weißen Bucht". Die Destillerie wurde im Jahr 1815 von den Brüdern „Donald und Alex Johnston" gegründet und blieb bis 1954 in Familienbesitz. „Ian Hunter", das letzte Familienmitglied, starb kinderlos und vererbte das Unternehmen seiner Sekretärin „Bessie Williamson".
Das Wasser bezieht die Destillerie aus dem „Kilbride Dam". Zur Reifung der Whiskies verwendet man vorwiegend amerikanische Bourbon-Fässern aus dem Hause „Makers Mark".
Der Geschmack von Laphroaig ist sehr rauchig, salzig, schwer torfig und medizinisch, typisch für einen Islay-Whisky.
Seit 1994 gehört der Single Malt Whisky Laphroaig zu den Hoflieferanten von Prinz Charles und darf seitdem sein königliches Wappen tragen.

Laphroaig Aged 10 Years
Die Farbe ist strahlend Gold und hat einen vollen Körper. Er duftet intensiv rauchig, medizinisch, nach Seetang mit einem Hauch von Süße.
Am Gaumen spürt man Noten von Salz, Torf, Erde und ebenfalls leichter Süße.
Der Abgang ist lang, anhaltend, rauchig. Der Alkoholgehalt ist 40% vol.

Laphroaig Aged 30 Years
Die Farbe ist rotgold. Die Duftnuancen erinnern an Sherry, süße Früchte und Torf. Der Geschmack ist rund, rauchig, intensiv torfig, harmonisiert mit einer sanften, milden Süße.
Der Abgang ist lang, anhaltend und saftig. Der Alkoholgehalt ist 43% vol.

Weitere Abfüllungen:
Laphroaig Cask Strength
Laphroaig Quarter Cask
Laphroaig aged 15 Years
Laphroaig Aged 40 Years

Bunnahabhain
Islay

„Bunnahabhain" („bunna-haven" ausgesprochen) bedeutet "Mund des Flusses". Die Destillerie, die auf der nordöstlichen Seite der Insel liegt, wurde 1881 von Williams Robertson gegründet.
Der Geschmack von Bunnahabhain ist untypisch für Malt Whiskies aus Islay. Er ist ein leichter, untorfiger, weicher Malt mit fruchtigen Noten. Das liegt einmal an dem Quellwasser des „Margadale River", das nicht torfig ist und am verwendeten Malz, das nur leicht getorft wird. Auch die salzige Meeresluft beeinflusst den Geschmack. Bunnahabhain verwendet zur Reifung seiner Whiskies sowohl Bourbon-, als auch Sherry-Fässer, so wie z.B. beim 18-jährigen Bunnahabain, der in Sherry-Fässern reift.
Die Standardabfüllung ist der 12 Jahre alte Bunnahabhain.

Bunnahabhain Aged 12 Years
Die Farbe ist hellbernstein. Er duftet frisch und aromatisch mit hauchzarten rauchigen Nuancen. Der Geschmack zeigt anfangs fruchtige Noten, gefolgt von Nüssen, und mündet in süßen, malzigen Noten.
Der Abgang ist lang, anhaltend und vollmundig. Der Alkoholgehalt ist 40% vol.
Weitere Abfüllungen:

Bunnahabhain Aged 18 Years
Bunnahabhain Aged 25 Years

Caol Ila
Islay

Die „Caol Ila" Brennerei liegt nicht weit entfernt von dem Hafenort „Port Askaig" und bietet einen wunderschönen Blick auf den „Islay Sund", der die Insel von der Nachbarinsel „Jura" trennt. Die Brennerei, in deren Nachbarschaft sich auch die „Bunnahabhain Distillery" befindet, wurde im Jahr 1846 von „Hector Henderson" gegründet.
Der hier produzierte Malt Whisky hat, so wie der „Bunnahabhain", sehr weiche, untorfige Eigenschaften. Das liegt unter anderem an dem Quellwasser des „Loch Nam Bam" mit seinem kalkhaltigen und nur leicht torfigen Wasser.
Die Destillerie besitzt 6 Stills.

Caol Ila Aged 12 Years
Die Farbe ist die von dunklem Stroh. Er duftet frisch, blumig, fruchtig mit Spuren von Rauch und Malz. Er schmeckt leicht, anfangs süß, gefolgt von malzigen und rauchigen Noten. Der Abgang ist lang, anhaltend, leicht süß-rauchig mit einem Hauch Säuerlichkeit. Der Alkoholgehalt ist 43% vol.
Weitere Abfüllungen :
Caola Ila Cask Strength

Isle of Jura
Jura

Die „Isle Of Jura", übersetzt „Rotwild-Insel", erreicht man ausschließlich mit einer Fähre über Islay.
Die gleichnamige Destillerie liegt auf der östlichen Seite der Insel. Die relativ junge Brennerei hat ihren Betrieb erst seit 1963 aufgenommen. Gegründet wurde sie von Robin Fletcher und Tony Riley-Smith auf dem Gelände einer ehemaligen Brennerei, die außer Betrieb war. Das Quellwasser kommt aus dem See „Market Loch".

Isle of Jura Origin 10 Years
Die Farbe ist mittleres Dunkelgold. Die Aromanuancen sind sehr weich, reichhaltig, vielfältig, soft mit Mandeln und Holztönen.
Am Gaumen schmeckt er warm, leicht nach Eiche, insgesamt leicht rauchig, salzig, torfig, süß und weich nach Lakritz mit Noten von Karamell und gerösteten Kaffeebohnen.

Der Abgang ist lang und anhaltend. Der Alkoholgehalt ist 40% vol.
Weitere Abfüllungen :
Isle of Jura Superstition
Isl of Jura Diurach´s Own 16
Isle of Jura Prohecy
Isle of Jura 1974 Vintage
Isle of Jura 40 Years Old

Glenkinchie
Lowland

"Glenkinchie" ist eine Lowland-Destillerie und bedeutet "Tal der Quinceys". Die Brennerei liegt südostlich von Edinburgh. Sie wurde 1825 von den Brüdern George und John Rate gegründet. Das Quellwasser kommt aus den „Lammermuir Springs". Glenkinchie Malt Whisky ist ein leichter, sanfter, leicht rauchiger Brand und ein guter Repräsentant der Region, auch bekannt als „Edinburg Malt".

Glenkinchie Aged 12 Years
Die Farbe ist hellgold. Er duftet intensiv, leicht süß mit Nuancen von Zitrus-Früchten und frischen Blumen.

Am Gaumen werden süße und weiche Erinnerungen wach an blumige, leicht bittere, frische Pfefferminz-Noten mit einem Hauch von Apfel und Zitrone.
Der Abgang ist lang, trocken und kräuterig. Der Alkoholgehalt ist 43% vol.

Glenkinchie Distillers Edition 1988
Dieser Single Malt Whisky hat eine doppelte Reifung hinter sich. Nach 10 Jahren Reifung in amerikanischen Bourbon-Fässern wird die Reifung in Amontillado-Sherry-Fässern fortgesetzt.
Seine Farbe ist dunkelgold. Er duftet sehr komplex, harmonisch zwischen süß und trocken, mit Nuancen von frischen Trauben, verbunden mit holzigen, nussigen und malzigen Tonen.
Am Gaumen ist er einerseits trocken, andererseits süß und fruchtig. Er hat einen mittelschweren Körper mit einem langen, trockenen, eichenholzartigen Abgang, leicht würzig und zum Schluss karamellig.
Der Alkoholgehalt ist 43% vol.

Springbank
Campeltown

Die Heimat der „Springbank Destillery" ist die Stadt Campeltown auf der Halbinsel „Kintyre". Nicht weit entfernt liegt die Brennerei „Glen Scotia".
In den 20er Jahren gab es mehr als 30 Brennereien in der Region, doch als Folge der Prohibition in Amerika mussten viele der Destillerien schließen. Die Springbank Destillery wurde im Jahr 1828 gegründet und ist seit 1837 im Besitz der Familie Mitchells. Das Quellwasser bezieht man aus dem „Crosshill Loch".
Die Brennerei erzeugt außer „Springbank" noch zwei weitere Malt Whiskys. Den kräftigen, rauchigen, torfig schmeckenden „Longrow" und den „Hazelburn", der frei von Rauch- und Torfnoten ist, da die gemälzte Gerste über Heißluft zum Trocknen gebracht wird.
Springbank vewendet zur Reifung vorwiegend amerikanische Bourbon-Fässer, aber auch Sherry- und Bordeaux-Fässer(Springbank 15 Years Claret).

Sprinbank Aged 10 Years
Er verbleibt ungefähr 6 Jahre in Bourbon-Fässern und den Rest der Zeit in Sherry-Fässern.
Er hat eine goldene Farbe. Der 10-jährige Springbank duftet nach Birnen, leicht torfig, nach Vanille und Malz. Am Gaumen schmeck er malzig, würzig mit Noten von Zimt, Muskat, Eiche und Vanille. Der Abgang ist anhaltend, pickelnd und leicht salzig.
Der Alkoholgehalt ist 46% vol.
Weitere Abfüllungen:
Springbank 12 cask Strength
Springbank Aged 15 Years Claret
Springbank 2001 Vintage

Weitere schottische Malt-Whiskys:
Linkwood The Highland
Glen Moray The Highland
Glengoyne The Highland
Bruichladdich Islay
Littlemill Lowland
Glen Scotia Campeltown

Scotch Blended Whisky

Dewar´s

Die Brennerei „Dewar & Sohn" wurde 1846 von John Dewar gegründet. Seine Söhne John Alexander und Thomas führten das Untrenehmen weiter und modernisierten es. Unter Ihrer Regie wurde aus „Dewar´s White Label" eine Weltmarke.
Im Jahr 1893, nachdem die beiden Brüder Hoflieferanten des englischen Königshauses geworden waren, wurden sie zu Rittern geschlagen.

Dewar´s White Label Scotch blended
Dewar´s White ist ein Blended aus 40 verschiedenen Grain und Malt Whiskies. Er wurde 1899 vom ersten Blendmaster des Unternehmens erstellt und gehört zu den beliebtesten Scotch Blended Whiskies.
Er hat eine goldene Farbe und duftet nach Vanille und Kaffee mit einem Hauch von Zitrone und einer Balance zwischen Heidekraut und Honig.
Er hat einen mittleren Körper mit Geschmacksnoten von milder Vanille und Honig, begleitet von blumigen Tönen. Er schmeckt mild, rund und leicht süß.
Der Abgang ist leicht rauchig.
Der Alkohgehalt ist 40% vol.
Service-Technik : im Tumbler, auf Eis oder pur.
Weitere Abfüllüngen :
Dewar´s 12 Years Scotch blended
Dewar´s 18 Years Scotch blended

Ballantine´s Blended Scotch Whisky

"George Ballantine", ursprünglich Wein- und Spirituosenhändler, war der Gründer des gleichnamigen Unternehmens. Er eröffnete sein Geschäft im Jahr 1827 in Edingburgh. Als großer Whisky-Liebhaber stellte er unter dem Firmennamen „Ballantines & Son ltd" die besten Blendings her.
Seit 1895 ist auf dem Label das königliche Siegel der Queen Viktoria zu sehen. Ballantines ist einer der meist verkauften Blended Scotchs weltweit.
Ballantine´s Blended Whisky ist ein Verschnitt aus 40 verschiedenen Malt und Grain Whiskies.

Ballantine´s Finsest Blended Scotch Whisky
Die Standard-Abfüllung, "Ballantine´s Finest" schmeckt sehr leicht, mild mit Noten von Apfel, Vanille und Spuren von Schokolade. Die Duftnuancen sind würzig und leicht mit zartem, blumigem und frischem Abgang. Der Alkolgehalt ist 40% vol.
Seine Farbe ist Gold.

Weitere Abfüllungen :
Ballantine´s Pure Malt
Ballantine´s 12 Years Old

Chivas Regal Blended Scotch Whisky

Die Geschichte dieses hervorragenden, weichen und feinen Blended Scotch Whisky begann im Jahr 1801 mit der Eröffnung eines Delikatessen-Geschäfts in Aberdeen, einer Stadt im Nordosten Schottlands.
Der Whisky wurde von den Gebrüdern „John & James Chivas" kreiert. Chivas Regal Blended erhielt in den Jahren 1843 und 1923 die königlichen Prädikate von King George und Queen Victoria, deren Hoflieferanten die beiden Brüder waren.
Die Standard Abfüllung des Unternehmens ist der 12 Jahre alte Chivas Regal. Chivas ist ein Blending aus mehr als 30 verschiedenen Grain und Malt Whiskys, unter denen sich Weltmarken wie Glenlivet, Glen Grant oder Strathisla(Speyside) befinden. Der 12-jährige Chivas Regal ist einer der besten und meist verkauften Blended Whiskys weltweit.
Chivas Regal Blended Scotch Whisky 12 Years Old
Dieser Chivas Regal wurde über 12 Jahre in Eichenfässern gereift. Seine Farbe ist Bernstein. Er duftet fruchtig, wild-kräuterig und leicht süß nach Honig. Der Geschmack ist weich, rund, vollmundig mit Noten von Vanille, Apfel, Haselnuss und einem Hauch Toffee. Der Abgang ist weich, zart und lang anhaltend. Der Alkoholgehalt ist 40% vol.
Chivas regal Blended Scotch Royal Salute
Nicht nur der Name dieses Whiskys ist majetätisch, sondern auch der Geschmack. Der 21 Jahre in Eichenfässern gereifte Blended Whisky wurde zur Feier der Krönung von Queen Elizabeth II im Jahr 1953 eingeführt. Er wird in handgravierten Porzellenflaschen abgefüllt, in den Farben Dunkelblau, Rot oder Grün. Die Farbe Grün symolisiert den Smaragd, die Farbe Blau den Saphir und Rot den Rubin.
Die Farbe des 21-jährigen Whiskys ist Bernstein. Die Duftnuancen sind fruchtig und leicht rauchig. Er schmeckt vollmundig, sehr weich und samtig mit süßlichen, nussigen Noten und einem Hauch Eichenholz.
Der Abgang ist lang, anhaltend und leicht rauchig.
Der Alkoholgehalt ist 40% vol.
Weitere Abfülüngen:
Chivas Blended Scotch Whisky 18 Regal Years Old

Johnnie Walker

„Johnnie Walker Scotch Blended" ist sicher einer der weltweit bekanntesten Whiskies überhaupt. Am häufigsten findet man die viereckige Flasche mit dem roten Label und goldenem Rand, den „Red Label", der der meist verkaufte Scotch Blended der Welt ist oder die gleiche Flaschenform mit dem schwarzen Etikett und goldenem Rand, der 12 Jahre alte „Black Label".
Die typische Figur, die die Jonny Walker Etiketten ziert, ein Dandy mit hohem Zylinderhut, Handschuhen, hohen Stiefeln und Redingote, begleitet den Whisky seit einem Jahrhundert. Entworfen wurde die Figur von dem Künstler „Tom Browne".
Der Geburtsort von „Johnnie Walker" ist „Klimarnock", eine Kleinstadt im Südwesten Schottlands, 40 Kilometer von Glasgow entfernt.
John Walker eröffnete nach dem Tod seines Vaters 1819 ein Lebensmittelgeschäft und blendete selbst verschiedene Whiskies. Das Ergebnis war sehr positiv und Walker´s Klimarnock Whiskys wurden bald in weiten Teilen des Landes bekannt.
Im Jahre 1909 wurden die beiden Labelns „Black & Red" eingeführt.

Johnnie Walker Scotch Blended Red Label
Johnnie Walker Red Label ist der erfolgreichste Scotch Blended der Welt. Der Whisky wurde im Jahr 1860 von Johns Enkel Alexander Walker kreiert.
Er ist ein Blending aus leichten Whiskys der Ostküste und torfigen der Westküste Schottlands. Die Farbe ist Gold. Er duftet leicht süß, fruchtig, torfig und rauchig mit Nuancen von Pfeffer und Karamell.
Der Geschmack ist malzig, würzig, fruchtig mit Apfel-Birne-Noten und Toffesüße. Der Abgang ist anhaltend, leicht feurig und torfig. Der Alkoholgehalt ist 40% vol.

Johnnie Walker Scotch Blended Black Label 12 Years
Johnnie Walker Black Label ist der führende Blended Scotch Whisky im Segment der 12-jährigen Deluxe Whiskies. Talisker, Cardhu und Caol Ila sind einige der Malt Whiskys, die beim Blending eine Rolle spielen, insgesamt wird er aus 40 verschiedenen Malt- und Grainwhiskies zusammengestellt.
Die Farbe ist Bernstein. Er duftet sehr komplex und reichhaltig, leicht salzig und torfig, ölig, blumig, nussig mit honig-süßen Untertönen. Am Gaumen ist er würzig, torfig, malzig. Er schmeckt leicht nach Tabakblättern, reifen Äpfeln, Vanille und trockenen Früchten.
Der Abgang ist lang, würzig, leichtsüß mit Rosinen- und Sherry-Noten und rauchigen Spuren. Der Alkoholgehalt ist 40% vol.

Johnnie Walker Green Label 15 Years Old
Johnnie Walker Green Label ist ein Vatted Malt Whisky, ein Blending aus verschiedenen Single Malts mit einer goldenen Farbe. Dabei sind es Talisker, Linkwood, Cragganmore und Caol Ila, die den Geschmack dieses Vatted Malt sehr

positiv beeinflussen. Bis zum Jahre 2004 trug dieser Whisky den Namen „pure Malt Whisky".
Er ist ein Whisky mit komplexen Eigenschaften. Er hat die Intensität von Caol Ila, die Tiefe von Talisker, die malzige Süße von Cragganmore und Feinheit von Linkwood.
Das Ergebnis ist ein Whisky mit floralen Duftnuancen und einem Hauch von Vanille. Ein körperreicher Brand, der malzig, leicht rauchig, torfig und sehr intensiv schmeckt mit Noten von Sommer-Früchten.
Der Abgang ist lang, anhaltend und torfig. Der Alkohoilgehalt ist 43% vol.

Johnnie Walker Scotch Blended Gold Label 18 Years
Johnnie Walker Gold wurde zum 100-jährigen Bestehen des Labels im Jahr 1920 kreiert. Der 18-jährige Gold Label ist ein hervorragender Blended. Seine Farbe ist reich Gold. Er duftet malzig, kräftig, torfig, süß, nach Toffee und Rosinen. Er schmeckt reichhaltig, voll malzig, würzig und süß mit Mandel- und Marzipan-Noten. Der „Glynelish" ist für den honigsüßen Geschmack und „Cardhu" für die malzigen und weichen Aromen verantwortlich.
Der Abgang ist lang, anhaltend und süß.
Der Alkoholgehalt ist 40% vol.

Johnnie Walker Blue Label
Johnnie Walker Blue Label ist das Spitzenprodukt des Unternehmens. Kreiert wurde er im Jahr 1992 von dem Masterdestillateur „Jim Beveridge". Er ist ein Whisky mit einem absolut komplexen Geschmack, eine Mischung der besten Whiskys. Der Blendmaster ist ein Künstler und Kenner des Blending aus bis zu 16 verschiedenen außergewöhnlichen Whiskies, jung und alt, die bis auf 200 Jahre Zurückgehen.
Er ist ein Brand zum langsamen Genießen. Man spürt eine Explosion der Geschmacksnoten auf der Zunge. Er duftet rauchig, nach trockenen Früchten, Eiche, Lakritz und Kuchen. Am Gaumen ist er sehr intensiv, frisch malzig, rauchig-torfig. Der Abgang ist lang, anhaltend, rauchig und leicht fruchtig. Die Farbe ist Dunkel-Gold. Der Alkoholgehalt ist 43% vol.

Teacher´s

Im Jahr 1832 eröffnete William Teacher zusammen mit seiner Frau ein Lebensmittelgeschäft in Glasgow und verkaufte seine eigenen Whiskys-Mischungen. 1856 eröffnete er den ersten „Dram Shop" und wurde zum erfolgreichsten Wirt der Stadt Glasgow mit 18 Lokalen insgesamt.

1863 brachte er erstmals seinen perfekt geblendeten „William Teacher´s Blended Whisky" heraus.
Im Jahr 1876 starb der Gründer des Unternehmens. Seine Söhne William Jr. Und Adam führten das Unternehmen erfolgreich weiter.
Teacher´s Highland Cream Blended Whisky
Teacher´s Blended hat eine goldene Farbe. Er duftet sehr komplex und elegant, ölig, mit Noten von der Bitterschokolade. Am Gaumen schmeckt er malzig, leicht süß, mit Noten von Sherry und Toffee.
Der Abgang ist lang, torfig mit Spuren von Oloroso-Sherry.
Der Alkoholgehalt ist 40% vol.

Dimple

James Haig war ein der ersten Destillateure Schottlands, der sich mit dem Kunst des Blending beschäftigte. Er kreierte im Jahr 1824 den Whisky „Scotch blended Dimple" und hatte damit einen großen Erfolg. 1908 erhielt er das königliche Prädikat von Edward VII.
Dimple ist ein milder weicher Whisky in einer unverwechselbaren dreieckigen Flasche. Zum Blenden verwendet man Malt Whiskys wie Glenkinchie und Dalwinnie.
Dimple Blended Scotch Whisky 15 Years Old
Seine Farbe ist Bernsteingold. Er duftet karamellig, vanillig, pflaumig, würzig mit warmen Nuancen. Am Gaumen ist er leicht rauchig-torfig, malzig, eichig mit Noten von Honig und Karamell. Der Abgang ist kurz mit Spuren von Eiche und Fudge(Karamell-Bonbon).
Der Alkoholgehalt ist 40% vol.

Famouse Grouse

Der Weinhändler Matthew Gloag war der Schöpfer des „Famouse Grouse". Er kreierte den Whisky im Jahr 1896 in Perthshire und benannte ihn nach dem legendären schottischen Vogel „Grouse".
Der Grouse Whisky wurde sehr schnell erfolgreich und populär, so dass das Wort „Famous" dazu kam.
Famous Grouse Blended Scotch Whisky
Er ist sehr zart und blumig in der Nase mit Duftnoten von Getreide und Malz. Er hat

einen leichten Körper mit einem fruchtigen Geschmack. Am Gaumen ist er leicht rauchig, würzig mit einem Hauch an Toffee und Getreide.
Der Abgang ist lang und trocken mit Spuren von Sherry.
Seine Farbe ist tiefgold. Der Alkoholgehalt ist 40% vol.
Weitere Abfüllungen:
The Black Grouse Whisky
The Snow Grouse
Malt Whisky Aged 10
Malt Whisky Aged 12
Malt Whisky Aged 15
Malt Whisky Aged 18
Malt Whisky Aged 21
Malt Whisky Aged 30

Grant´s

William Grant gründete seine Firma 1886. Seinen ersten Whisky brachte er ein Jahr später auf den Markt. William hatte sieben Söhne und zwei Töchter, die ihn beim Aufbau seiner Brennerei unterstützen.
Die unverwechselbare dreieckige Flasche wurde im Jahr 1957 von dem Designer „Hans Schleger" entworfen. Die drei Seiten der dreieckigen Flasche stehen für die 3 wichtigsten Zutaten zur Herstellung des Whiskies, nämlich Getreide, Wasser und frische schottische Luft.
Grant´s Blended Scotch 12 Years Old
Der 12 jährige Grant´s wurde 12 Jahre in Eichenfässern und anschließend für sechs Monate in amerikanischen Bourbon-Fässern gereift.
Er hat eine goldene Farbe. Der Geschmack ist würzig, fruchtig mit Noten von Vanille und Zimt, leicht honigsüß und rauchig. Er duftet reichhaltig, vanillig mit Nuancen von kandierten Früchten und aromatischen Gewürzen.
Der Abgang ist warm und leicht süß und anhaltend.
Der Alkoholgehalt ist 40% vol.
Weitere Abfüllungen:
Grant´s Ale Cask Reserve
Grant´s Sherry Cask Reserve
Grant´s 18 Years Old
Grant´s 25 Years Old

Black Bottle

Black Bottle ist ein sehr interessanter, geschmackvoller Scotch blended Whisky. Kreiert 1897 von Gordon Graham, wurde er nach der Farbe seiner Flasche benannt.
Er ist ein kräftiger, rauchiger, vollmundiger Scotch Blended mit salzigen Noten. Der Grund für seinen ausgeprägten Geschmack ist die Beteiligung von Whiskies aller sieben schottischen Inseln am Blending, gefolgt von der typischen Speyside-Süße.

Black Bottle Fine Old Scotch Whisky 5 Years Old
Er hat eine kräftig-goldene Farbe. Der Geschmack ist kräftig, vollmundig, rauchig und leicht süß. In der Nase spürt man die torfigen, fruchtigen und rauchigen Aromen. Der Abgang ist lang, rauchig, warm und anhaltend.
Der Alkoholgehalt ist 40% vol.
Weitere Abfüllungen:
Black Bottle 10 Years Old

J & B

J&B ist die Abkürzung für "Justerini & Brooks". Im Jahr 1749 kam Giacomo Justerini aus Bologna nach London. Der Grund war eine Londoner Opersängerin, in sie er sich verliebt hatte.
Er machte sich mit George Johnson, einem Weinhändler selbständig und gründete das Unternehmen „Johnson & Justerini". Sie lieferten Wein und edle Brände an hochrangige englische Persönlichkeiten.
Im Jahr 1760 wurde das Unternehmen sogar von König George III geehrt.
1910 schließlich wurde der Betrieb von „Alfred Brooks" aufgekauft und der Name des Unternehmens änderte sich in Justerini & Brooks. J & B ist ein sehr milder Blended Whisky aus mehr als 40 verschiedenen Malt Whiskies, wie Knockando oder Glen Spey.

J & B Rare Blended Scotch
Die Farbe ist Hell-Gold. Er schmeckt leicht, süß und fruchtig. In der Nase ist er zitronig, fruchtig mit Nuancen von gerösteten Mandeln. Der Abgang ist leicht scharf und trocken. Der Alkoholgehalt ist 40% vol.
Weitere Abfüllungen:
J & B Jet 12 Years Old
J & B Reserve 15-Years Old

Weitere Scotch Blended Whiskys:
Black & White
Vat 69
White Horse
Passport
Cutty Sark

Irish Whiskey

Irish Whiskey ist der Oberbegriff für alle Whiskeys, die in Irland hergestellt werden. Viele behaupten, die Whiskeyherstellung nahm ihren Anfang in Irland. Fakt ist, dass der irische Whiskey viele wichtige Persönlichkeiten als Liebhaber hatte, wie z.B. Queen Elizabeth I(1533-1603) oder Peter den Großen von Russland (1672-1725). Ende des 18. Jahrhunderts gab es mehr als 2000 Brennereien in Irland, darunter die bekanntesten in Dublin wie „Jameson", im Jahr 1780, und „Powers", im Jahr 1791 gegründet. Die älteste Destillerie der Welt erhielt hier ihre Lizenz im Jahre 1608, es war „Old Bushmills".

Während des 19. Jahrhunderts war der irische Whiskey auch in Amerika sehr beliebt, bis der Rückgang durch den Osteraufstand im Jahr 1916, den Anglo-irischen Krieg 1919 -1921 und Prohibition von 1919 bis 1933 kam.

Heute sind die wichtigsten Brennereien: „Bushmills" im Norden, „Middleton" im Süden und „Cooley" an der Grenze zu Nordirland.

In Irland darf man neben Gerste auch andere Getreide wie Roggen und Weizen als Basis für die Maische verwenden. Der Irish Whiskey ist in den meisten Fällen ein Brand aus gemälzter Gerste, Roggen und Weizen.

Bei den irishen Malt Whiskeys verwendet man im Gegensatz zu den schottischen Brüdern kein Torffeuer, sondern heiße Luft oder Kohlenfeuer. Daher ist der irische Malt Whikey nicht torfig und rauchig, sondern milder als der shottische Malt Whisky und süßlich im Geschmack.

Das Gesetzt schreibt mindestens 3 Jahre Fasslagerung vor. Der irische Whisky wird dreimal destilliert.

Ein sehr wichtiges Verfahren beim Verschnitt des irishen Whiskeys ist „Vatting", eine Mischung von Destillaten, gereift in verschiedenen Fasstypen wie Sherry, Port und anderen Fassarten.

Tullamore Dew
Give every man his Dew

Gegründet wurde die Tullamore Destillerie 1829 von Michael Molloy. Er stammte aus Tullamore, der Hauptstadt von County Ofaly in der irischen Provinz Leinster. Der Kopf des Unternehmens war aber „Daniel E. Williams". Seine Initialen D.E.W. gaben dem Brand den Namen „Tullamore Dew".
Nach dem Tod von Michael Molloy im Jahr 1887 übernahm die Familie Daly die Destillerie, übergab Daniel E. Williams die Verantwortung für das Geschäft und machte ihn zum General Manager und anschließend auch zum Anteilseigener der Destillerie.
Williams machte aus der „Tullamore Destillery" ein modernes Unternehmen, er ließ die ersten Telefone des Ortes installieren und brachte im Jahr 1893 die Elektrizität nach Tullamore.
Anfangs war das Markenlogo von Tullamore Dew der „Red Jug", bedeutet „der rote Krug", als Anlehnung an eine populäreTeesorte. Daniel E. Williams leitete einen Teekonzern und 26 dazugehörende Teehäuser.
Sein Enkel „Desmond Williams" änderte später das Logo aus purer Überzeugung. Das neue Logo auf den Flaschen wurde der irische Wolfshund. Er war der Meinung, dass der irische Wolfshund ähnliche Eigenschaften wie die Iren selbst besäße, nämlich den Hang zur Treue, Stärke und Freundschaft. Das Logo ist bis heute so geblieben.

Tullamore Dew Original
Tullamore Dew ist ein dreifach destillierter Blend mit einem Anteil von über 30% an Gerstenmalz. Er wurde über mehrere Jahre in Eichenfässern gereift.
Er ist Bernstein-farben und duftet mild-würzig, zitronig-malzig mit Untertönen von gebranntem Holz und Vanille. Der Geschmack ist angenehm warm mit Spuren von gebranntem Holz und Vanille. Der Abgang ist komplex, lang und weich. Der Alkoholgehalt beträgt 40% vol.

Tullamore Dew 12-Years-Old Special Reserve
Der 12 jährige Tullamore Dew ist ein hervorragender Blend mit einer langen Reifezeit in Bourbon- und Olorosofässern.
Seine Farbe ist Bernsteingold. Der 12-jährige schmeckt sehr komplex, würzig, ölig, malzig mit Noten von Sherry, Weihnachtsgebäck und Leder.
Er duftet würzig, malzig, süß-nussig, intensiv mit Nuancen von gebranntem Holz, Vanille und Zitrone. Der Abgang ist leicht süß, anhaltend und lang. Der Alkoholgehalt ist 40% vol.
Weitere Abfüllungen:

Tullamore Dew 10-Year-Old Single Malt

Tullamore Dew 10-Year-Old Reserve

Jameson

Am 5. Oktober 1740 kam John Jameson zur Welt. Viele denken, er sei Ire gewesen, aber er wurde in Schottland geboren.

Er kam nach Irland um seinen Lebenswunsch nach einer eigenen Brennerei zu verwirklichen und das schaffte er im Jahr 1780 in Dublin. Hier gab es viele Whiskey-Brennerein und daher war es auch nicht einfach, Fuß zu fassen. Jameson benutzte von Anfang an bestausgesuchteste Gerste und legte viel Wert auf die Qualität seines Brands. Jameson sollte ein Whiskey für Menschen mit viel Anspruch werden.
Auf dem Etikett sieht man zwei Männer, jeder mit einem Fass auf dem Rücken, und über beiden Männer sieht man die Unterschrift des Gründers des Unternehmens. Das sollte zeigen, wie sozial Jameson seinen Mitarbeitern gegenüber war.
Jameson ist Nr.1 unter den Irish Whiskeys.
Jameson Original
Jameson ist ein Blended, der dreifach destilliert wurde und in Eichenfässern reift. Er hat eine goldene Farbe. Jameson schmeckt intensiv, ölig und vollmundig.
Er duftet malzig, süßfruchtig mit Noten von Oloroso. Der Abgang ist würzig, leicht herb. Der Alkoholgehalt ist 40% vol.
Jameson 12 Years Old Special Reserve
Der 12-jährige Jameson hat Bernstein-Farbe. Er schmeckt kräftig, komplex mit Noten von Sherry, Eiche. Er duftet ölig, eichig, nach reifen Früchten, Holzkohle und Rosinen. Der 12-jährige Jameson schmeckt malzig, holzig, würzig, weich mit Nuancen von Pfirsisch und leichter Honigsüße. Der Abgang ist weich, saftig, leicht herb und samt. Der Alkoholgehalt ist 40% vol.
Jameson Rarest Vintage Reserve
Jameson 18 Year Old Limited Reserve
Jameson Gold Reserve
Jameson Distillery Reserve Personalised

Paddy

Paddy ist einer der bekanntesten Irish Whiskeys. Die „Cork Distillery Company" wurde im Jahr 1877 in Cork gegründet. Cork liegt im Süden Irlands und ist die zweitgrößte Stadt nach Dublin.
Den Namen Paddy hat der Whiskey von einem geselligen Handelsvertreter namens „Patrick Flaherty". Er war sehr oft in den Pubs unterwegs, gab den Gästen Whiskey aus und wurde dadurch sehr populär.
Das Wasser zum Destillieren kommt aus dem „River Lee" und die Gerste ist die best ausgesuchteste der Region.
Paddy ist dreifach destilliert. Er reift in Eichenfässern bis zu sieben Jahren. Zwei Prozent des Whiskeys verdampfen während der Reifung in die Atmosphäre, die sogenannte „Angel´s Share".

Paddy Old Irish
Durch die Reifung in Eichenfässern über mehrere Jahre bekommt der Paddy eine schöne goldene Farbe.
Er schmeckt mild, weich, malzig, vanillig, holzig, würzig mit Spuren von leicht gesüßtem Öl. Er duftet nussig, malzig, frisch und lebhaft mit Nuancen von Vanille, Waldfrüchten und Gewürzen. Der Abgang ist weich, freundlich, leicht süß und angenehm. Der Alkoholgehalt ist 40%vol.

Bushmills

Die „Old Bushmills Distillery" gibt es seit 1743, aber erst seit 1784 wurde sie als ein Unternehmen mit Lizenz eingetragen.
Die Distillerie liegt in dem kleinen gleichnamigen Ort im Nordirland und ist die älteste Whisky-Brennerei des Landes.
Im Jahr 1885 brannte die Brennerei komplett aus. Durch die hohe Nachfrage auf dem Markt wurde die Brennerei aber sehr schnell wieder aufgebaut und nahm ihre volle Produktion wieder auf.
Buschmills wird mit Wasser aus dem „St. Columb´s Rill" destilliert. Man verwendet ausschließlich Gerste aus Irland. Das Malz wird nicht geraucht. Zur Reifung des Whiskeys verwendet man Sherry, Bourbon oder Portwein-Fässer.

Buschmils 10 Years Old Malt
Die Farbe ist Hell-Bernstein. Er schmeckt weich mit Noten von Vanille, Vollmilchschokolade und gerösteter Eiche.
Die Duftnuancen sind frisch, pikant mit Aroma-Nuancen von Honig und reifen Früchte.

Der Abgang ist knusprig, sauber und freundlich-trocken.
Der Alkoholgehalt liegt bei 40% vol.

Bushmills 16 Years Old Malt
Der 16-jährige Malt Whiskey ist einzigartig und hervorragend. Er wurde über 16 Jahre in Oloroso-Sherry- und amerikanischen Bourbon-Fässern kombiniert. Anschließend wurde er für mehrere Monate in Port Wein-Fässern nachgereift.
Die Farbe ist Dunkle-Bernstein. Er hat einen vollen Körper mit Geschmacksnoten von Pralinen, Honig, karamellisierten Früchten und gerösteten Nüssen.
Die Duftnuancen sind vielfältig, robust, süß-würzig mit Spuren von Toffee-Melasse.
Der Abgang ist tief, anhaltend, begleitet von zermatschten Beeren und dunklen Schokoladen-Noten.
Der Alkoholgehalt ist 40% vol.
Weitere Abfüllungen:
Bushmills Blended Original
Bushmills Black Blended
Bushmills 21 Years Old Malt

Connemara

Die "Cooley Distillery" ist ein jüngeres Unternehmen, das 1987 in der Connemara, im Südwesten Irlands gegründet wurde und den gleichnamigen Malt Whiskey „Connemara" produziert.
Connemara ist einer der seltenen Irischen Whiskeys, der aus gemälzter Gerste hergestellt wird und durch die Hitze von Torffeuer zum Trocknen gebracht wird. Er wird, wie schottische Whikys, nur zweimal destilliert.

Connemara Peated Single Malt Irish Whiskey
Dieser Single Malt Whiskey ist zweifach destilleriert und über mehrere Jahre in amerikanischen Eichenfässern gereift.
Seine Farbe ist Hell-Gold. Er schmeckt weich mit einem honig-süßen Beginn, gefolgt von malzigen und fruchtigen Noten, die an Intensivität gewinnen.
Die rauchigen und malzigen Noten harmonieren perfekt mit blumigen, begleitet von einem Hauch Honig und Eiche.
Der Abgang ist lang, malzig mit Noten von Vanille und Schokolade.
Der Alkoholgehalt ist 40% vol.
Weitere Abfüllungen:
Connemara Single Cask
Connemara Sherry Finish
Connemara Aged 12 Years

Connemara Cask Strength

Weitere irishen Whikeys:
Tyconnel Single Malt
Magilligan Peated single Malt
Grenn Spot Pure Pot Still

American Whiskey

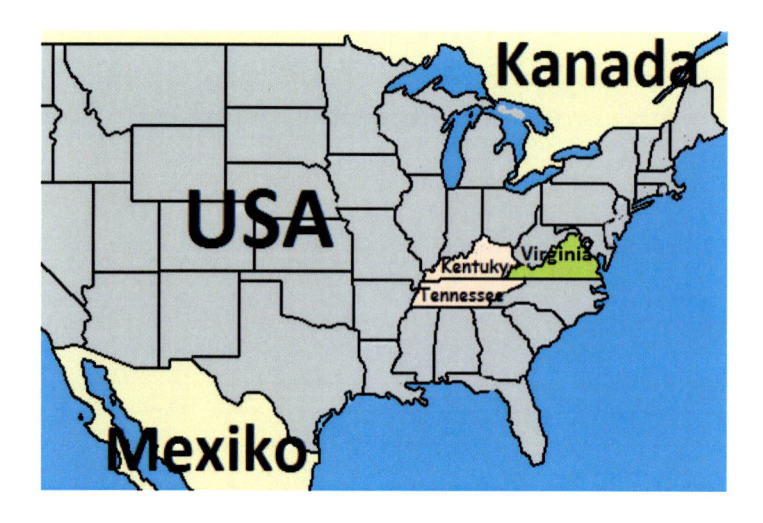

Es waren die irischen und schottischen Immigranten Anfang des 18. Jahrhunderts, die die Whiskykultur und die Kunst des Brennens nach Amerika brachten. Sie ließen sich in Pennsylvania, Virginia und Maryland nieder und brannten Korn-Whisky aus Gerste, Roggen und Weizen. Durch die Ureinwohner Amerikas kamen sie auf die Idee, auch aus Mais Whiskey zu brennen. Laut den damaligen Gesetzen bekam jeder Siedler ein Stück freies Land, auf dem die irischen und schottischen Siedler Mais anbauten. Zwei dieser Siedler waren „ Samuels", der Makers Mark-Gründer und „ Craig", der den Bourbon Whiskey erfand.
Bourbon Whiskey ist der bekannteste amerikanische Whiskey, der ursprünglich aus Bourbon County, Kentucky stammt. Bourbon wurde nach der französischen Königsfamilie benannt, als Dank für die militärische Unterstützung der Franzosen gegen die Engländer im Krieg. Der Whiskey aus Mais wurde aber nicht nur in Bourbon County, sondern über die Grenzen hinaus gebrannt. Ein „Bourbon Whiskey" kann also überall in Amerika gebrannt worden sein, aber ein „Kentucky Bourbon Whiskey" ist herkunftgeschützt.

Die amerikanischen Whiskeyes werden meistens aus Mais gebrannt, mit Anteilen von Roggen oder anderen Getreiden.
Straight Whiskey ist eine Bezeichnung für die amerikanischen Whiskeys, die unverschnitten sind, das bedeutet, sie müssen aus einer Maische destilliert werden. Das ist der Fall bei Bourbon, Rye und Tennesse Whiskeys.
Um einen Überblick zu gewinnen, hier eine Auflistung der amerikanischen Whiskeys:

Bourbon Whiskey

Kentucky Straight Bourbon Whiskey ist ein Brand, der aus mindestens 51% Mais hergestellt wird, meistens liegt der Mais-Anteil aber zwischen 60% und 80%, der Rest besteht aus Roggen, Gerste und anderen Getreiden. Das Destillat wird laut den gesetzlichen Vorschriften mindestens 2 Jahre in innen angekohlten amerikanischen Weißeichenfässern gereift. Das Holz der amerikanischen Eiche reift zwischen 2 bis 9 Monaten unter freiem Himmel, bevor es zum Fass gefertigt wird. Die Holzfässer sind neu und frisch, das bedeutet sie können volle Aromen und Gerbstoffe abgeben.
Der Brand nach dem Destillieren und vor der Reifung in den Eichenfässern nennt man „White Dog", übersetzt soviel wie „beißender Hund".
Wenn der amerikanische Bourbon Whiskey keine Altersangabe trägt, bedeutet das, dass er mindestens 4 Jahre gereift ist.
Die Eichenfässer dürfen nur einmal verwendet werden, danach werden sie an schottische Scotch-Hersteller verkauft. In den amerikanischen Whiskey-Fässern bleibt ein Rest von bis zu 5% des Inhaltes. Das bedeutet, dass die an die schottischen Whisky Hersteller verkauften Bourbon-Fässer bis zu 5% Bourbon-Whiskey beinhalten!

Rye Whiskey

Rye straight Whiskey ist ein Brand aus einer Maische, die zu 51% aus Roggen besteht. Der Rest besteht aus Mais, Gerste und Weizen.
Die schottischen und irischen Einwanderer waren zunächst auf die Getreide angewiesen, die am besten zu ernten waren und das war eben der Roggen.
Der aus Roggen destillierte Whiskey ist somit der älteste Whiskey Amerikas.
Die Vorschriften über Reifung, Lagerung, Qualität und Material der Fässer sind die gleichen wie beim Bourbon Whiskey.
Durch den höheren Anteil an Roggen ist der Geschmack geprägt durch Würzigkeit und trockene Bitterkeit, anders als beim Bourbon Whiskey.

Tennesse Whisk(e)y

Tenessey Whisk(e)y ist ebenfalls ein Straight Whisk(e)y, der aus einer Maische, die mindestens zu 51% aus Mais besteht, destilliert wird. Zwei Merkmale unterscheiden ihn vom Kentucky Bourbon Whiskey. Erstens wird er im südlichen Bundesstaat Tennesse gebrannt und zweitens durchläuft er bei der Herstellung eine besondere Filterung über Holzkohle, genannt „Charcoal mellowing" oder auch „Lincoln County Process". Bei diesem Verfahren wird der Tennesse Whisk(e)y in großen Holzbottichen, die mit Holzkohle aus Ahorn gefüllt sind, gefiltert. Hierbei wird er sehr langsam auf die Holzkohle geträufelt und auf dem Boden der Bottiche mit einem Wolltuch aufgefangen. Danach findet die Abfüllung statt. Das Verfahren geht über Tage und verleiht dem Whisk(e)y Weichheit und Milde.

Corn Whiskey
Corn Whiskey ist ein Brand, wie der Name schon sagt, hergestellt aus Corn (Mais). Er wird mit einem Anteil von mindestens 80% Mais destilliert. Der Unterschied zu anderen amerikanischen Whiskeys ist, dass er sowohl in gebrauchten, als auch in neuen Fässern reift und es gibt auch kein gesetzlich vorgeschriebenes Mindestalter für Corn Whiskey.

Jim Beam
Bourbon

Der Vater und Gründer dieses Whiskeys war der deutschstämmige Landwirt und Müller „Johannes Jackob Böhm", der mit 18 Jahren mit seiner Familie in die USA auswanderte und bald in Kentucky, Borbon County, begann aus Mais und anderen Getreiden einen speziellen Whiskey zu brennen. Jackob Böhm änderte seinen Namen in Jacobs Beam um und verkaufte im Jahr 1795 das erste Fass seines aromatischen, kräftigen Bourbon-Whiskeys, damals unter dem Namen „Old Jake Beam Sour Mash".
Das Unternehmen wurde von den Kindern, Enkeln, Ur und Ur-Ur Enkeln des Gründers geführt und das bis heute, in 7.Generation.

Jim Beam Kentucky Straight Bourbon Whiskey
Den Klassiker, der seit fast 200 Jahren gebrannt wird erkennt man nicht nur an seinem einzigartigen Geschmack sondern auch an seinem weißen Label. Er besitzt eine tiefgoldene Farbe und schmeckt leicht süßlich, rund und vollmundig, duftet nach Vanille und Honig. Der Abgang ist lang und anhaltend. Der Alkoholgehalt beträgt 40% vol. Er ist mindestens 4 Jahre in amerikanischen Eichenfässern gereift.

Jim Beam Rye
Jim Beam Rye wird aus mindestens 51% Roggen gebrannt. Ihn erkennt man an seinem hellgelben Label. Seine Farbe ist bronze mit leicht kupferfarbenem Ton. Er schmeckt pfefferig mit feinen Noten von Vanille und Eiche, duftet leicht süß und nussig. Der Abgang ist kräftig und anhaltend, begleitet von Roggenaromen.
Der Alkoholgehalt ist 40% vol.
Weitere Abfüllungen:
Jim Beam Choice 5 Years Old
Jim Beam Black 6 Years Old

Maker´s Mark
Bourbon

Der Gründer des Unternehmens war "Bill Samuels Sr.", der 1953 die Bruk´s Spring Destillery in Happy Hallow, Kentucky, in der Nähe eines kleinen Ortes Namens Loretto kaufte.
Er brannte seinen ersten Whiskey nach mehreren Versuchen mit einer neuen Rezeptur. Die Maische enthielt statt Roggen Winterweizen in Verbindung mit Mais und Gerstenmalz. Das Resultat war ein weicher und leicht würziger Bourbon.
Samuels´s Frau Margie gab dem Brand den Namen „Maker´s Mark" und war auch verantwortlich für die Form der Flasche und den in roten Wachs getauchten Flaschen-Verschluss.
1959 stand nach 6 Jahren Reifezeit die erste Flasche Maker´s Mark zum Verkauf. Die erste 0,7L Flasche wurde damals für 6,79 Dollar verkauft. Im ersten Jahr wurden 250 Kisten angesetzt.
Maker´s Mark Kentucky Straight Bourbon Whiskey
Die Farbe ist Bernstein. Er schmeckt vollmundig, fruchtig, weich mit Noten von Trauben. Er duftet nach Vanille, Karamell und gekohlter Eiche.
Der Abgang ist anhaltend und lang. Der Alkoholgehalt ist 45% vol.
weitere Abfüllungengen:
Maker´s Mark 46

Four Roses
Bourbon

Nach der Legende verliebte sich Paul Jones aus Virginia als junger Mann während des amerikanischen Bürgerkriegs (1861-1865) in eine junge Dame aus den Südstaaten. Sie zeigte ihrem Verehrer ihre Zuneigung durch das Tragen eines Korsetts mit vier Rosen darauf. Als Paul Jones Jahre später seinen Bourbon Whiskey kreierte, bennante er ihn „Four Roses" nach der Korsage, die seine leidenschaftliche Geliebte damals getragen hatte.
Das Kalksteinreicher Wasser zum Destillieren bezieht man aus dem „Salt River".
Four Roses Kentucky Straight Bourbon Whiskey
Er reift 5 Jahre lang in amerikanischen Eichenfässern.
Four Roses Kentucky Straight Bourbon Whiskey hat eine schöne Bernstein-Farbe. Er schmeckt sehr weich und samtig, würzig und leicht süß. Er duftet fruchtig mit Zitrus- und Eichennuancen. Der Abgang ist lang mit Spuren von Eiche und Zitrus-Früchten. Der Alkoholgehalt beträgt 40% vol.

Four Roses Single Barrel
Jedes einzelne Eichenfass erhält nach 7-jähriger Reifezeit eine individuelle Nummer, die auf der Flasche angegeben ist.
Er ist ebenfalls bernsteinfarben. Er schmeckt sehr weich, fruchtig, reif, mit einem Hauch von Birne, Kirsche und Pflaume mit einem vollen Körper.
Er duftet nach reifen Früchten, pikant und würzig, begleitet von Nuancen wie Kakao und Eiche. Der Abgang ist fein, weich und anhaltend.
Der Alkoholgehalt liegt bei 50% vol.

Wild Turkey
Bourbon

Die Wild Turkey Destillery wurde im Jahr 1869 in Lawrenceburg, Kentucky, von den „Ripy Brothers" gegründet. Den Namen erhielt der Whiskey von der jährlichen Jagd auf die wilden Truthähne in Nord Carolina, wo unter anderem dieser Whiskey serviert wurde.
1980 übernahm die „Firma Austin Nichols" die Destillerie, deren Name sich auch auf dem Flaschenlabel wiederfindet.

Wild Turkey straight Bourbon Whiskey 8 Years Old
Er wurde in amerikanischen Weißeichenfässern gereift.
Die Farbe ist Bernstein. Wild Turkey straight Bourbon Whiskey 8 Years Old schmeckt reif, süß, blumig, nach Eiche mit würzigen Noten. Die Düfte erinnern an wilden Honig, Brombeeren, karamellisierte Früchte und Schokolade. Der Abgang ist lang und komplex. Der Alkoholgehalt liegt bei 50,5% vol.
Weitere Abfüllungen:
Wild Turkey Rare breed
Wild Turkey 101 Proof

Jack Daniel´s
Tennessee

Jack Daniel´s verließ sein Zuhause in jungen Jahren. Er wurde von einem Freund der Familie namens Dan Call aufgenommen. Dieser besaß eine Whiskybrennerei in der Nähe von Lynchburg. Lynchburgh ist eine Kleinstadt im US-Bundesstaat Tennessee und heute noch der Sitz der Destillerie „Jack Daniel´s". Bemerkenswert ist, dass der Konsum von Alkohol im gesamten County verboten ist.

Der junge Jack lernte sehr schnell die Kunst des Brennens. Im Jahr 1863 verkaufte Call seine Brennerei an Jack Daniels, der zu diesem Zeitpunkt erst erst 13 Jahre alt war. Die Jack Daniel´s-Destillerie erhielt im Jahr 1866, als Daniels 17 Jahre alt war, eine Lizenz und ist damit die älteste Destillerie in den USA.

Jack Daniel´s ist ein amerikanischer Whisky mit unverwechselbaren Eigenschaften durch die spezielle Filterung und besondere Reifung.

Das Wasser zur Destillerierung ist ein reines, eisenfreies Höhlenquellwasser (Cave Spring).

Jack Daniel´s Tennessee Whiskey

Jack Daniel´s hat eine goldene Bernstein-Farbe. Er schmeckt fruchtig, leicht nach verbranntem Karamell, verkohlter Eiche mit Spuren von Toffee. Er duftet ölig, dick, sirupartig nach Getreide und süß. Der Abgang ist anhaltend, ebenfalls süß mit Nuancen von Karamell und verkohlter Eiche.

Der Alkoholgehalt ist 40% vol.

Auffallend auf dem Flaschenlabel ist die Bezeichnung Old Nr. 7 auf der Jack Daniels-Flasche, für die es mehrere Erklärungsversuche gibt. Manche behaupten, dass Jack Daniels 7 Freundinnen hatte, andere sagen, dass das „J" seine Unterschrift war und nur aus Versehen wurde daraus „7", und es gibt auch die Behauptung, dass er sich die Nr. 7 aussuchte, weil sie seine Glückzahl war.

Jack Daniel´s Single Barrel

Jedes Fass von Jack Daniel´s Single Barrel ist ein Unikat. Weniger als jedes hundertste Fass wird zu einem Single Barrel. Jede Flasche ist mit der Nummer des Fasses versehen und gibt damit auch Informationen über seinen Lagerort. Die Lagerhäuser liegen verstreut in den Hügeln rund um Destillerie mit unterschiedlichen klimatischen Gegebenheiten. Durch beispielsweise höhere oder tiefere Lagerung der Fässer oder Wetterschwankungen wird der Whiskeys-charakter beeinflusst. Der Single Barrel reift in ausgewälten Bereichen des Lagerhauses. Er hat eine intensive Bernstein-Farbe. Er schmeckt sehr intensiv und kräftig mit Spuren von gerösteter Eiche, Vanille und Karamell, leicht zitronig und Süß. In der Nase ist frisch, süß und riecht nach geröstetem Karamell. Der Abgang ist warm, kurz mit Eichennoten.Der Alkoholgehalt ist 45% vol..

Jack Daniel´s 1905 Gold Medal

Im Jahr 1905 sandte Mr. Jack Daniel´s seinen Whisky nach Belgien zu einem Wettbewerb. Sein Whisky gewann die Gold-Medalle. Es war die erste Goldmedalle in Europa, aber bei Weitem nicht der letzte.

Jack Daniel´s 1905 Gold Medal ist ein Erinnerungsstück, eine limitierte Sonderauflage und im Geschmack ein außergewöhnliches Erlebnis.

Seine Farbe ist Bernstein. Der Geschmack ist kräftig, vollmundig, fruchtig mit Spuren von geröstetem Karamell und verkohlter Eiche. Die Nase wird verwöhnt

durch die Weiche und Zarte des Brands. Er duftet leicht süß, vanillig und fruchtig. Der Abgang ist anhaltend, süß und leicht fruchtig. Der Alkoholgehalt ist 43% vol.
Weitere Abfüllungen:
Jack Daniel´s Gentleman
Jack Daniel´s Erinnerungsstücke:
1905, 1913, 1914, 1915, 1954, 1981

George Dickel
Tennessee

Die Destillerie „Dickel" liegt an der Hochebene Cumberland zwischen Nashville und Chattanooga, am Cumberland River. Das klare und frische Wasser bezieht die Brennerei aus diesem Fluß, aus dessen Wasser George Dickel 1870 seinen ersten Whisky destillierte.
George Dickel wurde im Jahr 1818 in Deutschland (Darmstadt) geboren, im Jahr 1844 wanderte er in die USA aus und einige Jahre später zog er nach Nashville. Weil George Dickel behauptete, sein Whisky sei so glatt im Geschmack wie der feine schottische, schrieb er ihn ohne den Buchstaben „e" und das ist bis heute so geblieben. Der Dickel-Whisky reift zwischen 8 bis 12 Jahre in amerikanischen Eichenfässern.
George Dickel N°.12
Er ist bernsteinfarben und schmeckt fruchtig nach Apfel, Limonen und würzig nach Ingwer und Zimt mit Noten von Blumen und Tabak. Die Düfte sind weich und würzig mit fruchtig-süßen Nuancen und Spuren von Honig und Nelken. Der Abgang ist sauber und leicht süß. Der Alkoholgehalt ist 45% vol.
Weitere Abfüllungen:
Barrel Select

Weitere amerikanischen Whiskeys:
Bulleit Kentuky Straight Bourbon
Woodford Kentuky Straight Bourbon
Old Grand Dad Kentuky Straight Bourbon
Rebel Yell Kentuky Straight Bourbon
Evan Williams Straight Bourbon
Eagle Rare Straight Bourbon
Blanton´s Straight Bourbon

Canadian Whisky

Wenn es um Canadian Whisky geht, denkt man sofort an „Canadian Club". Canadian Whisky ist aber viel mehr als nur „Canadian Club", der ein Label von zahlreichen anderen im Land ist.
Kanadische Whiskys sind, abgesehen von ein paar Ausnahmen, Blends. Interessant ist zu wissen ist, dass die kanadischen Brennereien bis zu 9% nicht kanadischen Whiskys zum Blenden verwenden dürfen. Die Maische zur Herstellung der kanadischen Whiskys darf aus gemälztem oder ungemälztem Roggen, Gerste oder auch Mais bestehen. Die Whiskys werden nach oder vor der Reifung in Eichenfässern geblendet. Laut Gesetz müssen Sie mindestens 3 Jahre in neuen Eichenfässern oder Bourbon-Fässern reifen.

Canadien Club

Canadian Club ist, wie bereits erwähnt, der bekannteste und erfolgreichste kanadische Whisky.
Der Schöpfer dieses Brands war der „Hiram Walker". Im Jahr 1858 wurde der Whisky unter dem Namen „Hiram Walker´s Club" produziert.
Durch Druck der amerikanischen Konkurrenten musste Walker auf dem Label seines Whiskys, die Herkunftsbezeichnung „Canadian" deutlicher hervorheben.
Bei Canadian Club gibt es noch immer die Besonderheit, dass er vor der Reifung in amerikanischen Eichenfässern geblendet wird.
Bei Canadian Club denken sicherlich viele automatisch an einen leckeren „Manhattan", einen feinen Before Dinner Drink.

Canadian Club 6 Years Old
Er wird wie alle anderen Whiskys des Unternehmens vor der Reifung geblendet. Die Maische besteht aus Roggen, Gerste und anderen Getreiden. Canadian Club 6 Years Old ist ein sehr erfolgreichesProdukt, das in mehr als 156 Ländern vertrieben wird.
Er hat eine goldene Farbe, schmeckt süß und intensiv mit Aromen vom braunem Zucker. Die Düfte sind leicht süß mit Nuancen von Lakritze und Gerste. Der Abgang ist lang, süß mit bitteren Untertönen.
Der Alkoholgehalt beträgt 40% vol.
Andere Abfüllungen:

Canadian Classic 12 Years Old
Canadian Reserve 10 Years Old
Canadian Club Sherry Cask
Canadian Club 20 Years Old
Canadian Club 30 Years Old

Seagram

Die "Seagram Company" war für lange Zeit der größte Getränkekonzern der Welt. „Joseph Emm Seagram", ein englischer Einwanderer, war der Gründer des Unternehmens „Joseph E. Seagram Flour Mill & Distillery" im kanadischen Waterloo. Er brachte im Gründungsjahr 1883 seinen ersten Blended Whisky, „Seagram 83", auf den Markt.
Die Seagram Distillery führte auch Whiskys in die USA ein, wie z.B. „Seagram 7". Einer der bekannten Drinks in den USA ist „7&7", ein Long Drink mit Seagram 7 aufgefüllt mit 7UP.
Das Unternehmen baute und kaufte mehrere Destillerien in den USA und durch die Übernahme verschiedener schottischer Whiskys fasste es langsam auch in Europa Fuß. Seagram produziert neben Whisky auch Wodka und Gin.

Seagram Crown Royal
Crown Royal ist ein Blend aus Whiskys, die alle mindestens 10 Jahre gereift sind. Crown Royal hat eine Bernstein-Farbe. Er schmeckt weich, sanft mit leicht honigsüßen, Roggen-würzigen- und zitronigen Noten. Die Duftnuancen erinnern an fruchtigen Pfirsisch und Birne, cremige Vanille, süße Toffee und würzige Eiche.
Der Abgang ist weich und anhaltend.
Der Alkoholgehalt ist 40% vol.
Die Produktion von „Crown Royal" begann 1939 bei der ersten Rundreise von König GeorgeVI und Königin Elizabeth durch Kanada. Daher entstand auch die Idee der Flasche in Form einer Krone und die dazu gehörende königlich lilafarbene Tasche.
Weitere Abfüllungen:
Crown Royal Black
Crown Royal Reserve
Crown Royal Cask No.16
Crown Royal XR

Weitere canadischen Whiskys:
Canadian Mist
Gibson´s Finest

Japanese Whisky

Einer der größten Getränke-Konzerne der Welt ist „Suntory", ein japanisches Unternehmen. Der Gründer des Unternehmens war „Shinjiro Torii" im Jahr 1923. Der Produktionsleiter für die erste Destillerie im Tal Yamazaki, die „Yamazaki Distillery" war Masataka Taketsuru, der als junger Mann im Jahr 1918 nach Glasgow ging, um die Kunst des Bierbrauens zu erlernen. Dort entdeckte er seine Vorliebe für schottische Whiskys. Nach seiner Rückkehr nach Japan und der Zusammenarbeit mit Torii nuzte er seine Kenntnisse für die Herstellung japanischer Whiskys. 1929 brachten die beiden den ersten japanischen Whisky „Suntory Shirofuda" auf den Markt (bekannt als Suntory White). Fünf Jahre später trennten sich ihre Wege. Taketsuru machte sich selbständig mit einer eigenen Whisky-Brennerei auf der Insel Yochini im Norden des Landes mit ähnlichem Klima und Boden-Eigenschaften wie in Schottland. 1940 brachte er seinen ersten Whisky auf den Markt, dessen Erfolg der zweite Weltkrieg zunichte machte. 1952 gab er dem Unternehmen den Namen „Nikka".

Suntory blieb aber weiterhin auf Erfolgskurs und brachte in den Jahren zwischen 1937 und 1940 noch 2 Labels auf den Markt: „Kakubin" und „Old".

Die Destillierien „Hakushu Distillery" und „Hakushu Higashi Distillery" gehören beide zum Suntory-Unternehmen.

Suntory und Nikka sind in Reihenfolge die größten Whiskydestillerien des Landes. Bemerkenswerterweise ist Japan der viertgrößte Whiskyhersteller nach den USA, Schottland und Indien. Die Japaner brennen sowohl Grain Whiskys als auch Malt Whiskys und blenden diese auch. Sie stellen darüberhinaus auch "Rye" und „Corn" Whisky her.

Suntory

Suntory Yamazaki 12 Years Old

Suntory 12 Years Old ist ein hervorragender Single Malt Whisky aus dem Hause „Suntory". Er wurde über 12 Jahre in drei verschiedenen Fässern, nämlich amerikanischen, spanischen und japanischen Fässern gereift.
Seine Farbe ist Bernstein. Er schmeckt weich und leicht mit Noten von Eiche und Früchten, wie Birne. Die Aromennuancen sind von trockenen Früchten und Honig. Er hat einen mittleren Körper.
Der Abgang ist trocken und anhaltend, sehr leicht rauchig. Der Alkoholgehalt liegt bei 43% vol.

Suntory Yamazaki 18 Years Old

Suntory 18 Years Old ist ebenfalls ein hervorragender Single Malt Whisky aus dem Hause „Suntory". Er wurde, wie der 12-jährige Suntory Yamazaki, über 18 Jahre in

drei verschiedenen Fässern, nämlich amerikanischen, spanischen und japanischen Fässern gereift.
Er hat einen vollen Körper. Die Farbe ist Kupfer-Gold. Er schmeckt würzig, fruchtig mit Noten von Vanille, Datteln, Eiche und süßem Sherry, begleitet von Düften wie Toffee, Sherry und trockenen Früchten. Der Abgang ist lang, rauchig und trocken mit Spuren von Eiche, leicht würzig und pepperig.
Der Alkoholgehalt ist 43% vol.

Nikka

Das Unternehmen brennt nicht nur verschiedene Wkisky-Typen, sondern auch Brandy aus den Trauben der Cognac-Regionen.
Single Malt Miyagikyo 15 Years Old
Dieser Single Malt Whisky aus dem Hause „Nikka" mit einer Bernsteinfarbe schmeckt reichhaltig mit einer reifen Süße und Weichheit, gefolgt von Tang, Kaffee und Toffee-Noten. Die Geschmacksnoten werden ergänzt durch Aromanuancen wie Kakao, Nüsse und Eiche.
Der Abgang ist vanillig, mild würzig.
Der Alkoholgehalt ist 45% vol.

Deutscher Whisky

Jeder weiß, dass Deutschland keine typische Whisky-Nation ist, sondern eher bekannt für Bier, Weine, Obstbrände und Korn. Trotzdem trinkt man auch hierzulande seit einigen Jahren gerne Whisky, vor allem Malt Whisky.Vor über 25 Jahren machte sich Robert Fleischmann aus dem fränkischem Eggolsheim nach schottischem Vorbild mit der Herstellung von Malt Whiskys selbständig. Er brennt Whiskys aus gemälzter Gerste. Die Whiskys werden ohne Zusatz von Zuckerkulör über mehrere Jahre in limitierten Holzfässern gereift.

Es gibt mehrere Whisky-Destillerien in Deutschland, darunter auch der „Slyrs Bavarian Malt Whisky " aus Bayern. Florian Stetter war begeistert von der Idee, einen Malt Whisky in seinem Heimatland Bayern zu destillieren, nachdem er von einer Studienreise durch Schottland zurückgekehrt war. Dort waren ihm Gemeinsamkeiten zwischen schottischen und dem bayerischen Klima und Landschaft aufgefallen. Das Ergebnis ist der „Slyrs Bavarian Malt Whisky". Die gemälzte Gerste wird zum Teil über Buchenholz geräuchert. Slyrs Bavaria Single Malt ist ein zweifach destillierter Brand. Er reift mindesten 3 Jahre in amerikanischen Eichenfässern.

Ab dem Jahr 2015 soll ein zwölfjähriger Slyrs auf den Markt kommen.

Slyrs Bavarian Single Malt Whisky
Slyrs Bavarian Single Malt Whisky hat eine schöne Gold-Bernstein Farbe. Am Gaumen ist er sehr weich und mild, sanft mit Noten von Vanille und Eiche. Die Aromanuancen sind fruchtig und leicht süß-vanillig. Der Abgang ist angenehm, anhaltend und sehr weich.
Der Alkoholgehalt ist 43% vol.

Old Fahr Single Cask Malt Whisky Jahrgang 2000-Fleischmann
Er hat eine dunkle Bernsteinfarbe, schmeckt weich, nussig und zartbitter. Die Aromen sind reichhaltig mit Nuancen von Bitterschokolade. Der Abgang ist angenehm weich.
Der Alkoholgehalt liegt beträgt 40% vol.
Weitere Abfüllungen:
Spinnaker
Blaue Maus
Krottntaler
Schwarzer Pirat
Grüner Hund

Andere Nationen

Zu erwähnen sind auch Whisky-Herstellungsländer wie z.B. Indien als drittgrößte Whiskynation mit einer große Palette an Malt, Grain und Blended Whiskys oder

Spanien mit der bekannten Whiskybrennerei „ Destilerias Y Crianza del Whisky(DYC), die 1959 gegründet wurde.
Viele gute Whiskys, darunter auch Malt Whiskys kommen aus Wales, Frankreich, den Niederlanden und anderen Ländern.

Service-Technik

Einer der wichtigsten Faktoren bei der Service-Technik ist die Wahl des Glases. Dieses variiert je nach Whisky-Sorte.

Einen einfachen Blended Scotch, Bourbon oder Canadian serviert man im"Whisky-Tumbler", pur(Straight up) oder mit Eis(on the Rocks).

Einen Single Malt Whisky oder Bourbon Single Barrel und auch einen guten alten Scotch Blended serviert man pur in einem Tulpenformigen dünnwandigen Whisky-Glas. Die Aromen des Whiskys können sich durch die Handwärme besser entfalten. Zum Malt Whisky serviert man ein Glas Wasser, am besten Quellwasser, damit lösen sich weitere Aromen.

Agavenbrand
-Tequila
-Mezcal

Tequila & Mezcal

Tequila

Teqiula stammt aus dem Indianischen Wort „Tequitl" für „Arbeit"

Tequila ist ein Brand, der aus einer Pflanze hergestellt wird, die den Namen „blaue Agave" oder „Agave azul" trägt. Viele verwechseln die blaue Agave mit dem Kaktus. Agaven gehören jedoch nicht zur Familie der Kakteen.

Die Agaven haben auch den Beinamen „ Pflanze der Götter", weil sie vielfältig bei der Herstellung anderer Getränke, Shampoos, Cremes und Industrieproduktionen verwendet werden. „Tequila" ist ein geschützter Name und darf nur aus den folgenden 5 Regionen Mexikos stammen: Jalisco, Nayarit, Tampaulipas, Michoacán und Guanajuato. Schnäpse die außerhalb dieser Regionen hergestellt werden, heißen „Mezcal". Der meiste Tequila wird in der Region Jalisco bei der Stadt Tequila hergestellt. Tequila muss mindestens 51% vergorenen Saft der blauen Agaven enthalten. Der Rest kann aus während der Gärung zugesetztem Fremdzucker bestehen. Die Herstellung von Tequila ist durch die Mexikanische Regierung gesetzlich geregelt.

Vor etwa 1000 Jahren tranken die Mexikaner gerne „Pulque" ein Agavensaftwein (vergorener Agavensaft), der nicht destilliert war.
Als die Spanier im frühen 16. Jahrhundert nach Mexiko kamen, versuchten sie durch Destillation des Agavensaftes seinen Geschmack zu verfeinern. Das Verfahren war den Spaniern, im Gegensatz zu den Mexikanern, bekannt, da sie in ihrer Heimat gerne Weinbrand tranken.

Dem neuen Agavenbrand gaben die Spanier damals den Namen „Mescal" und brachten den Mexikanern bei, wie man Mescalwein destilliert.

Eine der ersten Brennereien, die Tequila in die Vereinigten Staaten exportierte, war „*Don Cenobia Sauza*" um 1873. Anfang des 20. Jahrhundert nahm der Export ständig zu, nicht zuletzt auch durch viele Drink-Kreationen wie die Erfindung des Cocktails „Margarita" in Amerika.

Die **Herstellung** von Tequila beginnt mit der Ernte, die fast noch genauso wie vor 100 Jahren durch den Einsatz von Hand gefertigter Werkzeuge erfolgt.
Die Agavenpflanze, aus der man den Tequila hergestellt, wird nur ein einziges Mal verwendet. Nach der Ernte hinterläßt die zwischen 8 und 12 Jahre alte Pflanze nichts mehr als ein Loch im Boden.
Die Seitensprößlinge der Agaven, die in den Monaten April/Mai von den Wurzeln der Mutterpflanze abgetrennt und eingepflanzt werden, sorgen für einen nachhaltigen Bestand.
Bei der Ernte werden die Blätter der Agave abgeschnitten und das Herz der Pflanze, das Pina (das einer Ananas ähnelt) von der Wurzel der Pflanze abgetrennt. Die Pinas werden zu den Tequila-Brennereien gebracht.
Das Herz oder Pina wiegt zwischen 35 und 80 Kg.
Die Pinas werden in kleine Stücke geschnitten und traditionell im Ziegel-oder Betonofen durch Dampf gegart. Das Garvefahren läuft zwischen 24 und 36 Stunden bei 60°C. In vielen Brennereien werden auc h Stahlöfen verwendet und das Garen der Pflanzen verkürzt sich auf 7 Stunden.
Während des Garprozesses geben die Agaven eine Flüssigkeit ab, die Honigwasser heißt. Ein weiteres Mal wird der Saft den Agaven per Hand oder maschinell durch das „Zerkleinern" entzogen.
Der nächste Schritt ist die **Gärung** des Agavensaftes. Aus dem Saft wird entweder „100 Prozent Agaventequila" aus reinem Agavensaft und zugesetzter Hefe oder ein „Mixto" aus dem Saft und zusätzlichem Fremdzucker hergestellt.
Der nächste und letzte Schritt ist die zweifache **Destillation** der vergorenen Flüssigkeit.
Die Premium-Tequilas sind auf eine Trinkstärke von 40% vol. destilliert, die Massen-Tequilas haben nach einer zweiten Destillation einen Alkoholgehalt von 55% und werden mit destilliertem Wasser auf Trinkstärke herabgesetzt.
Das Ausgangsprodukt heißt jetzt Tequila und ist durchsichtig. Den Tequila bezeichnet man als Weiß, Blanco, Silver oder Plata.

Ein wichtiges Verfahren, das die Eigenschaften dieses Brandes intensiv beeinflusst, ist die **Lagerung** und die **Reifung** des Tequilas bei bestimmten Sorten wie Reposado oder Anejo. Das geschieht in neuen Holzfässern oder Bourbonfässern.
Der Tequila reift je nach Sorte zwischen 2 Monaten und 4 Jahren.

Verschiedene Tequilatypen

- **Blanco Tequila** ist das Ergebnis aus dem Gärprozess und anschließender Destillation. Danach erfolgt keine Lagerung oder Reifung im Faß.
  Laut mexikanischem Gesetzt ist jeder Tequila, der weniger als sechzig Tage gereift ist, ein Blanco Tequila. Er kann Mixto oder zu 100% aus Agave sein. Die Blanco Tequilas haben ein blumiges, pfefferiges Aroma und übermitteln die natürliche Süße der Agaven.

- **Reposado Tequila** bedeutet übersetzt „abgelagert" und muss laut mexikanischem Gesetzt mindestens 60 Tage in Eichholzfässern gelagert sein, aber im Allgemeinen reifen die Reposados bis zu einem Jahr.
  Farbe und der Geschmack der Tequilas werden durch die Reifung und Lagerung in Eichholzfässern beeinflusst. Durch den Reifeprozess hat der Reposado Tequila eine hellgelbe Farbe und ist im Geschmack mild, auch milder und weicher als Tequila Blanco. Ein Reposado kann ein Mixto oder zu 100% aus Agaven sein.
  Blanco und Reposado Tequila trinkt man entweder pur oder man verwendet ihn zum Mixen.

- **Anejo Tequila** bedeutet übersetzt „gealtert" und muss nach dem mexikanischen Gesetzt mindestens ein Jahr in Eichholzfässern gelagert sein. In der Praxis werden die Anejos zwischen ein und drei Jahre in amerikanischen Bourbonfässern gereift. Dadurch bekommen sie eine dunklere Farbe und einen noch milderen und weicheren Geschmack als Reposado Tequila. Die Anejos zeichnen sich durch eine hervorragende Qualität aus, mit Vanillenote und Würzigkeit.
  Anejo ist ein Tequila zum Genießen und sollte am besten in einem geeigneten Glas, wie einem Südweinglas oder einem Schwenker serviert werden.
  Bei einem Anejo kann es sich um einen Mixto oder einen Tequila aus 100 % Agave handeln.

- **Joven Abocado Tequila** ist ein Gold-Tequila, der ausschließlich als Mixto Tequila hergestellt wird. Die meisten exportierten Tequilas sind Joven Abocados. Joven Tequila bedeutet übersetzt „junger"Tequila. Er ist eigentlich ein Blanco Tequila, der durch den Zusatz von Aromastoffen einen weicheren Geschmack erhält. Durch den Zusatz von Karamell und anderen

Aromastoffen erreicht man nicht nur den Verlust des harten Geschmacks eines typischen Blanco, sondern auch eine angenehme goldene Farbe des Tequilas. Durch die fehlende Reifungszeit in Fässern ist der „Joven Abocado Tequila" in der Produktion viel günstiger als Tequila Blanco oder Reposado.

Servicetechnik

Der Service bei Tequila ist ganz ähnlich wie bei anderen Bränden. Den Tequila weiß serviert man gekühlt oder mit Zimmertemperatur im Schnapsglas (mit einer Scheibe Zitrone und Salz) oder auf Eis. Durch die Kälte wird der Tequila weicher im Geschmack ohne die Aromaeigenschaften zu verlieren. Bei Tequila Gold serviert man eine Orangenscheibe und Zimt dazu.

Die gereiften Tequilas sollte man nicht nur trinken, sondern genießen, das heißt am besten mit Zimmertemperatur und in einem geeigneten Glas, wie Südweinglas oder Schwenker.

Verschiedene Hersteller

Jose Cuervo

Jose Cuervo ist die älteste Tequila-Fabrik Mexikos und feierte im Jahr 1995 sein 200 jähriges Firmenbestehen. Jose Cuervo ist nicht nur der größte Tequila - Hersteller der Welt, sondern auch der bekannteste.
Der Gründer des Unternehmens war „Antonio de Cuervo", der im Jahr 1758 vom spanischen König Karl III Ländereien bekam. Er begann aus gewachsenen blauen Agaven auf seinem Land Mezcal herzustellen.
Die Produkte des Hersteller sind folgende :

Jose Cuervo Silver
Jose Cuervo Silver ist ein Mixto aus 51% Agavensaft hegestellt und nicht unbedingt das qualitativ beste Produkt des Unternehmens.
Er schmeckt frisch,glatt und leicht süß mit kurzem Abgang.
Der Alkoholgehalt ist 38% vol.

Jose Cuervo Especial Gold
Jose Cuervo Especial oder "Cuervo Gold" ist der meist verkaufte Tequila der Welt aus 51% Agavensaft hergestellt. Er ist ein Joven Tequila „Mixto" der für kurze Zeit in Eichenfässern gelagert wurde und anschließend vor dem Abfüllen mit Karamell versetzt wird.
„Jose Cuervo Especial" hat eine goldene Farbe. Er schmeckt sanft, leicht süß, vanillig mit Noten der Agaven. Der Abgang ist kurz, harmonisch und weich.

Der Alkoholgehalt ist 40% vol.

Jose Cuervo Antigua 1800 Anejo

Jose Cuervo Antigua 1800 Anejo ist ein hervorragender Premium-Tequila aus 100% Agaven mit einer Bernstein-Farbe. Er wird über 36 Monate in Bourbonfässern gereift. Ein toller Tequila mit viel Weichheit und Komplexität. „Jose Cuervo Antigua 1800 Anejo" schmeckt karamellig, pfefferig mit Noten von gerösteten Nüssen, Orangenschalen, Toffee und einem würzigen Abgang.
Der Alkoholgehalt ist 40% vol.

Jose Cuervo Reserva 1800 Blanco

Er ist ein Premium-Tequila, der im Gedenken an das Jahr 1800 benannt ist, in dem der erste gelagerte Tequila vorgestellt wurde. Tequila 1800 Blanco aus 100% Agaven wird nach der Destillation für 15 Tage in amerikanischen Eichenfässern gelagert.
„Jose Cuervo Reserva 1800 Blanco" schmeckt mild, fruchtig mit Noten von gerösteten Paprikas, süßen Pflaumen und mit einem süßen Abgang.
Der Alkoholgehalt ist 38% vol.

Jose Cuervo Reserva de la Familia

Jose Cuervo Reserva de la Familia" wurde im Jahr 1995 zum 200-jährigen Firmenbestehen auf den Markt gebracht. Er ist ein Premium Tequila aus 100% Agaven, ein Anejo, der drei Jahre in amerikanischen Fässern gereift wurde. Jede Reserva Flasche ist mit Wachs versiegelt und einzeln nummeriert.
Der kupferfarbene Tequila überzeugt mit seinen Aromen von Anis, Toffee und Kolanüssen.
Die Farbe ist Dunkle-Bernstein. Er schmeckt vollmundig mit Noten wie Eiche, geröstete Mandeln, Äpfeln und Vanille und Aromanuancen wie Mandel, Oliven, Eiche und Zimt. Der Abgang ist lang und weich. Der Alkoholgehalt ist 38% vol.

Weitere Abfüllungen des Unternehmens:
Jose Cuervo Black
Jose Cuervo Tradicioneal
Jose Cuervo Platino

Sauza

Das Unternehmen „Sauza" wurde im Jahr 1873 in der Stadt Tequila von „Don Cenobio Sauza" gegründet.
Don Cenobio begann mit der Produktion von kleinen Mengen Tequilas.
Im Jahr 1888 wurde zum ersten Mal Sauza Tequila nach New Mexiko exportiert.

Sein Sohn, Eladio setzte den erfolgreichen Weg des Vaters fort und expandierte sowohl auf den internationalen Märkten, als auch in Mexiko und modernisierte die Brennerei. Sein Sohn, Fransisco Javier Sauza übernahm im Jahr 1931 das Unternehmen und blieb dem Erfolgsrezept der Familie treu. Er machte es zu einem der führenden Unternehmen der Branche.

Sauza gehört zu den führenden Kräften der Tequilaindustrie, vor allem auf dem mexikanischem Markt ist er die Nr.1.

Sauza Blanco

Sauza Blanco aus mindestens 51% Agaven ist ein weißer Tequila, der mit Zusatz von Fremdzucker auf 55% vol. destilliert und vor dem Abfüllen mit Destillierwasser auf 38% herabgesetzt wird.

Er ist der meistverkaufte Tequila in Mexiko. Sauza Blanco hat eine klare, schimmernde Farbe.

Der doppltdestillierte Tequila schmeckt mild, leicht süß, eichig mit Aromanuancen von Zitrone, Pfeffer und frischen Agaven. Der Alkoholgehalt ist 38% vol.

Sauza Extra „Gold"

Sauza Gold ist aus mindestens 51% Agaven zweifach desilliert.

Sauza Gold ist ein Joven Tequila. Er wird genauso wie der Sauza Blanco hergestellt und destilliert, mit dem Unterschied des Zusatzes von Farb- und Aromastoffen, die für die goldene Farbe und seine Weichheit verantwortlich sind.

Er schmeckt frisch, mild, leicht süß mit Aromanuancen von Karamell, Eiche und frischen Agaven. Der Abgang ist weich, kurz und glatt.

Der Alkoholgehalt ist 38% vol.

Sauza Hornitos Plata

Er ist ein junger Tequila aus 100% Agaven, der sehr frisch schmeckt. Er hatte keine Berührung mit Holz. Die Aromennuancen sind daher blumig und kräuterig mit einem Hauch von Nelken, Mandeln und frischem Holz. Der Geschmack ist einerseits sehr frisch, anderseits vollmundig. Der Abgang ist glatt und weich.

Der Alkoholgehalt ist 38% vol.

Sauza Hornitos Reposado

Er ist der einzige Reposado Tequila aus 100% Agaven, der über mehrere Monate in den 10 000 Liter fassenden amerikanischen Eichenfässern reift. Während der Lagerung wird der Geschmack weicher und die Farbe goldgelb.

Er schmeckt fruchtig, holzig, komplex, würzig mit Aromanuancen von süßen Birnen und Gewürzen. Der Abgang ist weich und warm.

Der Alkoholgehalt ist 38% vol.

Sauza Hornitos Anejo

Er ist ein Anejo aus 100% Agaven, der über 12 Monate in amerikanischen

Eichenfässern reift. Er schmeckt weich, vollmundig, würzig mit kräftigen Aromen von Agaven und gerösteter Eiche. Seine Farbe ist dunkel-gold. Der Abgang ist weich und würzig.
Der Alkoholgehalt ist 38% vol.

Sauza Conmemorativo
Sauza Conmemorativo ist ein Anejo Tequila und mindestens einem Jahr Reifezeit in amerikanischen Fässern. Er ist ein Tequila mit viel Charakter und überzeugt als ein Anejo, der nicht 100%ig aus blauen Agaven hergestellt worden ist. Seine Farbe ist hell-gold.
Er ist sehr körperhaltig und weich. Die schöne helle goldene Farbe begeistert. Er schmeckt holzig, nach getrockneten Früchten mit Karamellnote und leichter Schärfe. Der Abgang ist weich, leicht süß.
Der Alkoholgehalt ist 40% vol.

Sauza Tres Generaciones Anejo
Sauza Tres Generaciones ist ein Anejo mit mindestens zwei Jahren Reifung in amerikanischen Fässern. Die Flasche ist mattschwarz und die Porträts der drei Generationen der Familie Sauza darauf eingeprägt. Er ist nicht nur das teuerste Produkt, sondern das qualitativ beste des Unternehmens. Tres Generaciones ist ein Tequila zum Genießen. Seine Farbe ist Bernstein.
Er schmeckt weich mit zartem Honig, karamellig, würzig mit Noten von gerösteten Nüssen, mit blumigem, langen Abgang.
Der Alkoholgehalt ist 38% vol.

Weitere Abfüllungen des Unternehmens:
Sauza Tres Generaciones Plata
Sauza Tres Generaciones Reposado

Chinaco-Tequila

Chinaco-Tequila aus der Brennerei des Unternehmens „La Gonzalena" gehört zu den besten Tequilas des Landes und ist in den Vereinigten Staaten sehr populär. Die Brennerei wurde von „Guillermo Gonzalez", dem Urenkel von „General Manuel Gonzalez" gegründet. General Gonzales war für Mexiko am Kampf gegen die französische Intervention beteiligt und im Jahr 1880 zum Präsidenten von Mexiko gewählt worden.
1977 begann die Kleine Brennerei in „Tamaplipas" begrenzte Mengen an Tequila herzustellen und im Jahr 1983 wurde zum ersten Mal nach U.S.A. exportiert.
1993 übernahmen die vier Sohne von Guillermo den Betrieb und führten den Erfolg weiter.

Die Produkte des Herstellers sind folgende :

Chinaco Blanco
Er ist ein Tequila Blanco aus 100% Agaven. Fünf Tage nach der Destillation ist er als ein Tequila mit einem frischen Geschmack zu genießen. Er hat eine klare Farbe mit einem Boquet von Birne, Quitte und Dill. Er schmeckt frisch, glatt, sauber und harmonisch am Gaumen. Der Abgang ist lang und glatt.
Der Alkoholgehalt ist 38% vol.

Chinaco Reposado
Chinaco Reposado ist über elf Monate in Eichenfässern aus Frankreich oder England gelagert. Einige der Fässer, in denen bereits Scotch alterte, sind über 35 Jahre alt. Sie geben dem Tequila einen sanften, holzigen Charakter und eine goldene Farbe. Am Gaumen schmeckt er frisch, harmonisch, fruchtig und sauber mit Aromen von Zitrusfrüchten, Pfirsich und Apfel, mit einem Hauch von Dill und Quitte.
Der Alkoholgehalt ist 38% vol.

Chinaco Anejo
Er ist ein Tequila aus 100% Agaven mit einem komplexen Charakter, gereift über 30 Monate in Bourbon- und anderen Reposado-Fässern, also eine Fass-Lagerungsmischung. Er hat eine goldene Bernstein Farbe. Der Chinaco Anejo schmeckt sehr fruchtig, vollmundig und komplex mit Aromen von Birne, wilden Blumen, Rauch, Vanille, Bratapfel, begleitet von Papaya und Mango. Der Abgang ist würzig, rauchig und saftig.
Der Alkoholgehalt ist 40% vol.

Don Julio

Don Julio stammt aus der Brennerei „Tres Magueyes", die 1942 von "Don Julio Gonzalez" in der Stadt „Atotonlico el Alto" gegründet wurde.

Die Produkte des Herstellers sind folgende:
Don Julio Blanco
Er ist ein klarer Tequila Blanco aus 100% Agaven. Er schmeckt leicht süß und intensiv nach Agaven. Die Agaven-Aromen sind vermischt mit einem Hauch Zitrus-Nuancen wie Zitrone, Limette und Grapefruit. Der Abgang ist frisch, glatt, begleitet von einem Hauch von schwarzem Pfeffer, ergänzt durch grasige Untertöne. Der Alkoholgehalt ist 38% vol.
Don Julio Reposado
Seine Farbe erinnert an die Farbe von Stroh. Er schmeckt weich mit Noten von

dunkler Schokolade, Vanille und Zimt, begleitet von fruchtigen Birnen- und Apfelnoten. Die Aromanuancen sind frisch, zitronig und würzig mit einem Hauch von reifem Steinobst. Der Abgang ist warm und fruchtig.
Der Alkoholgehalt ist 38% vol.

Don Julio Anejo
Er ist ein Don Julio Tequila Blanco, der mindestens ein Jahr in Eichenholzfässern gereift wurde
Die Farbe ist Hell-Bernstein. Er schmeckt wunderbar komplex mit Ausdrücken von reifen Agaven und wildem Honig. Noten von Kirschen und Erdbeeren mit eichigen Vanillen und Karamell-Tönen ergänzen das Gesamtbild. Die Duft-Nuancen erinnern an fruchtige Zitrusfrüchte wie Grapefruit, Mandarinen begleitet von Vanille. Der Abgang ist würzig, lang und glatt.
Der Alkoholgehalt beträgt 38%.

Weitere Abfüllungen des Unternehmens:
Don Julio 1942
Don Julio Real

Andere bekannten Tequila-Hersteller
Buen Amigo
Centinela
Corralejo
El Conquistador
El Tesoro De Don Felipe
Esperanto
Espolon
Herradura
Olmeca
Patrón
Porfidio
Sierra
Tres Mujeres

Mezcal

Mezcal ist wie Tequila, ein Agavenbrand. Die Agaven zum Herstellen von Mezcal stammen aus den südmexikanischen Staaten wie „Oaxaca".
Außerdem unterscheidet sich der Mezcal vom Tequila in den Garmethoden.
Der Mezcal wird nicht wie der Tequila in Öfen erhitzt, sondern über Holzkohle geröstet und daher kommt auch das rauchige Aroma und karamellartige Süße dieses Brandes.
Wie beim Tequila gibt es auch hier ein großes Sortiment an Mezcal-Marken, Massenerzeugnisse, sowie handgemachte, kunstfertige, hochwertige oder minderwertige Brände.
Bis sich der Tequila im 19. Jahrhundert in Mexiko etablierte, war der Vorläufer, der Mezcal das Volksgetränk, ein Brand aus Agavensaft.
Der Unterschied zwischen Mezcal und Tequila ist ähnlich dem Unterschied zwischen Cognac und Armagnac. Sowie der Tequila muss der Mezcal nach strengen mexikanischen Gesetzen hergestellt werden. Laut Vorschrift darf der Mezcal nur aus den Staaten „Oaxaca, Guerrero, Durango, San Luis Potosi oder Zacatecas" stammen, außerdem gibt es zwei Klassifizierungen, die die Reinheit des Mezcals festlegen.

- **Klassifizierung 1:** Der Mezcal soll aus mindestens 100% Agaven hergestellt sein.
- **Klassifizierung 2:** Der Mezcal soll aus mindestens 80% Agaven hergestellt sein, bei der Herstellung kann der Rest aus zugesetztem Fremdzucker bestehen.

Auch die Reifezeit für verschiedene Typen ist per Gesetz festgelegt, ob mit Hilfe künstlicher Farb- und Aromastoffe oder mit Fassreifung.

Bemerkenswert ist auch der Wurm in der Mezcalflasche. Die Würmer leben in den Agavenpflanzen und unterscheiden sich in der Farbe. Die roten Würmer leben in den Wurzeln und die weißen in den Blättern. Der Legende nach geht der magische Geist der Agavenpflanze auf den Wurm über und schließlich auf die Person, die diesen Mezcal trinkt. In Wirklichkeit ist es aber wohl eher eine clevere Vermarktungsstrategie, bei der es mehr um das Leertrinken der Flasche geht und darum, „wer den Wurm bekommt?". Außerdem ist der Wurm ein Eiweißlieferant und verleiht dem Brand Aroma.

Mezcal-Arten
a) Mezcal Blanco-weiß
b) Mezcal Reposado - Er ist mindestens 24 Monate in Eichenfässern gelagert.

c)   Älterer Mezcal

Mezcal-Marken

Gusano Rojo

„Gusano Rojo Mezcal" ist der meist verkaufte Mezcal in Mexiko. Er besteht aus 100% Agaven und wird in der Stadt „Oaxaca" hergestellt. Der Schöpfer dieses Brandes war vor 75 Jahren „Sr. Jacobo Lozano Páez". Gusano Rojo schmeckt leicht süß, intensiv nach Agaven, begleitet von rauchigen Aromen. Der Abgang ist lang, kräftig und leicht süß.
Der Alkoholgehalt ist 38% vol.

Weitere Mezcal-Labels:
Don Luis
Embajodor
Lajita
El Senorio
Del Maguey
Laguna
Encantado

Zuckerrohrbrand
-Rum
-Cachaca

Rum

Havana Club
Añejo Blanco
Havana Club
Añejo 3 Años
Havana Club
Añejo Especial
Havana Club
Añejo 7 Años
Havana Club
Cuban Barrel Proof
Maximo
Saint James
Saint James
Saint James
Martinique
Angostura
Reserva
Angostura
Bacardi
8
Bacardi
Black
Casa Fundada en 1862
1862
Bacardi
Superior
Bacardi
Razz
Ron Varadero

Rum ist ein Destillat aus frischem Zuckerrohrsaft, Zuckersirup oder Melasse. Melasse ist eine schwarze Flüssigkeit, der Zucker entzogen wurde, nichts anderes als ein Abfallprodukt bei der Zuckerherstellung.

Es gibt verschiedne Versionen, woher der Rum ursprünglich stammt. Nachdem Colombus die meisten karibischen Inseln entdeckt und der spanische König die Inseln für sich beansprucht hatte, brachte Columbus die Zuckerrohrpflanze auf die Inseln der neuen Welt. Der Boden und das Klima der karibischen Inseln waren ideal für den Wuchs dieser Pflanzen.

Die spanischen Eroberer brachten keine Schiffladungen voll Gold mit nach Hause, sondern Zuckerrohr.

Zuckerrohr soll vor fast 2000 Jahren über China auf den indischen Subkontinent gelangt sein. In den nächsten 1000 Jahren verbreitete es sich über Nordafrika bis zu den kanarischen Inseln. Im 16. Jahrhundert brachten die spanischen und portugisischen Eroberer die Pflanze nach Brasilien und in die Karibik.

Für das Wort „Rum" gibt es viele Ursprünge. Nach der Legende haben die Malayen ein Getränk aus Zuckerrohr hergestellt, das sie „Brum" nannten. Doch es gibt auch die Behauptung, dass der Geburtsort des Rums „Barbados" ist. Auf die karibischen Inseln sollen damals die holländischen Siedler aus Brasilien und Guyana die Zuckerrohrsprossen gebracht haben.

Wie bereits erwähnt, ist der „Rum" ein Destillat oder Brand aus Zuckerrohrsaft, Zuckersirup oder Melasse. Die Maische, ein Gemisch von Melasse und Wasser, wird fermentiert und der vergorene Zuckermelasse-Wein destilliert.

Wie hochprozentig der Rum ist, beeinflusst den Geschmack des Brandes. Bei einer hohen Alkoholkonzentrat ist der Anteil der anderen Gärprodukte geringer und daher der Rum geschmacklich leichter.

Genauso ist auch bei einer kurzen Gärdauer der Geschmack des Endprodukts leichter als bei einer längeren. Bei einer längeren und langsameren Vergärung entwickeln sich, während die Hefe den Zucker in Alkohol umwandelt, Bakterien, die den Geschmack des Rums beeinflussen.

Jedes frische Destillat ist wasserklar und wird meistens mit Destillatwasser auf Trinkstärke verdünnt. Dieses Produkt bezeichnet man als „Weißen Rum".

Viele Weiße Rums werden aber in Eichenholzfässern aus Amerika und Frankreich gereift. Es handelt sich um Fässer, die schon einmal für Wein oder Whisky verwendet wurden. Die Reifung in diesen unterschiedlich alten Fässern beeinflusst die Farbe und den Geschmack des Rums. Das Resultat ist meistens ein weicherer Geschmack, dunklere Farbe und viel mehr Aromen.

Der Verschnitt oder das Blending bedeutet das Vermischen von Rum aus verschiedenen Brennanlagen mit unterschiedlichem Alkoholgehalt oder Alter. Manche Destillerien verwenden auch zusätzlich Gewürze, Geschmacksstoffe oder Farbstoffe.

Die Verkostung und Trinktechnik unterscheidet sich nicht unbedingt von Brandy oder Whisky.

Service-Technik

Bei guten alten Rums trinkt man am besten aus einem Schwenker oder Südwein Glas. Man betrachtet die Farbe, atmet und entdeckt die Aromen und bei jedem neuen Versuch erlebt man neue weitere Aromawelten, Düfte und Geschmackseindrucke.

Die jüngeren Sorten, vor allem die Weißen trinkt man als Mischung in einem Long Drink oder Cocktail.

Die Rum-Klassifizierung

Auf den französischen Inseln der Karibik wird der Rum anders geschrieben, nämlich „Ruhm". Man bezeichnet ihn als „Agricole", der aus frischem Zuckerrohrsaft destilliert wird. Der meist destillierte Rum mit der Bezeichnung „Industriel" wird dagegen aus Melasse hergestellt. Auf den englischen Inseln heißen die Zuckerrohrbrände „Rum" und sind meistens ein Brand aus Zucker-Melasse.

- **Original Rum**
  Original Rum darf sich nur ein Rum nennen, der unverändert und ohne Zusatzstoffe ist, d.h. unverändert importiert auf den Markt kommt, mit einem Alkoholgehalt bis 74%.
- **Echter Rum**
  Echter Rum wird mit Hilfe von Destillierwasser verdünnt und auf Trinkstärke herabgesetzt.
  Er hat einen Alkoholgehalt zwischen 37,5% und 54% Vol.
- **Flensburger Rum**
  Flensburger Rum so wie Pott, Hansen, Asmussen und Sonnberg, ist ein Verschnitt aus Original Rum, Wasser und Neutralalkohol mit einem Alkoholgehalt von 37,5%.
- **Kunst Rum**
  Dieser Rum stammt aus Österreich, auch als Inländer-Rum bekannt mit 38% Volumenprozent.
- **Stroh Rum**
  Stroh Rum ist ein echter Rum, der aus Zuckerrohrmelasse hergestellt und anschließend aromatisiert wird. Er wird auf dem Markt als „ Stroh Original 80" mit 80% Alkoholgehalt oder mit 40% oder 60% angeboten.

DIE RUM-REGIONEN UND HERSTELLER

U.S. Virgin Islands

St. Croix

„St. Croix" ist für die Herstellung des Rums eine der wichtigsten U.S. Virgin Islands (amerikanische Jungfraueninseln). Die Insel wurde im Jahr 1493 von Christoph Columbus entdeckt und „Santa Cruz" benannt. Der Insel war zwischen dem 16. und 18. Jahrhundert von Holländern, Engländern und Spaniern besiedelt. Anfang des 19. Jahrhunderts wurde die Insel von dem damaligen Eigentümer, der „Danisch West India Company" an die U.S.A. verkauft. Die **Cruzan Rum Distillery Company**" ist die wichtige Brennerei auf der Insel.

Cruzan Rum
Cruzan Aged dark Rum
Er ist ein Verschnitt aus 2 bis 4 Jahre lang in amerikanischen Bourbon-Fässern gereifter Rum. Seine Farbe ist Gold. Er hat einen vollen Körper und schmeckt glatt,

sauber, würzig, eichig und sehr aromatisch. Die Duft-Nuancen sind von Vanille, Bourbon und Karamell. Der Abgang ist leicht süß und anhaltend.
Der Alkoholgehalt ist 40% vol.
Weitere Abfüllungen des Unternehmens:
Cruzan Single barrel Rum
Cruzan 151°Rum
Cruzan Black Strap Rum
Cruzan Aged Light Rum
Cruzan Flavored Rum
Cruzan Spiced Rum

British Virgin Islands

Tartola
„Tortola" mit ungefähr 19.000 Einwohnern gehört zu den British Virgin Islands (Britische Jungfrauinseln). Auf der Insel wurde der Regenwald abgeholzt, um den Raum für Pflanzung des Zuckerrohrs zu ermöglichen.
Auf Tortola sind viele bekannte Rum-Hersteller ansässig. Der bekannteste Rum ist „**Pusser´s Rum**".

Pusser´s Rum
Im 16. Jahrhundert bekamen die Matrosen auf den Britischen Marineschiffen jeden Tag eine Ration Bier, die sich aber auf den langen Passagen zu den Westindischen Inseln nicht lange hielt. So kam man auf die Idee, die Matrosen mit Rum zu versorgen. Verantwortlich für den Kauf des Brandes auf den Inseln waren die Britischen-Royal-Navy-Pursers (Purser bedeutet Zahlmeister), woher sich auch der Name „Pussers Rum" erklärt.
Der Rum war billiger und die Matrosen kamen mit einer Tagesration von einem halben Liter über die Runden. Der Rum war aber stärker als das Bier und durch dessen Konsum kam es an Bord vieler Schiffe zu Unruhen und Schlägereien.
Am 21. August 1740 war es Admiral Edward Vernon, der befahl jede Ration Rum vor der Ausgabe mit zwei Teilen Wasser zu verdünnen und als Belohnung für gute Leistungen eines Matrosen diese mit Zucker und Limonensaft zu vermischen. Diese Mischung festigte sich mit dem Namen „Grog" als tägliche Ration auf den Schiffen.
Die letzte Ration wurde im Jahr 1970 ausgegeben. Wegen der Abschaffung der Rumration und die dadurch aufgekündigten Verträge standen riesige Mengen an Rum in den Lagerräumen des Landes.

Charles Tobias wendete sich im Jahr 1979 sich an die Royal Navy mit der Bitte um Erlaubnis, fünf karibische Rums zu verschneiden und unter dem Namen „Pusser´s Navy Rum"auf Tortola abzufüllen zu lassen und zu vermarkten. Ein Teil des Gewinnes sollte in die Marinenrentenkasse fliessen.
Sein Konzept wurde ein Erfolg. Im Jahr 1994 wurde „Pusser´s Rum" von der Firma „Jim Beam" aufgekauft.

Pusser´s Rum Blue Label 42% Vol.
Pusser´s Rum Blue Label 75% Vol.
Beide schmecken leicht süß, komplex, holzig und kräftig. Aromen von Eiche machen sich spürbar. Der Abgang ist lang, anhaltend und kräftig.
Pusser´s Rum Red Label 42% Vol. in Deutschland nicht erhältlich
Pusser´s Rum aged 15 Years 40% Vol. in Deutschland nicht erhältlich
Pusser's Original Grog Cocktail Mix 1% Vol. in Deutschland nicht erhältlich
Pusser's Painkiller Cocktail Mix1% Vol.(aus Orangensaft, Ananassaft, Coconutcream und Rum)

Antigua

Antigua ist eine karibische Insel und bedeutet übersetzt „alt". Im Süden der Insel sieht man den „English Harbour", der im 18. Jahrhundert von der Royal Navy gebaut wurde. Die Insel, die sehr schöne Strände besitzt, wurde von Kolumbus im Jahre 1493 entdeckt und bekam den Namen einer Kirche in Sevilla, „Santa Maria la Antigua", dei neben dem Petersdom in Rom und St. Paul´s Catedral in London zu den größten Gotteshäusern gehört.

„**Antigua Distillery Limited**", die im Jahr 1932 von Portugiesen gegründet wurde, ist die bekannteste Rum-Brennerei der Insel. Der Rum wird ausschließlich aus Melasse hergestellt und in 200 Liter großen Holzfässern eingelagert und gereift um, die Kontaktfläche zwischen Rum und Holz zu maximieren.
English Harbour Antigua Rum ist ein Verschnitt aus verschiedenen Rums der Antigua Distillery Limited.

English Harbour 3 Jahre alt
Die Farbe ist Gold. Er schmeckt würzig, eichig mit Vanille-Schokoladen-Noten. Der 3 Jahre alte Rum eignet sich sehr gut zum Mixen oder als Bestandteil für Long Drinks.
Der Alkoholgehalt ist 40% vol.

English Harbour 5 Jahre alt
Er ist ein Verschnitt aus fünfjährigen Rums. Er schmeckt nach trockenen Früchten mit einer Vanille-Honig-Note.
Der Alkoholgehalt ist 40% vol.

English Harbour Extra Old
Er ist ein hervorragender Rum mit 40% Alkoholgehalt. Der Extra Old Rum ist ein Verschnitt aus mehreren Rums, die bis zu 21 Jahre in Eichenfässern reiften. Die Farbe ist Dunkel-Bernstein. English Harbour Extra Old schmeckt kräftig, würzig mit Noten von Vanille und Mandeln. Die Aromen sind eichig, karamellig und nussig. Er ist ein Rum zum Genießen.
Der Alkoholgehalt ist 40% vol.

Andere Produkte der Insel:
Cavalier Antigua Rum
Cavalier Light 43% Vol.
Cavalier Gold 43%.
Cavalier 151° Proof 75,5% Vol.
Cavalier 5 Year Old 43% Vol.
Cavalier Extra Old 40% Vol.

Französische Inseln

Guadeloupe(Französische Insel)

Guadeloupe ist eine karibische Inselgruppe, die aus neuen kleineren Inseln besteht. Aus der Luft betrachtet ist sie der Form eines grünen Schmetterlings ähnlich. Die größten Inseln des Landes sind „Grande Terre", sehr flach mit vielen schönen weißen Sandstränden und „Basse Terre", im Gegenteil dazu mit einem noch aktiven Vulkan.
Auf Guadeloupe wird „Rhum Agricole" gebrannt, also ein Rum aus 100% Zuckerrohrsaft. Der Geschmack der Rums ist von Sorte zu Sorte unterschiedlich. Zum Beispiel der „Rhum Blanc", der sehr leicht schmeckt und zum Mixen verwendet wird oder der „Rhum Paille" der maximal 3 Jahre in Eichenfässern gelagert wird und strohgold in der Farbe ist. Der „Ruhm Vieux" wird zwischen drei und zwanzig Jahren in Whisky oder Cognac-Fässern gereift und ist vom Geschmack vergleichbar mit einem alten Cognac.

Severin
Die Brennerei **Domaine de Severin** auf Guadeloupe wird von der Familie *Marsolle* seit vielen Generationen geführt. Das Ergebnis sind verschiedene Rums mit unterschiedlichen Altern.

Severin Rhum Blanc ist 55% Vol. Er schmeckt frisch, fruchtig mit intensiven Zuckerrohr-Aromen.
Der Alkoholgehalt ist 55% vol. Severin Blanc eignet sich sehr gut zum Mixen.

Severin Rhum Vieux 6 Jahre
Die Farbe ist Bernstein. Er schmeckt würzig, fruchtig mit Noten von Marzipan und Schokolade. Die Aromen-Nuancen sind eichig, schokoladig und süß. Der Abgang ist lang und anhaltend.
Der Alkoholgehalt ist 45% vol.

Severin Rhum Vieux 10 Jahre
Seine Farbe ist Dunkel-Bernstein. Er reift über 10 Jahre in Eichenfässern und überzeugt mit seinem kräftigen, würzigen Geschmack und Aromen von Vanille, Veilchen und Schokolade. Er ist ein Rum zum Genießen. Der Abgang ist anhaltend und weich.
Der Alkoholgehalt ist 45% vol.

Marie Galante

Marie Galante ist eine kleine Insel, die zur Inselgruppe Guadeloupe gehört. Eine der bekanntesten Destillerien auf der Insel ist Distillerie Poisson, die im Jahr 1860 gegründet wurde.

Pere Labat Rhum Agricole Blanc Distillerie Poisson
Er ist ein weißer Rum mit frischen und fruchtigen Geschmacksnoten.
Der Alkoholgehalt ist 59% vol.

Pere Labat Rhum Dore
Er hat eine goldene Farbe. „Pere Labat Rhum Dore" wird über 2 Jahre in Eichenfässeren gelagert. Er schmeckt holzig, würzig und fruchtig.
Der Alkoholgehalt ist 50% vol..

Pere Labat Rhum Vieux
Er reift über 8 Jahre in Cognac-Fässern. Er schmeckt weich, sanft, würzig, eichig mit Noten von Vanille. Die Düfte erinnern an Karamell- und Gras-Nuancen. Der Abgang ist weich und anhaltend.
Der Alkoholgehalt ist 42% vol..

Es gibt zahlreiche Brennereien auf Guadeloupe und daher auch viele Rumsorten. Hier sind paar davon:

Damoiseau Rhum Destillerie bellevue
Rhum Chantal Comte Destillerie Bielle
Montebelle Rhum Destillierie Carrere
Bologne Rhum Destillerie Bologne

Martinique(Französische Insel)

„Martinique" gehört, wie Guadeloupe, zu den französischen Inseln und ist Teil des französischen Staates und der Europäischen Union. Martinique liegt zwischen dem Karibischen Meer und dem Atlantischen Ozean. Die Insel hat eine Länge von 73km und eine Breite von 39 km. Martinique ist eine bergige Insel mit dem Vulkan „Montagne Pelée", der im Norden der Insel liegt. Wichtige Exportgüter sind Banane, Ananas, Rohrzucker und Rum.
Auf der Insel, so wie auf Guadeloupe und anderen französischen Inseln, wird Agricole Rhum gebrannt. Die Klassifizierung der Rums ist ähnlich wie auf Guadeloupe. „Rhum blanc" ist der weiße Rum aus 100% Rohrzuckersaft. Der Dunkle Rum „Rhum Vieux" hat eine Reifezeit von mindestens 3 Jahre. Der „Trés Vieux" übersetzt „sehr alt", hat eine noch längere Reifezeit. Jahrgangsrums sind die Rums mit der Bezeichnung „Millésimé" auf dem Etikett. Für einen gewöhnlichen Verschnitt steht auf dem Etikett „Hors d´Age". Auf Martinique gibt es mehr Destillerien als auf jeder anderen ostkaribischen Insel.
St. Pierre ist der Ort, der die bekannte Rum-Brennerei „**Distillerie Depaz**" beheimatet, die im Jahr 1917 von der Familie „DePaz" gegründet wurde. Der hergestellte Rhum heißt „**Rhum DEPAZ**".

DEPAZ
DEPAZ Rhum Blanc
Er schmeckt leicht fruchtig und hat 50% Alkoholgehalt. Er schmeckt fruchtig und wird vor der Abfüllung in Edelstahltanks harmonisiert.
DEPAZ Rhum Vieux
Seine Farbe ist Gold. Er wird mindestens 4 Jahre in Eichenfässern gelagert. Er schmeckt würzig, vollmundig mit Aromanuancen von Vanille und Eiche. Der Abgang ist anhaltend und intensiv.
Der Alkoholgehalt ist 45% vol.
DEPAZ Rhum Vieux XO La Cuvee
Seine Farbe ist Bernstein. Er reift über 10 Jahre in Eichenfässern. Er schmeckt weich, holzig, komplex mit Aromen von Vanille und Schokolade. Der Abgang ist weich und angenehm.
Der Alkoholgehalt ist 45% vol.
Weitere Abfüllungen des Unternehmens:

DEPAZ Blue Cane Amber Rhum
DEPAZ Rhum Dore
DEPAZ Rhum Vieux Reserve Special

Saint James

Die Destillerie Saint James liegt auf der östlichen Seite der Insel und wurde im Jahr 1765 gegründet. Sie ist die aktivste Rum-Marke auf der Insel. Der 75 %ige Rum der Brennerei wird direkt nach der Destillation in Edelstahltanks geleitet, wo er ein halbes Jahr ruhen kann. Danach wird der Rum mit Hilfe von destilliertem Wasser auf Trinkstärke herabgesetzt, nämlich auf %50 bis 55% Vol. Das Ergebnis ist ein Weißer Rhum, nämlich **„Imperial Blanc Saint James"**. Ein Teil der Destillation wird in großen Eichenfässern für 18 Monate eingelagert. Der Rum nimmt durch diese Fasslagerung eine goldene Farbe und einen würzigen, holzigen Geschmack an. Der abgefüllte Rhum mit 50 bis 55% Alkoholgehalt wird unter dem Namen **„Rhum Paille Saint James"** vertrieben.

Ein anderer Teil der Produktion reift über drei Jahre in kleinen 200 Liter Eichenfässern. Der Rum bekommt eine dunkle kräftig braune Farbe und ist sehr reif im Geschmack. Diesen Rum bezeichnet man als **„Rhum Vieux Saint James"** mit 42% Alkoholgehalt.

Der **„Rhum Saint James Hors D´Age"** ist ein Verschnitt aus verschiedenen Rums mit unterschiedlichen Altern. **„Rhum Ambre Saint James"** ist noch paar Jahre älter.

Die Abfüllungen des Unternehmens:

Saint James Old Rhum

Er reift 3 bis 6 Jahre in kleinen Eichenfässern. Die Farbe ist Bernstein. Er schmeckt blumig, holzig, fruchtig mit Noten von getrockneten und frischen Früchten. Man spürt die Pflaumen, Mandeln und Walnuss-Spuren am Gaumen. Die karamellisierten und holzigen Nuancen harmonisieren zum Genuß-Punkt. Der Alkoholgehalt ist 42% vol.

Saint James Hors d´Âge

Die Farbe ist dunkelbraun. Der Rum wird zwischen 5 und 10 Jahren in 160 Liter-Fässern aus Eichenholz gelagert. Er schmeckt holzig, kräftig, würzig mit Aromanuancen von Pflaumen, trockenen Früchten und geröstetem Kaffee. Der Alkoholgehalt ist 43% vol.

Saint James Réserve Privée Rhum 12 ans d´Âge

Seine Farbe ist dunkelbraun. Er ist ein Rum mit einem großen Reichtum an Aromen. Ein kraftvoller Rum mit holzigen, würzigen und fruchtigen Geschmacksnoten und Duft-Nuancen von Pflaumen, gerösteten Kaffee-Bohnen und Walnüssen. Der Abgang ist weich, würzig und lang.

Der Alkoholgehalt ist 43% vol.

Saint James Royal Ambré
Seine Farbe ist Bernstein. Er reift zwischen 18 und 24 Monaten in Eichenfässern. Er schmeckt nach gerösteten Haselnüssen, begleitet von Vanille-Noten. Er duftet fruchtig und würzig mit Nuancen von Feige, Dattel, Haselnuss, Karamell und Zimt. Der Abgang ist anhaltend, fruchtig und würzig.
Der Alkoholgehalt ist 45% vol.

Saint James Imperial white 40%
Er schmeckt frisch, fruchtig mit blumigen Aromen wie Rosen mit fruchtigem Hintergrund von Ananas und Passions-Frucht. Der Abgang ist fruchtig und würzig.
Der Alkoholgehalt ist 40% vol.

Saint James Paille
Die Farbe ist Gold. Er reift zwischen 12 und 15 Monaten in Eichenfässern. Er schmeckt holzig mit Noten von Karamell und Honig. Die Aromanuancen wie Eiche, Vanille und karamellisierte Früchte harmonisieren perfekt.
Saint James Paille wird mit 40% oder 50% vol. angeboten.

Dillon

Die „Dillon Distellerie" wurde im Jahr 1775 gegründet. Der Name Dillon geht zurück auf „Colonel Dillon", der die Zuckerfabrik „Giradin" auf Martinique kaufte. Arthur Dillon war ein ehemaliger Graf, der 1784 nach dem Ende des amerikanischen Unabhängigkeitskrieges vom Colonel zum General befördert wurde. 1794 wurde er während der französischen Revolution wegen angeblicher Verschwörung hingerichtet. „Pierre Herve" übernahm Mitte des 18. Jahrhunderts die Fabrik und modernisierte sie. Bis heute werden verschieden gereifte Rums hergestellt. Die Abnehmerländer sind vor allem U.S.A. und Frankreich.
Hier sind die Produkte der Brennerei:
Dillon Rhum Blanc mit 55% Alkoholgehalt wird aus 100% Zuckerrohrsaft hergestellt. Er ist ein weißer Rum mit fruchtigem Geschmack. Dillon Rhum Blanc eignet sich sehr gut zum Mixen.
Dillon Rhum Dark Cigar Reserve mit 40% ist ein hervorragender Rum. Er ist bersteinfarben und reift mehrere Jahre in amerikanischen Bourbonfässern. Er ist würzig und schmeckt sehr weich mit Noten von Zimt und Honig.
Andere Produkte der Brennerei sind:
Dillon Paille Rhum mit 50%, ein Jahr in den Eichenfässern gelagert.
Dillon Vieux Rhum mit 45%, sechs Jahr in den Eichenfässern gelagert.
Dillon Trés Vieux Rhum mit 45%, fünfzehn Jahre in den Eichenfässern gelagert.

Clément

Die „Habitation Clément" wurde im Jahr 1887 von „Homère Clément" gegründet und bis zum Jahr 1988 produzierte die Destillerie hervorragene Rhums, bis die Brennerei in ein Museum umgewandelt wurde. Die Destillation findet nun nicht mehr in der Habitation Clément statt, sondern in der Simon Destillerie, nur Lagerung und Reifung werden noch hier gemacht.
Hier sind die Rum-Sorten der Brennerei:

Clément Premiére Canne Rhum

Er ist ein Rhum aus 100% Zuckerrohrsaft. Die Farbe dieses jungen Rums ist kristallklar mit blumigen und fruchtigen Aromen, wie Reife Ananas und Banane. Die Aromen sind soft, fruchtig und würzig wie exotische Früchte mit Nuancen vom weißen Pfeffer und süßem Rohrzucker. Der Abgang ist blumig und komplex.
Der Alkoholgehalt ist 40% vol.

Clément Rhum VSOP

Er wird für ein Jahr in französischen Eichenfässern und anschließend für drei Jahre in amerikanischen Bourbonfässern gelagert. Die Farbe ist Safran-Gold. Er schmeckt weich, warm mit exotischen Noten trockener Früchten. Die Aromanuancen sind von reifen Bananen, Kokosnüssen, scharfen Gewürzen und geschmolzenem Zucker. Der Abgang ist anhaltend und leicht süß.
Der Alkoholgehalt ist 40% vol.

Clément Rhum Cuvée Homére

Seine Farbe ist Bernstein. Er ist ein Verschnitt der besten ausgesuchten Rums der letzten 15 Jahre. Am Gaumen ist er würzig, ölig, weich mit Spuren von Eiche und Zucker. Die Aromen sind nussig, butterig mit einem Hauch von schwarzem Pfeffer. Der Abgang ist fein, langsam mit Honig-Noten.
Der Alkoholgehalt ist 44% vol.

Clément Rhum Vieux XO

Clément Rhum Vieux XO ist ein Cuvee mit 44% Alkoholgehalt. Er ist ein Verschnitt (Cuvée) aus hervorragenden Einzelrums der Jahre 1952, 1970 und 1976 und auch anderer herausragender Rums, die über mindestens 6 Jahre in den Eichenfässern gelagert wurden. Der Rum wurde beim Brüsseler Spirits Award mit der Goldmedallie ausgezeichnet.
Seine Farbe ist Bernstein. Er ist weich und reichhaltig, würzig und aromatisch mit Noten von dunklem Honig, Nougat, Vanille und Eiche begleitet von rauchigen Aromanuancen wie Zigarre und Holzkohle, ergänzt durch Honig. Der Abgang ist soft, weich und anhaltend.
Der Alkoholgehalt ist 44% vol.

Weitere Rums auf Martinique:
Rhum Trois Riviéres Blanc oder Vieux Distillerie Trois Rivéres-Sainte Luce
Rhum Duquesne Blanc oder Trés Vieux Distillerie Trois Rivéres-Sainte Luce

St. Luicia

St. Luicia ist eine Insel südlich von Martinique und nördlich von St. Vincent und den Grenadinen. Das Klima auf der Insel ist tropisch. St. Luicia ist eine grüne Insel mit traumhaften weißen Stränden, tropischem Regenwald, Bergen bis über 950 m und Tiefebenen, mit einer Jahresdurchnittstemperatur von 26℃, also ein perfektes Urlaubsziel. Die Landessprache auf der Insel ist Englisch. 1979 wurde die Insel unabhängig und ist seitdem keine britische Kolonie mehr.
St.Luicia Distillers Limited wurde im Jahr 1972 gegründet. Der Rum wird ausschließlich aus Melasse hergestellt.
Hier sind die bekannten Rum-Marken der Insel :

Bounty Crystal White Rum
Er ist ein leichter, klarer, trockener Rum mit Noten und Aromanuancen von Eiche, Vanille, Blumen und einem fruchtigem Geschmack. Der Bounty Rum wird auch als Gold angeboten.
Der Alkoholgehalt ist 40% vol.
Admiral Rodney
Er ist ein bersteinfarbener Rum, der über acht Jahre in amerikanischen Bourbonfässern gereift wurde. Er schmeckt nach Vanille, Karamell und leicht röstig. Er begeistert mit seiner Honig-Note und einem langen leicht-süßen Nachklang.
Der Alkoholgehalt ist 40% vol.

Barbados

Barbados ist eine östliche karibische Insel. Die Hauptstadt Bridgetown hat etwa 80.000 Einwohner. Die weißen, teilweise rosa oder honiggelben Strände im Westen und im Süden der Insel oder die felsige Küste im Osten begeistern die Touristen. Barbados hat ein tropisches Klima mit sehr angenehmen Temperaturen durch ständig wehende Passatwinde. Die Insel ist überwiegend flach und nur im Norden hügelig. Barbados wurde 1627 durch die Engländer kolonialisiert und ist seit 1966 unabhängig. Die Amtsprache auf der Insel ist Englisch. Die wichtigsten Wirtschaftszweige sind Rum, Zucker und Tourismus. Auf der Insel werden viele verschiedene Rum-Typen mit unterschiedlichen Aromen und Eigenschaften hergestellt. Die bekannteste Brennerei ist *„Mount Gay Distilleries Limited"* die im

Jahr 1663 von „William Gay" gegründet wurde. Die Rums aus dieser Brennerei werden ausschließlich aus Melasse hergestellt. Auf dem Etikett von Mount Gay sieht man einen Schriftzug „a.y. Ward". Es sind die Initialien des Verschnittsmeisters „Audrey Ward".
Hier sind die verschiedenen Produkte der Destillerie:

Mount Gay
Mount Gay Eclipse Barbados Rum
Mount Gay Eclipse Barbados Rum ist über zwei Jahre in Eichenfässern aus Kentucky gereift. Er ist goldfarben und schmeckt weich, leicht süß-fruchtig mit harmonischen Aromanuancen von Eichenholz, Vanille und fruchtigen von Aprikose und Banane.
Der Alkoholgehalt ist 40% vol.
Mount Gay Eclipse White Barbados Rum
Dies ist ein zwei Jahre gereifter Rum, der durch Filterung enfärbt wurde. Er ist ein weißer Rum mit leichtem Körper, einzigartigem Bouqet, leicht rauchig, voller Harmonie von Aromanuancen aus Banane, Zuckerrohr und Noten von Zitrone und Pfefferminze.
Der Alkoholgehalt ist 40% vol.
Mount Gay Rum Extra Old
Seine Farbe ist Bernstein.Er reift über mehrere Jahre in Kentucky-Eichenfässern. Die Aromen von Banane, gerösteten Kaffeebohnen, gefolgt von Vanille und warmen Gewürzen machen aus ihm einen hervorragenden Rum.
Der Alkoholgehalt ist 43% vol.
Mount gay Rum 1703 Old Cask Selection
Mount gay Rum 1703 Old Cask Selection ist ein Blend aus bis zu 30 Jahre alten Destillaten. Er hat eine dunkle Bernstein-Farbe. Wie der Name andeutet, wurde dieser Mountgay Rum im Jahr 1703 zum ersten Mal gebrannt. Er schmeckt holzig, weich, warm fruchtig, leicht rauchig mit einer Karamell-Note und kurzem, leichtem Abgang.
Der Alkoholgehalt ist 43% vol.

Weitere Rums der Insel:
Plantation Barbados Grande Reserve Aged 5 years bottled by Pierre Ferrand
Er ist ein fünf Jahre alter Rum. Er schmeckt holzig, fruchtig mit Aromanuancen von Vanille, frischen Blumen und Geschmacksnoten von Zartbitterschokolade und fischer Melasse.
Der Alkoholgehalt ist 40% vol.

Plantation Barbados Extra Old 20th Anniversary
Es handelt sich hier um die Nobel-Marke der Firma, zum 20. Jubiläum kreiert. Er ruht und reift zuerst in Bourbonfässern auf der Insel und danach in den Kellern von „Chateau de Bonbonnet" in kleinen Cognac-Fässern. Ein Alterungsprozess, der „Double Aging" heißt. Plantation 20th Rum ist ein Verschnitt aus 12-jährigen und älteren Rums. Er hat eine Bernstein-Mahagoni-Farbe mit Aromanuancen von Vanille, Nüssen, Früchten und Honig. Die Geschmacksnoten von gebackenen Bananen, trockenen Früchten, mit leichter Süße ergänzen sich perfekt. Er schmeckt harmonisch mit einem langanhaltenden Nachklang.
Der Alkoholgehalt ist 40% vol.

Auf Barbados werden zahlreiche Rummarken hergestellt, die jedoch in Deutschland nicht sehr populär sind.

Trinidad und Tobago

Trinidad und Ihre kleine Schwesterinsel sind die südlichen Karibikinseln. Die Hauptstadt der Insel ist Port of Spain. Die beiden Inseln liegen vor der venezolanischen Küste. Nördlich von Port of Spain ist das Land bergig, südlich der Stadt breitet sich die Küste aus. Die Amtssprache der Insel ist Englisch. Die Rums auf der Insel werden aus Melasse hergestellt.

Angostura
Angostura Bitters Limited ist die bekannteste Destillerie auf Trinidad, die im Jahr 1875 gegründet wurde. Es war Dr. Siegert, der 1820 während seines Dienstes als Chefarzt im venezolanischen Militärkrankenhaus das Rezept des Bitter-Likörs „**Angostura**" kreierte. 1850 sagte er dem Millitärdienst Adieu, um sich ausschließlich um die Vermarktung seines Bitter-Likörs zu kümmern. 1875 verlegten seine Söhne den Sitz des Unternehmens von Venezula nach Trinidad. Der Urenkel Siegers versuchte die Qualität der Herstellung noch zu verbessern und eigenen Rum und Alkohol zu destillieren.
Trinidad Distillers und Fernandes Distillers gehören beide zur Angostura Holding.

Angostura Dark Rum 7 Years Angostura Distillers
Er ist ein aromatischer sieben-jähriger Rum, der in Bourbon-Fässern gereift wird. Die Farbe ist Kupfer. Er schmeckt würzig, mit Noten von Honig und Toffee und einer leichten Süße, begleitet von Aromen wie Vanille, Eiche und Schokolade.
Der Alkoholgehalt ist 40% vol.
Angostura 1919 Premium Rum Angostura Distillers

Angostura 1919 Premium Rum ist ein Muß für Rumgenießer. Im Jahr 1932 wurde der Sitz des Rumverbandes ausgebrannt und der damalige Brennmeister der Destillerie kaufte die verkohlten Fässer, gefüllt mit dem Rum aus dem Jahr 1919. Als Erinnerung ist dieser 8-jährige Rum, der über Jahre in Bourbon-Fässern ruht, kreiert worden. Er überzeugt mit seinen Vanille-, Karamell-, Gerösteten Apfel- und Kakao-Aromen, begleitet von dem leicht würzigen und komplexen Geschmack. Der Angostura 1919 hat einen langen rauchigen Abgang. Die Farbe ist Bernstein.
Der Alkoholgehalt ist 40% vol.

Angostura White Oak Angostura Distillers
Er ist ist leicht-fruchtiger Rum mit Geschmacksnoten von Banane und Aprikose, mit leichter Süße und klarer Farbe. Er eignet sich gut zum Mixen.
Der Alkoholgehalt ist 37,5% vol.
Weitere Abfüllungen des Unternehmens:

Angostura Single Barrel

Angostura Gold Oak

Forres Park Puncheon Rum Fernandes
Er ist ein hochprozentiger Rum mit einer schönen Dunkelbernstein-Farbe. Er reift in Eichenfässern, schmeckt würzig, röstig nach Kakao und Kaffeebohnen. Er eignet sich gut zum Mixen.
Der Alkoholgehalt ist 75% vol.
Forres Park Rum gibt es auch als weißen Rum mit ebenfalls 75% Alkoholgehalt.
Weitere Rums der Insel sind:

Vat 19° Fernandes

Black Label Rum Fernandes

Puerto Rico

Puerto Rico, bestehend aus der Insel Puerto Rico und acht kleineren Inseln, liegt westlich der britschen Jungferninseln und östlich der Dominikanischen Republik. Puerto Rico ist die kleinste Insel der Großen Antillen, dazu gehören auch Kuba, Jamaika und Hispaniola. Die Landschaft der Insel ist sehr vielfältig, es gibt hohe Berge, Regenwälder und natürlich die Küste. Die insel hat ein heißes, tropisches Klima mit einer Durchschnittstemperatur zwischen 25°-29°C .
Die Hauptstadt heißt San Juan. Die Amtsprachen der Insel sind Englisch und Spanisch. Die Bewohner von Puerto Rico sind Bürger der USA.

Bacardi
Auf Puerto Rico wird der sehr bekannte Rum „Bacardi" hergestellt. Bacardi, die größte Destillerie der Welt hat ihren Sitz in San Juan. Der Gründer der Firma war

Facundo Bacardi Masó, der Anfang des 18. Jahrhunderts mit seiner Familie nach Kuba zog, das damals unter spanischer Krone stand. Er verfeinerte den Geschmack des bis dahin vorhandenen Rums auf Kuba durch neue Verfahrenswege und destillierte einen leichteren und weicheren Rum, den Bacardi. Nach der kubanischen Revolution und der Machtübernahme durch Fidel Castro und die daraus resultierende politisch instabile Lage auf Kuba wurde das Bacardi-Unternehmen an den heutigen Standort verlegt.
Alle Bacardi-Rums sind Verschnitte, die aus Melasse hergestellt werden.

Bacardi Superior
Bacardi Superior ist ein ein Verschnitt aus leichten Rums, die über ein Jahr in Eichenfässern gereift und durch Filterung entfärbt wurden. Er schmeckt weich und leicht mit Noten von Vanille und Aprikose. Der Abgang ist weich und trocken.
Bacardi White eignet sich gut zum Mixen, auch als Long Drink (z.B. für Bacardi Cola) ist er sehr gut geeignet.
Der Alkoholgehalt ist 37,5% vol.

Bacardi Gold
Bacardi Gold ist ein 3 Jahre in ausgebrannten weißen Eichenfässern gereifter Rum mit 37,5% und 40% Alkoholgehalt. Er schmeckt aromatisch, weich mit Noten von Aprikose und Vanille und einem holzigen Abgang. Er eignet sich zum Mixen oder pur Trinken.

Bacardi Black
Er ist über 4 Jahre in ausgebrannten weißen amerikanischen Eichenfässern gereift. Die Farbe ist Bernstein. Bacardi Black ist sehr aromatisch und weich mit Geschmacksnoten von Vanille, Pflaume und tropischen Früchte mit einem holzigen Abgang und Muskatnussnuance.
Der Alkoholgehalt ist 37,5% vol.

Bacardi 151°
Er ist ein hochprozentiger (Overproof) Rum mit einer goldenen Farbe, die duch Einlagerung in Eichenfässern entsteht. Bacardi 151° mit seinen Noten von Aprikose, tropischen Früchten, Walnuss und Vanille ist das richtige Produkt zum Mixen von kräftigen Drinks.
Der Alkoholgehalt ist 75,5% vol..

Bacardi Ron 8 Anos
Er ist ein Blend aus acht Jahre in amerikanischen Eichenfässern gereiften Rums. Er hat Geschmacksnoten von Vanille und tropischen Früchten mit einem holzigen, würzigen Abgang. Er ist ein Rum zum Genießen.
Der Alkoholgehalt ist 40% vol.

Bacardi Limón
Er ist ein aromatisierter Rum. Bacardi Limón ist mit Frucht-Aromen verfeinert und schmeckt nach Limone, Zitrone und Limette. Bacardi Limón trinkt man pur-auf Eis oder eiskalt.
Der Alkoholgehalt ist 32% vol.

Bacardi Razz
Bacardi Razz ist ein aromatisierter weißer Rum. Er ist mit Fruchtaromen verfeinert und schmeckt nach Brombeeren und Himbeeren. Bacardi Razz trinkt man pur-auf Eis oder zum Mixen.
Der Alkoholgehalt ist 32% vol.

Weitere Produkte aus Puerto Rico:
Destillerie Serrallés
Don Q Rum Cristal
Er ist ein weißer Rum, der leicht süß und frisch schmeckt mit Noten von Vanille, Zitone.
Der Alkoholgehalt ist 37,5% vol.

Don Q Rum Gold
Don Q Rum Gold ist ein fünf Jahre alter Rum, der in Eichenfässern gereift wurde. Er hat eine goldene Farbe mit Noten von Vanille, tropischen Früchten und einer leichten Rauchigkeit.
Der Alkoholgehalt ist 40% vol.

Don Q Rum Anejo
Er ist ein Blend von bis zu 9 Jahre lang gereiften Rums. Die Farbe ist Bernstein und der Geschmack vollmundig mit Aromanuancen von Schokolade, Kakao und Vanille, leicht rauchig. Er schmeckt weich, würzig mit leichter Eichennote.
Der Alkoholgehalt ist 40% vol.

Dominikanische Republik

Die „Dominikanische Republik" ist eine wichtige Insel für Rum-Liebhaber. Der bekannte Brugal Rum wird nämlich auf der Insel hergestellt. Die Dominikanische Republik ist der östliche Teil der Insel Hispaniola, der westliche und kleinere Teil ist der Staat Haiti. Die Hauptstadt heißt „Santo Domingo" und die Landessprache ist spanisch.
Die Dominikanische Republik hat ein tropisches Klima mit einer hohen Luftfeuchtigkeit. Zu den Export-Produkten gehört neben Kakao, Kaffee, und Bananen auch Rum.

Brugal

Die „**Destillerie Brugal**" befindet sich an der Nordküste, in „Puerto Plata", wo die Brugal-Rums gereift und abgefüllt werden. Puerto Plata ist eine wichtige Hafenstadt. „Senior Don Andres Brugal Mantaner" war der Gründer der Destillerie, ein spanischer Einwanderer auf Kuba, der später, Mitte des 19. Jahrhunderts, in die Dominikanische Republik zog und an der Nordküste des Landes die Brugal Destillerie gründete.

Folgende Rums werden von der Brugal Destillerie hergestellt:
Brugal Ron Blanco
Er ist ein weißer Rum, der ein Jahr in Eichenfässern reifte und seine transparente Farbe durch Filterung erhält. Er hat vollen Körper. Die Duft-Nuancen sind harmonisch, würzig und floral mit Noten von Kokosnuss und Eiche mit einem angenehmen Nachklang. Brugal Blanco eignet sich gut zum Mixen.
Der Alkoholgehalt ist 38% vol.
Brugal Ron Carda Dorada
Er reift über 2 Jahre in Eichenfässern. Seine Farbe ist dunkel-Gold. Er schmeckt würzig mit fruchtigen Noten wie Feige. Die Aromen sind weich und holzig mit Nuancen von Vanille und Karamell. Der Nachklang ist angenehm anhaltend.
Der Alkoholgehalt ist 38% vol.
Brugal Ron Extra Viejo
Er ist ein Verschnitt aus 3 bis 8-jährigen Rums. Die Farbe ist dunkel-Bernstein. Die Duftnoten sind komplex, vor allem holzig mit Nuancen von trockenen Früchten, begleitet von würzigen Noten. Er schmeckt elegant-würzig. Der Abgang ist angenem und weich.
Der Alkoholgehalt ist 38% vol.
Brugal Ron Anejo
Er reift zwischen 2 und 5 Jahre in Eichenfässern. Die Farbe ist hell-Bernstein. Die Düfte sind harmonisch mit Noten von Schokolade und Kakao. Er schmeckt holzig mit einem weichen, angenehmen Nachklang.
Der Alkoholgehalt ist 38% vol.

Weitere Rums aus der Dominikanischen Republik :
Ron Bermúdaz (verschiedene Alter)
Ron Barcelo (verschiedene Alter)

Jamaika

Jamaika ist eine karibische Insel mit einem tropischen Klima. Im Norden der Insel sind die „Blue Mountains" mit mehr als 2000 m Höhe. Woran denkt man, wenn man an Jamaica denkt? An Reggae-Musik, an Rum, Sonnenschein und schöne Strände. Tatsächlich gibt viele leckere und aromatische Rums auf der Insel.
Die Amtsprache ist Englisch. Die Wirtschaftszweige des Inselstaates sind Tourismus, Zuckerrohr, Bananen, Kaffee, Kakao und Rum. Die Hauptstadt Jamaikas ist „Kingston".
Die wichtigste Brennerei auf der Insel ist **Wray & Nephew**, die 1825 von „John Wray" gegründet wurde und von „Charles James Ward", seinem Neffen, ab 1860 weitergeleitet wurde. Die Wray & Nephew Destillerie erhielt mehrere internationale Preise und Auszeichnungen für ihre hervorragenden Rums.
Das sind die Produkte der Destillerie:

Appleton
Appleton Rum White Classic
Er ist ein Blend, der nach Lagerung in Eichenfässern durch Filterung entfärbt wurde. Er schmeckt leicht fruchtig mit Aromanuancen von Kokosnuss, Birne, Lychee und Vanille mit einem sauberen Abgang.
Der Alkoholgehalt ist 40% vol.

Appleton Special Rum Gold
Er ist ein goldfarbener Blend. Die Farbe ist durch die Reifung in Eichenfässern enstanden. Er schmeckt würzig mit Vanillennoten und Aromen von Ingwer und Muskatnuss mit einem langen Abgang.
Der Alkoholgehalt ist 40% vol.

Appleton Estate Rum Extra 12 Years
Seine Farbe ist Bernstein. Er ist ein Verschnitt aus 12 bis 20-jährigen Rums. Der 12-jährige Appleton hat Noten von Walnuss, Muskatnuss, Orangenschale, Vanille, Kaffee, Kakao, frischer Melasse und Mandeln. Er hat einen bittersüßen Abgang und hinterlässt Aromen von Karamell und Butter am Gaumen.
Der Alkoholgehalt ist 43% vol.

Appleton Estate Rum 21 Years
Er ist ein Verschnitt aus Rums, die mindestens 21 Jahre im Fass gereift wurden. Die Farbe ist dunkelrot-Bernstein. Der 21 Jahre alte Appleton ist ein fantastischer Rum mit Geschmacksnoten von warmem Kaffee, Muskatnuss, Kakao und frischer Orangenschale. Am Gaumen schmeckt er nach frischer Melasse und Eiche mit Aromennuancen von Nüssen, Vanille, Mandeln und Orangen.

Der Alkoholgehalt ist 43% vol.

Appleton Estate Exclusive
Er ist ein Verschnitt aus best ausgewählten alten Rums. Dieser Rum ist nur bei einem Besuch der Destillerie auf Jamaica und Beteiligung an der „Appleton Estate Rum Tour", zu genießen. Er ist ein „Luxus Rum" mit einer schönen Bernstein-Farbe. Aromanuancen von Eiche, Vanille, Orangenschalen und Geschmacksnoten von süßen Früchten mit einem glatten, langen Abgang begeistern den Gaumen und die Nase.

Appleton Estate Master Blenders Legacy
Er ist ein Verschnitt aus best ausgewählten Rums dreier Generationen, die von 18 bis 30 Jahre alt sind. Die Farbe ist Mahagoni. Er begeistert mit seinen tiefen Aromen von geröstetem Eichenholz, einem Hauch von Zitrusfrüchten und Gewürzen, gebackener Birne, Orangenschale, Ingwer und Vanille.
Der Alkoholgehalt ist 43% vol.

Appleton Estate V/X
Er ist ein Verschnitt aus 5 Jahre alten Rums, die in kleinen Eichenfässern gereift wurden. Mit einer hellen Bernsteinfarbe und Aromanuancen von Aprikose, frischem Pfirsich und Orangenschale überzeugt er die Nase. Die Geschmacksnoten erinnern an Früchte, geröstete Süße und Zuckermelasse.
Der Alkoholgehalt ist 40% vol.

Appleton 30 Years Old
Er ist ein Verschnitt aus ausgewälten 30 Jahre alten Rums.

Captain Morgan Rum Company

Ein der bekanntesten Rumhersteller auf Jamaika ist die Rum-Destillerie „Captain Morgan".
„Henry Morgan" war ein junger Mann aus Wales, im Jahr 1635 geboren, der seine Heimat in Richtung karibische Inseln verließ. Er schloß sich Piraten an und kämpfte gegen Spanien, bis er im Jahr 1665 zum Vizekommandat einer Gruppe Bukaniere (Freibeuter) im englisch-holländischen Krieg befördert wurde. Seine ersten Eroberungen war die Einahme von Puerto Principe auf Kuba und Portobello auf Panama. 1674 wurde er von König Charles II zum Ritter geschlagen. Im Jahr 1680 war Sir Morgan ein Plantagenbesitzer und der Gouverneur auf Jamaika. Er lebte hier bis zu seinem Tod im Jahr 1688.
„Sam Bronfman", Präsident der Seagram´s Drinks Company gründete im Jahr 1945 die „Captain Morgan Company". Das Motiv für seinen Schritt war die Faszination von den aromtischen jamaikanischen Rums. Für die Herstellung seiner Rums verwendete er uralte Famillienrezepturen. Zum Reifen werden noch heute Bourbonfässern aus amerikanischer Weißeiche verwendet. Die Fässer setzen

Karamellzuckeraromen, Tannin und Vanillin frei und mildern so den Geschmack des Rums und geben ihm eine besondere Weichheit.

Captain Morgan Black Rum
Er ist ein Verschnitt aus Rums aus Jamaika, Guyana und Barbados, die in amerikanischen Eichenfässern gelagert wurden. Der dunkelfarbige Rum ist reichhaltig, schmeckt süß und melassig mit fruchtigen Noten. Der Abgang ist intensiv, süß und anhaltend.
Der Alkoholgehalt ist 40% vol.

Captain Morgan Original Spiced Gold
Die Farbe ist Bernstein. Er ist ein Verschnitt aus verschiedenen karibischen Rums. Er reift in amerikanischen Bourbonfässern. Captain Morgan Gold schmeckt würzig, aromatisch, leicht süß mit Noten von Vanille und Zimt. Der Nachklang ist weich, anhaltend.
Der Alkoholgehalt ist 35% vol.

Weitere Rums aus Jamaika:
Coruba 12 Years Old Wray & Nephew
Seine Farbe ist gold. Er schmeckt würzig, holzig und rund.
Der Alkoholgehalt ist 40% vol.

Coruba 25 Years Old Wray & Nephew
Er ist ein Verschnitt aus 25 Jahre lang gereiften Rums mit einer schönen Bernstein-Farbe. Er schmeckt weich mit Noten von Schokolade, Vanille und trockenen Früchten. Er hat einen langen Nachklang mit leichter Süße.
Der Alkoholgehalt ist 40% vol.

Wray & Nephew White Overproof
Er ist ein ungereifter weißer Rum mit 62,8%. Er ist sehr gehaltvoll mit fruchtigen Geschmacksnoten.

Myers´s Jamaica Rum Fred L. Myers & Son
Er ist ein dunkelbrauner Rum aus Kingston auf Jamaica. Er ist ein Verschnitt aus bis zu 9 verschiedenen Rums und reift über 4 Jahre in weißen Eichenfässern. Er ist körperreich und sehr aromatisch mit Aromanuancen von Zeder, Tabak, Schokolade und Nelken. Er besitzt einen langen, leicht süßen Abgang. Myers´s Rum ist der ideale Bestandteil des Planterpunch.
Der Alkoholgehalt ist 40% vol.

Kuba

Kuba ist die großte karibische Insel und liegt ca. 200 km weit von der Ostküste von Mexiko entfernt. Wenn man an Kuba denkt, denkt man automatisch an Zigarren, „Buena Vista Social Club", Bunte Oldtimer, leckere Rums und kubanische Musik. Die Hauptstadt der Insel ist Havanna, deren Altstadt zum Weltkulturerbe erklärt wurde.1956 kam es zu einer Revolution durch Fiedel Castro Ruz, seit 1959 ist Kuba eine sozialistische Republik. Einer der schönsten Orte auf Kuba ist der Badeort Varadero, der über 120 km weit entfernt von der Hauptstadt Havanna ist. Der amerikanische Unternehmer „Irénée du Pont" baute in den 30er- Jahren die ersten Hotels und Varadero mit seinen schönen weißen Sandstränden gewann ständig an Popularität und Beliebheit bei amerikanischen Urlaubern. Al Capone hatte eine Villa dort. Unter den vielen Prominenten lebte auch der bekannte amerikanische Schriftsteller Ernest Hemingway für lange Zeit auf Kuba und verbrachte seinen Urlaub in Varadero. Er schrieb sein weltbekanntes Werk „Der alte Mann und das Meer" im Jahr 1951 auf Kuba. Einer seiner Lieblingsdrinks war der Daiquiri.

Die kubanische Revolution änderte aber vieles, nicht nur die Hotels und kompletten Anlagen wurden verstaatlicht, sondern auch die Zigarren- und Getränke-Unternehmen. Das Ergebnis war, dass viele Unternehmen, darunter auch viele Rum-Hersteller, auf Nachbarinseln auswanderten. Eine dieser Firmen war „Bacardi", die im Jahr 1959 nach Puerto Rico verlegt wurde. Ein Unternehmen, das jedoch immer noch auf Kuba einen der besten und bekanntesten Rums aus kubanischer Melasse herstellt ist „**Havanna Club**" mit Sitz in der Hauptstadt. Ein weiterer bekannter Rum aus Varadero ist „**Varadero Ron**".

Havanna Club

Havanna Club Ron ist der bekannte traditionelle Rum aus der Hauptstadt Havanna. Er ist ein Verschnitt aus verschiedenen Rums verschiedener Altersklassen, die in Eichenfässern gereift wurden. Havanna Club ist ein Destillat aus kubanischer Melasse. Das Havanna Club-Sortiment ist sehr groß, vom jungen Anejo Blanco bis zum rangältesten Máximo Extra Anejo.

Havana Club Anejo Blanco

Er ist ein Verschnitt aus über 18 Monte in Eichenfässern gereiften Rums. Er schmeckt leicht, weich, sanft nach frischer Zuckermelasse. Er ist klar mit leichten Aromen von Vanille, Kirsche und Kakao. Havana Club Blanco eignet sich gut zum Mixen oder auch als Long Drink.

Der Alkoholgehalt ist 37,5% vol.

Havana Club 3 Anos

Er ist ein Verschnitt aus 3 Jahre alten Rums, gereift in weißen Eichenfässern. Die Farbe ist Gold und der Geschmack würzig, rauchig mit Schokolade-Vanille-Noten und Aromanuancen von karamellisierten Birnen, Banane und geräucherter Eiche. Havana Club 3 Anos eignet sich sehr gut zum Mixen und auch als Long Drink. Ich verwende ihn zum Mixen von Daiquri, Cuba Libre oder Mojito.
Der Alkoholgehalt ist 40% vol.

Havana Club Anejo 7 Anos

Er ist ein Verschnitt aus 7 Jahre alten Rums, gereift in weißen Eichenfässern. Die Farbe ist Mahagoni und der Geschmack kräftig und komplex. Er begeistert mit seinen Aromanuancen von Kakao, Vanille, Zedernholz, süßem Tabak und karamellisierten Tropenfrüchten. Havana Club Anejo 7 Anos schmeckt sanft, würzig mit einem abgerundeten, intensiven Abgang.
Der Alkoholgehalt ist 40% vol.
Ich würde empfehlen ihn pur zu genießen. Natürlich ist es aber keine Schande ihn als Zutat zum Mixen eines Mojito oder Cuba Libre zu verwenden.

Havana Club Anejo Especial

Er ist ein goldener Rum, ein Verschnitt aus bis zu 5 Jahre in Eichenfässern gereiften Rums. Er ist ein Blend aus jüngeren weißen und älteren kräftigen Rums. Er schmeckt intensiv und komplex mit einem einheitlichen Abgang. Die Aromen hinterlassen frische Zuckermelasse, Vanille, Honignuancen und leichte rauchige Akzente. Er eignet sich gut zum Mixen. Der Alkoholgehalt ist 40% vol.

Havana Club Cuban Barrel

Er ist ein Verschnitt aus verschiedenen Rums, jüngeren und auch edleren, die über 10 Jahre in verschiedenen Eichenfässern gereift wurden. Er ist ein „Sipping Rum" mit einem besonderen Reifungskonzept. Er begeistert nicht nur mit seiner Bernsteinfarbe, sondern auch mit seinen Aromanuancen von gerösteten Pekannüsse, Gewürzen, Kaffee, Kakao und Tabak. Er schmeckt ausgewogen, würzig, rauchig, nach karamellisierten Früchten und Eiche. Er ist ein Rum zum Genießen.
Der Alkoholgehalt ist 45% vol.
 Am besten soll er pur serviert werden.

Havana Club Anejo 15 Anos

Er ist ein Blend aus augewählten Rums, die bis zu 15 Jahre in Eichenfässern gereift wurden. Er schmeckt leicht süß nach Honig, Birne, getrockneten und frischen Früchten mit einem weichen, sanften Abgang und Aromen von frischen Früchten und Schokolade.

Der Alkoholgehalt ist 40% vol.

Havana Club Máximo Extra Anejo
Er ist das Higlight der Firma „Havana Club", ein edler Verschnitt aus den ältesten Rums der Brennerei, die in Eichenfässern über Jahre eingelagert wurden. Havana Club Máximo ist ein außergewöhnlicher Rum, abgefüllt in einer außergewöhnlichen Kristallkaraffe. Er überzeugt mit seiner Bernsteinfarbe und seinen gehaltvollen, edlen und intensiven Aromen. Er beeinduckt mit seinen, süß-trockenen, schokoladigen, leicht holzigen, Vanille-Geschmacksnoten und einem warmen, lang anhaltenden Abgang. Havana Club Máximo Extra Anejo ist der Weg zum Paradies.
Der Alkoholgehalt ist 40% vol.

Varadero Rum

„Varadero Rum Distillery", an der südöstlichen Küste Kubas gelegen, ist eine der bekanntesten Rum-Brennereien der Insel. 1862 gegründet, ist sie die älteste Destillerie auf Kuba.

Ron Varadero Anejo 3 Anos
Er ist ein Verschnitt aus 3 Jahre in Eichenfässern gereiften Rums. Er schmeckt mild, leicht fruchtig mit einer goldenen Farbe. Ron varadero 3 Anos eignet sich gut zum Mixen.
Der Alkoholgehalt ist 40% vol.

Ron Varadero Oro 5 Anos
Er ist ein Blend aus 5 Jahre in Eichenfässern gereiften Rums. Er schmeckt komplex, fruchtig, zitronig mit Aromanuancen von karamellisierten Früchten, Honig, Zimt mit einem leichten Abgang. Die Farbe ist Bernstein.
Der Alkoholgehalt ist 40% vol.
Ron Varadero 5 Jahre Alt serviert man pur, auf Eis oder zum Mixen.

Ron Varadero 7 Anos
Er ist ein 7 Jahre gereifter Verschnitt mit einem weichen Geschmack, mit Aromen von Vanille und Karamell und mit einem leicht süßen Abgang.
Der Alkoholgehalt ist 40 % vol.
Ihn serviert man am besten pur.

Ron Varadero Gran Reserva Anejo 15 Anos
Er ist das Spitzenprodukt der Firma, ein Verschnitt aus 15-jährigen Rums, ausgewählt aus besten Eichenfässern. Er schmeckt weich, leicht süß, würzig und nussig. Der 15-jährige Rum begeistert mit seiner dunklen Bernsteinfarbe.
Der Alkoholgehalt ist 38% vol.

Guatemala

Guatemala ist ein Staat in Zentralamerika. Im Südosten hat das Land gemeinsame Grenzen mit Honduras, im Süden mit El Salvador und im Norden mit Mexiko. Guatemala hat im Osten Zugang zum karibischen Meer und im Südwesten zum Pazifik.
Das Klima ist unterschiedlich. An der Küste und im Flachland herrscht feuchttropisches Klima und im Hochland ist das Klima sehr mild und angenehm mit viel Regen zwischen Mai und Oktober. Die Hauptstadt des Landes ist „Guatemala-Stadt".

Ron Zacapa
„Ron Zacapa" ist ein hervorragender Rum aus Guatemala. Der Rum hat europäische Wurzeln. Das Aging(Reifung) findet in verschiedenen Fässern statt, wie Bourbon, Sherry und Pedro-Ximenez. Die Fässer werden nach dem klassischen spanischen Solera-Verfahren (Andalusien-Sherry) übereinander gestapelt und in 2.300 Metern über dem Meeresspiegel in den Zacapa Rum-Lagerräumen gelagert. Die natürlich kühle Luft, die verschiedene Fässer, in denen der Rum reift, beeinflusst, verändert die Eigenschaften des Zuckerrohrs.
„Ron Zacapa" ist ein „Agricole Rum", das bedeutet aus 100% Zuckerrohrsaft.

Ron Zacapa 23 Solera System
Er gewann im Jahr 1998 auf Barbados in der Premium-Kategorie der Rum-Verkostung den „Gold-Award". Er schmeckt fruchtig mit feinen Noten von Holz, Vanille, Karamell und Schokolade mit einer natürlichen Süße. Die Flasche ist mit einer Bandrole aus Blättern der Königspalme umrahmt.
Der Alkoholgehalt ist 40% vol.

Weitere Abfüllungen des Unternehmens:
Ron Zacapa 15 Solera System
Ron Zacapa Centenario XO

Cachaça

Heutzutage kennt fast jeder „Cachaca", den brasilianischen Nationalbrand, den man zum Mixen von Caipirinha verwendet. „Caipirinha" ist ein brasilianisches Mixgetränk aus Limette, Rohrzucker und Cachaca, seit Jahren trendig und in. Cachaca wird aus Zuckerrohrsaft hergestellt und hat einen Alkoholgehalt zwischen 38 und 48%. Cachaca wird ausschließlich aus dem Saft des reifen, grünen Zuckerrohrs gebrandt. Der Brand wird entweder als „Prata" (ungelagert) auf den Markt gebracht, oder als „Envelhecida" (gereifter), d.h. mindestens ein Jahr in Holzfässern verschiedener Qualitäten gelagert.

In Brasilien werden zwei verschiedene Methoden zum Herstellen von Cachaca verwendet, „industrielle" Herstellung oder „traditionelle". Die traditionelle wird durch kleine Brennereien durchgeführt, der Zusatz von jeglichen Chemikalien ist verboten. Der Brand ist für den lokalen Markt gedacht. Bekannte Labels sind: **Delicana, Armazem Vieira** und **Serra das Almas**.

Im Gegenteil dazu werden bei der industriellen Herstellung zur Beschleunigung des Herstellungsprozesses Zusatzstoffe und Hilfsmittel eingesetzt. Die bekannten Labels in Europa wie **Pitu, Canario, Nega Fulo, Berro** und **Cachaca 51** werden industriell hergestellt.

Wir wissen schon, dass „Rhum Agricole" von den französischen Inseln der Karibik auch aus 100% Zuckerrohrsaft hergestellt wird. Cachaca wird jedoch zwischen 38 und 48% destilliert, während „Rhum Agricole" mit über 70% destilliert wird. Außerdem darf nur ein Zuckerrohrbrand aus Brasilien „Cachaca" genannt werden. Wenn es um den Geschmack und die Eigenschaften geht, unterscheiden sich die Rhum-Agricole-Brände der verschiedenen Destillerien der französischen Inseln sehr stark vom Cachaca.

Cachaca Berro d´Agua

Er ist ein industrieller Brand der Firma Diago. Er ist ein ungelagerter Cachaca, der zweifach destilliert wurde. Die Farbe ist klar und der Geschmack durch Zusatz von Zucker leicht süßlich. Er ist ziemlich weich mit einem langen, warmen Abgang. Cachaca Berro gibt es nur als 0,7 Liter Flasche mit viereckiger Form.
Der Alkoholgehalt ist 40% vol.

Cachaca 51

Dieser Cachaca aus dem Bundesstaat Sao Paulo ist vielleicht der beste industriell hergestellte Cachaca. Sein Geschmack wurde ebenfalls durch den Zusatz von Zucker nachgebessert. Er ist ungelagert und besitzt eine klare Farbe. Der Geschmack ist leicht süß mit Aromen von Zitrone und Banane.
Der Alkoholgehalt ist 40% vol.

Mit Sicherheit ist Cachaca 51 der richtige Brand zum Mixen der leckeren Caipirinhas.

Cachaca Canario
Er ist ein zweifach destillierter, industriell hergestellter Brand aus dem Hause Fazenda Soledade im Bundesstaat Rio. Das Unternehmen wurde im Jahr 1827 gegründet. Canario Cachaca riecht nach frischem Zuckerrohrsaft, zitronig aber auch streng. Die Farbe ist kristallklar. Das Label ist grün-gelb und errinert an die brasilianische Flagge.
Der Alkoholgehalt ist 40% vol.

Cachaca Pitu
Pitu ist der meist verkaufte Cachaca auf dem deutschen Markt. Die Flasche ist leicht zu erkennen durch die Süßwasserkrabbe auf dem Etikett, die dem Cachaca seinen Namen gab. Der Herkunftsort von Pitu ist der Bundesstaat Pernambuco. Seit 1938 wird „Pitú" von dem Unternehmen „EngarrafamentoPitÚ" hergestellt und seit 1972 wird er in Deutschland verkauft.
Cachaca Pitu schmeckt nach frischem Zuckerrohrsaft, leicht zitronig mit einem langen anhaltenden Abgang. Pitu ist ein industrieller Brand mit klarer Farbe.
Der Alkoholgehalt ist 40% vol.

Nega Fulo
Er ist ein Produkt der Destillerie „Fazenda Soledade" aus dem Bundesstaat Rio. Nega Fulo ist ein industriell hergestellter Cachaca, der wegen seines Geschmacks und der schönen Bastflasche, die an Zuckerrohr erinnerrt, überzeugt. Er schmeckt weich und mild, nach frischem Zuckerrohr und Zitrone.
Der Alkoholgehalt ist 41,5% vol.
Nega Fulo „Special Aged Reserved" ist ein 3 Jahre lang in Eichenfässern gereifter Brand. Die Farbe ist Gold und der Alkoholgehalt 43% vol.

Cachaca Mangaroca
Mangaroca ist ein industrieller Brand aus der Region Belo Horizonte im Bundesstaat Minas Gerais. Er ist ein milder, aromatischer Cachaca mit Zuckerrohrnote.
Der Alkoholgehalt ist 40% vol.

Cachaca Serra das Almas Gold
Er ist ein traditioneller Cachaca, der 3 Jahre in Fässern aus Holz des Guarapabaumes gereift wurde. Seine Heimat ist die Region „Chapade Diamantina"

in der Umgebung von „Rio de Contas". Er schmeckt intensiv nach Zuckerrohr mit Zitrone- und Holznoten, er ist fruchtig und der einzige Cachaca auf dem deutschen Markt mit „Bio-Siegel". Cachaca Serra das Almas gibt es auch als Silver und als ungereiften Cachaca.
Der Alkoholgehalt ist 37% vol.

Weitere Labels:
- **Ypioca Cachaca**
- **Amazem Vieira Rubi Cachaca**
- **Velho Cachaca**
- **Delicana Cachaca**

Weinbrände
-Cognac
-Armagnac
-Brandy
-Weinbrand

Cognac

Hennessy
BLACK
Hennessy
FINE COGNAC
XO
Hennessy
Hennessy
PARADIS
VSOP
COURVOISIER
XO
COURVOISIER
COURVOISIER
HINE
CIGAR RESERVE
HINE
RÉMY MARTIN
XO
RÉMY MARTIN
Léopold Gourmel
Léopold Gourmel
V.S.O.P
Jade
Otard
Otard
XO
Otard
XO
CARTE NOIRE
EXTRA
RENAULT
COGNAC
Léopold Gourmel

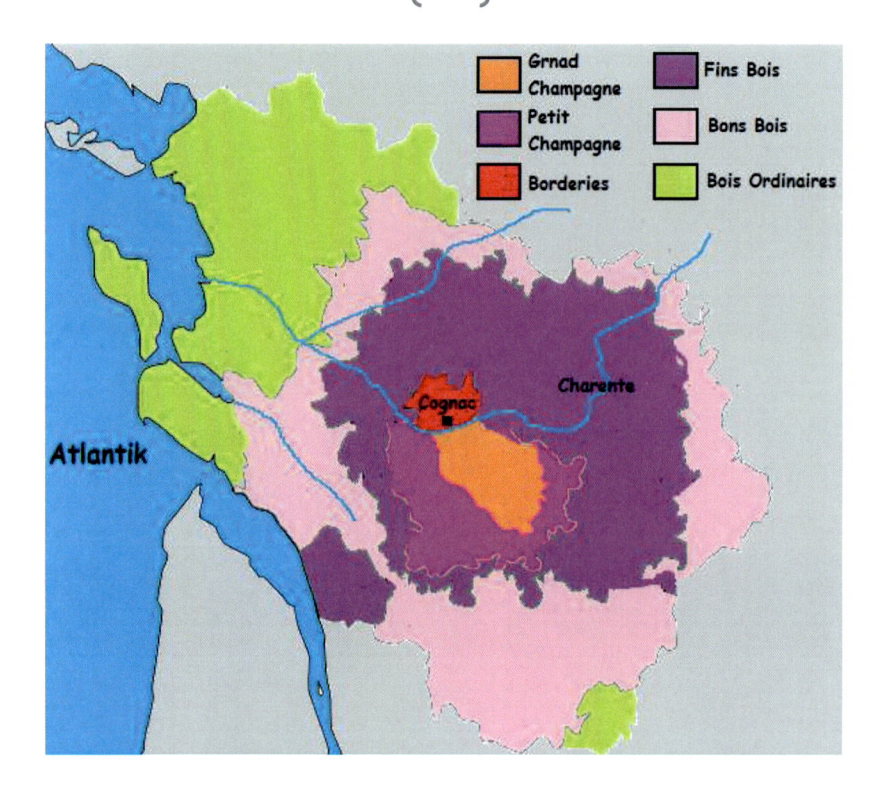

Herstellung und die Regionen

Weinbrand, wie der Name bereits sagt, ist ein Brand aus Wein und zwar ausschließlich aus weißen Trauben. „Cognac" heißt der Weinbrand aus Frankreich, genauer gesagt aus dem Gebiet, das sich entlang des Flusses „Charente" erstreckt. Ein großer Teil der Départements Charente, Charente Maritime, Deux-Sévres und Dogne gehören dazu. Die insgesamt sechs Cognac-Anbaugebiete sind:

Grande Champagne ist das beste Anbaugebiet für hervorragende Cognacs. Dieses Gebiet besitzt einen sehr stark kreidehaltigen Boden (gut für den Anbau des Cognacs durch den hohen Mineraliengehalt wie Kalziumkarbonat. Der kreidehaltige Boden speichert das Wasser, die Feuchtigkeit und die Wärme und gibt sie erst langsam wieder frei) und mildes Klima. Im nordwestlichen Teil liegt die Stadt „Cognac".

Petite Champagne ist das nächste Anbaugebiet und besitzt ähnliche Eigenschaften wie sein Nachbar, nämlich einen kreidehaltigen Boden. Petite Champagne ist von der Fläche her ist größer als Grande Champagne.

Borderies ist das zweitkleinste Anbaugebiet, auch mit einem kalkhaltigen Boden (aber nicht so intensiv wie bei Grande und Petite Champagne). Die erzeugten

Weinbrände haben blumige Aromen und eignen sich sehr gut zum Verschneiden. Die nächsten Anbaugebiete sind **Fins Bois**, **Bons Bois** und **Bois Ordinaires**. Die drei Bois-Anbaugebiete umgeben die Grande, Petite Champagne und Borderies. Die Bois-Anbaugebiete sind bewaldet und bringen etwas weniger als die Hälfte des für den Cognac verwendeten Trauben. Die Cognac-Anbaugebiete entlang des Flusses „Charente" haben die besten Eigenschaften für den Anbau der besten Trauben zur Herstellung von Cognac. Ein mildes Klima durch die Naähe zum Meer und ideale Bodeneigenschaften im Südwesten Frankreichs machen die Cognacgebiete perfekt zum Anbau der Trauben.

Die wichtigste Rebsorte der Cognac-Region ist eine weiße Traube, „**Ugni Blanc**", auch als „**St. Emilion**" bekannt. Aus dieser Traube wird ein trockener, säurehaltiger Wein hergestellt. Die nächsten wichtigen weißen Trauben zur Herstellung von Cognac sind „**Folle Blance**-Trauben", die säuerlich sind und „**Colombard**" mit geringer Säure. Andere weiße Trauben sind **Blance Ramé, Jurancon Blanc, Montil, Semillon** und **Select**. Laut dem Beschluss vom Mai 1936 sind 90%, das heißt die Haupt-Trauben: Ugni Blanc, Folle Blanche und Colombard. Die anderen gennanten Trauben machen die restlichen 10% aus. Cognac wird zweimal destilliert. Die Destillation muss bis zum 31. März des der Ernte folgenden Jahres abgeschlossen sein. Laut dem Beschluss von 1936 muss der zweifach destillierte Cognac maximal 72% Alkoholgehalt haben. Vorgeschrieben ist auch die mindestens 24-monatige Lagerung und Reifung des Cognacs in Holzfässern aus Limousin- oder Troncaiseiche. Die Lagerung und Reifung beim Cognac ist ein sehr wichtiger Prozeß, der über Jahre dauert. Die Qualität und der Geschmack des Weinbrandes werden durch das Ruhen in den Eichenfässern stark beeinflusst. Durch die langsame Oxydation wird der Cognac weicher und milder. Wichtig hierfür sind die Eigenschaften der Keller, in denen die Fässer gelagert werden, maßgeblich die Luftfeuchtigkeit und Art der Lagerung der Fässer. Auch die Qualität des Fassholzes spielt eine große Rolle. Der Cognac wird für eine begrenzte Zeit in den Holzfässern gereift, durch zu lange Reifung würde er holzig schmecken. Ein Cognac kann allerdings 40-50 Jahre durch die Reifung in Holzfässern profitieren. Die sehr altgereiften Cognacs werden als „Special Reserve" oder „Paradis" bezeichnet.

Zusatzstoffe sind außer destilliertem Wasser zum Verdünnen, Zucker (maximal 3Vol%) und Karamell zum Verbessern des Geschmacks und Standarisieren der Farbe.

Bezeichnung des Alters
- VS oder [***] bezeichnet einen Verschnitt, dessen jüngster Cognac 2,5 Jahre alt ist.

- VSOP (Very Superior Old Pale), VO (Very Old) und Réserve ist eine Bezeichnung für Cognacs mit mindestens 4,5 Jahre Reifungszeit.
- XO, Hors d´Age, Extra und Napoléon bezeichnen die Cognacs mit einer Lagerzeit von mindestens 6 Jahren.
- Die Bezeichnung Fine Champagne ist für einen Verschnitt aus den Anbaugebieten Petite und Grande Champagne mit mindestens 50% Weinen aus der Grande Champagne.

Camus

„Jean Baptiste Camus" war 1863 der Gründer des Unternehmens. Camus ist eines der größten Familien-Unternehmen mit einem Export in mehr als 140 verschiedene Länder. Camus bezieht seinen Weinbedarf zu fast 95% aus Ugni Blanc, der Rest ist Folle Blanche. Die Reifung findet in Allier- oder Troncaiseichenfässern statt.
Im Sortiment sind viele verschiedene Altersgruppen wie:

Camus V.S. ELEGANCE
Er ist leicht fruchtig, würzig mit einer goldenen Farbe. Er besitzt Holz, Vanille und Mandelnoten mit blumigen Aromanuancen von wilden Rosen und einen Hauch Pfeffer. Der Abgang ist vanillig und eichig.
Der Alkoholgehalt ist 40% vol.

Camus VSOP ELEGANCE
Die Farbe ist Gold. Er schmeckt fruchtig mit Mandel- und Grapefruitnoten. Er riecht fruchtig und blumig mit einem Hauch von Eiche. CAMUS VSOP ist ein Cognac mit Harmonie und Frische mit einem langen, weichen Abgang.
Der Alkoholgehalt ist 40% vol.

Camus XO BORDERIES
Mit seiner intensiven Bernsteinfarbe und seinem Bouqet ist er ein hervorragender Begleiter der Abendsstunden vor dem Kamin oder anderer passender Anlässe. Er duftet intensiv blumig mit Aromanuancen von Veilchen und schmeckt würzig und fruchtig mit Noten von getrockneten Früchten. Der Abgang ist anhaltend, würzig mit einer Leder-Note. Der Cognac wird aus den Weinen des Anbaugebietes Borderies hergestellt.
Der Alkoholgehalt ist 40% vol.

CAMUS EXTRA ELEGANCE
Seine Farbe ist Mahagoni. Er schmeckt fruchtig, würzig, weich und edel. Die Duft-Nuancen sind eine Verbindung aus Veilchen und Tabak einerseits und anderseits aus Walnuss und Leder mit einem frischen, saftigen, anhaltenden Abgang.
Der Alkoholgehalt ist 40% vol.

CAMUS XO ELEGANCE
Mit seiner Bernsteinfarbe und seinen blumigen, floralen Aromen harmonisiert er grandios durch Noten wie Mandel, Vanille, getrocknete Früchte und Haselnuss. Zum
Schluss kommt der lange, würzige Abgang.
Der Alkoholgehalt ist 40% vol.
Andere Abfüllungen des Unternehmens:
CAMUS CUVÉE 3.128 ist ein limitierter, kostbarer Cognac aus dem Hause Camus. Er ist ein Veschnitt aus drei verschiedenen Anbaugebieten mit unteschiedlichen Altern, nämlich 41, 43, 44 Jahren, woraus sich die Zahl 128 ergibt. Die Kristall-Flasche ist ein Entwurf des Designers „Serge Mansau" aus dem Haus „Baccarat" in Frankreich(Paris).
CAMUS ILE DE RÉ FINE ISLAND COGNAC
CAMUS ILE DE RÉ FINE COGNAC DOUBLE
CAMUS ILE DE RÉ FINE COGNAC EXTRA

Courvoisier

Offiziell wurde das Unternehmen im Jahr 1835 von „Felix Courvoisier" gegründet. Sein Vater „Emmanuel Courvoisier" mit seinem Geschäftspartner „Louis Gallois" belieferten Anfang des 19. Jahrhunderts den Kaiserlichen Hof. Auf den Napoleons Feldzügen soll auch Courvoisier Cognac getrunken worden sein und Napoleon selbst soll die Destillerie in Bercy im Jahr 1811 besichtigt haben. Courvoisier gehört zu den führenden und erfolgreichsten Häusern.
Courvoisier besitzt keine eigenen Weinberge, das heißt der Wein, das Destillat und auch teilweise der Cognac zum Verschneiden wird geliefert. Die Weine stammen alle aus den besten Anbaugebieten, nämlich Grande und Petite Champagne, Borderies und Fins Bois. 98% der Weine sind aus der Ugni Blanc Traube.
Im Sortiment sind viele verschiedene Altersgruppen wie:
Courvoisier VS
Der Geschmack ist fruchtig mit Noten von Frühlingsblumen. Die Aromen sind frisch, reich und ausgewogen mit eichigen Nuancen. Der Abgang ist intensiv und kurz.
Der Alkoholgehalt ist 40% vol.
Courvoisier VSOP Fine Champagne
Er ist aus denTtrauben der besten Cognac-Regionen hergestellt, daher trägt er auch den Namen „Fine Champagne".Courvoisier VSOP hat ein delikates Bukett und eine hervorragende Balance aus Eiche und exotischen Früchten. Das Aroma

ist zart und harmonisch mit Untertönen von Vanille und gerösteten Mandeln. Seine Farbe ist hell-Bernstein. Er hat einen weichen und zarten Abgang.
Der Alkoholgehalt ist 40% vol.

Courvoisier VSOP Exclusif
Er ist ein harmonischer, würziger Cognac mit Vanille- und Lebkuchen-Geschmacksnoten.
Der Alkoholgehalt ist 40% vol.

Courvoisier XO Imperial
Er ist ein hervorragender Weinbrand, der über Jahre in Eichenfässern gereift wurde. Er ist eine Mischung aus Grande und Petite Champagne und Borderies mit einem Alter von ca. 30 Jahren. Seine Farbe ist Bernstein. Er ist intensiv aromatisch und würzig mit einer samtigen Textur und duftendem Bukett, begleitet von Noten der Orangen, Birnen und Aprikosen. Er ist komplexer, reichhaltiger Weinbrand mit Aromen von Schokolade, Vanille und exotischen Früchten. Der Abgang ist lang und weich.
Der Alkoholgehalt ist 40% vol.

Courvoisier Initiale Extra ist eine elegante Mischung aus Grand Champagne und Borderies. Er ist ein komplexer, würziger Weinbrand mit Geschmacksnoten wie Orangenschalen, trockene Früchte, Aprikosen und Aromennuancen wie Zimt, Portwein, Zedernholz und Trüffel. Am Gaumen ist er explosiv, vielfältig, sehr harmonisch und elegant. Der Abgang ist lang und zart.
Der Alkoholgehalt ist 40% vol.

Courvoisier Succession JS
Er ist nicht nur ein exclusiver Weinbrand aus dem Hause Courvoisier, sondern auch Teil der Geschichte. Anlass der Kreation dieses luxeriösen Cognacs im Jahr 2004 war der 200. Jahrestag der Krönung von Napoleon, der im Jahr 1804 zum Kaiser von Frankreich gekrönt wurde. Courvoisier Succession JS ist eine Mischung verschiedener Jahrgänge, die teilweise bis zu 200 Jahre alt sind. Der Courvoisier-Blend-Master „Jean-Marc Olivier" fand die alten edlen Weinbrände, versteckt unter den Dielen eines Schlosses im Dorf „Bonneuil". Das Schloss gehörte damals einem der wichtigsten Lieferanten der Familie Courvoisier.
Seine Farbe ist Mahagoni-Bernstein. Er ist ein außergewöhnlicher Cognac mit sehr reichen und komplexen Aromen von altem Sherry, Zedernholz, Havana-Zigarren-Blättern, Créme brûlée, frisch gerösteten Kaffeebohnen, Lakritze und heißem Honig. Er schmeckt kraftvoll, weich und sehr fein. Der Abgang ist samtig, warm und fruchtig-süß.
Der Alkoholgehalt ist 42% vol.

Lésprit de Courvoisier
Lésprit de Courvoisier ist einer der exklusivsten Weinbrände, abgefüllt in einer

handgeschliffenen, nummerierten Lalique-Kristall-Karaffe. Der Cognac enthält keinen Weinbrand, der jünger als Jahrgang 1930 ist und die ältesten Jahrgänge liegen zwischen 1802 und 1865.
Seine Farbe ist Mahagoni-Bernstein. Er begeistert mit seinen zarten Aromen wie altem Portwein, einem Hauch von Kaffeebohnen und Rauch einer exclusiven Zigarre. Eine Dichte aus süßen Düften von heißem Obstkuchen mit Zimt, getrockneten Aprikosen und Honig verwöhnen den Gaumen. Der Abgang ist zart und weich.
Der Alkoholgehalt ist 40% vol.
Er ist kleines bisschen teuerer als Succession JS, sein Preis liegt bei ca. 6.000 €.

Rémy Martin

Der Name Rémy Martin ist weltweit fast jedem bekannt. Rémy Martin gehört zu den wenigen Cognac-Häusern, die von Franzosen aufgebaut wurden.
Das Unternehmen wurde 1724 von seinem Namensgeber Remy Martin, Sohn eines französischen Winzers aus der Nähe von Rouillac in der Region Charentes, gegründet.
Seine Nachfolger etablierten die Marke auf den internationalen Märkten. Anfang des 20. Jahrhunderts übernahm André Renaud das Unternehmen und rettete das Geschäft durch Umstruktierung vor dem drohenden Ruin. Im Jahr 1936 wurde der Cognac „Louis XIII" kreiert und der Verkauf der Rémy Martin-Produkte stieg intensiv an. Die Nachfolger modernisierten das Unternehmen und Ende der Siebziger kam die matte Glasflasche VSOP zum ersten Mal auf den Markt.
1990 kam zu einer Fusion mit „Cointreau" und damit etablierte sich das Unternehmen noch stärker auf dem Markt.
Rémy Martin verwendet nur ausgewählte Trauben aus Grande und Petite Champagne. Rémy Martin ist ein sehr beliebter Cognac auch in Deutschland.
Rémy Martin VSOP 55% Grande champagne 45% Petite Champagne
Er ist ein weicher Weinbrand, reich an Geschmacksnoten wie reife Aprikose, Pfirsich, Vanille und einem Hauch von Süßholz. Seine Farbe ist Gold. Die Flasche hat eine gefrostete dunkelgrüne Farbe.
Der Alkoholgehalt ist 40% vol.
Man serviert ihn entweder pur in einem Schwenker oder im Tumbler auf Eis.
Rémy Martin Grand Cru 100% Petite Champagne
Wie der Name bereits verrät wird er aus den Trauben des Grand Cru aus der Petite Champagne hergestellt. Das Resultat ist ein runder, weicher Cognac mit dezenten Aromen. Der Geschmack ist sanft und ausgewogen mit Noten von Lindenblüten,

Apfel, Birne und Vanille. Rémy Gran Cru kann man sowohl auf Eis oder pur im Schwenker genießen.
Der Alkoholgehalt ist 40% vol.

Rémy Martin Club 70% Grande champagne 30% Petite Champagne
Er ist ein Fine Champagne Cognac, der für lange Zeit in Limousine- Eichenfässern gereift wurde, hergestellt aus Trauben der beiden Anbaugebiete Petite und Grande Champagne. Er hat einen kräftigen Farbton wie Bernstein und schmeckt sehr fruchtig mit Noten von getrockneten Aprikosen und Eiche, begleitet von Zimt und gebrannten Mandeln. Die Aromanuancen sind blumig wie von Jasmin. Der Ausklang ist zart und intensiv.
Der Alkoholgehalt ist 40% vol.

Rémy Martin XO Excellence 85% Grande champagne 15% Petite Champagne
Seine Farbe ist feuriges Mahagoni. Er ist nicht nur ein excellenter Weinbrand, sondern auch exclusiv. Rémy Martin XO Excellence ist ein Verschnitt aus bis zu 37 Jahre alten Bränden und bis zu 350 verschiedenen Eau-de-Vie's. Er begeißtert mit seinen hervorragenden Aromen wie Jasmin, Iris, reifer Feige, frisch gemahlenem Zimt und kandierten Orangen. Er ist weich, samt, harmonisch und komplex mit einem langhaltenden Abgang.
Der Alkoholgehalt ist 40% vol.

Rémy Martin EXTRA 90% Grande champagne 10% Petite Champagne
Er ist ein Fine Champagne-Cognac mit einem vielfältigen Geschmack. Seine Farbe ist tief Gold. Er schmeckt fruchtig nach kandierten Pflaumen und blumig nach Narzissen und duftendem Geißblatt, gefolgt von würzigen Nuancen wie Safran und Sandelholz. Der Abgang ist lang und intensiv.
Der Alkoholgehalt ist 40% vol.
Zu empfehlen ist es, ihn in einem Schwenker mit Zimmer-Temperatur pur zu genießen.

Rémy Martin Louis XIII
Er ist ein Luxus unter den Weinbränden, ein Cognac von höchstem Niveau und vollen Aromen. Der Cognac ist nach dem französischen König aus dem Haus Bourbon benannt worden. Er war der Sohn von Heinrich VI. und Vater von Ludwig XIV (Sonnenkönig). Remy Martin XIII begeistert mit seinen blumigen, würzigen Noten und einem Hauch von Früchten und Eichenholz. Er hat eine tiefe, intensive Bernsteinfarbe mit unvergesslichen Aromanuancen. Er ist einfach ein Cognac mit königlicher Qualität.
Remy Louis XIII hat 40% Alkoholgehalt.
Zu erwähnen ist auch **Rémy Martin Louis XIII Black Peal**, der teuerste Cognac, ein Verschnitt aus bis zu 1200 verschiedenen Destillaten und bis zu 100 Jahre

gereiften Bränden, abgefüllt in einer Bleikristallkaraffe in einer Schwarzen-Perle-Farbe.

Hennessy

Der Gründer des Unternehmens „Hennessy" war der aus Irland stammende Richard Hennessy. Er war Offizier im Regiment von Ludwig XV. Die Destillerie wurde im Jahr 1765, nach Richards Vater Jacques, unter dem Namen „Jas. Hennessy" gegründet. Richards Sohn James brachte das Unternehmen zum Erfolg. 1794 wurden Lieferungen Richtung Amerika, England und Deutschland exportiert. Hennessy war die erste Destillerie, die Cognac in Flaschen abfüllte und auch die Sterne-Klassifizierung aus Jahre 1865 geht auf Hennessy zurück.

Hennessy gehört zweifellos zu den führenden Cognac-Herstellern. Zwei Kreationen der Firma Hennessy dürfen in keiner guten Bar fehlen, Hennessy „Paradis" (1979 kreiert) und „Richard Hennessy" (zu Ehren des Gründers 1996 kreiert).

Hennessy gehört zu den wenigen Destillerien, die ihre Eichenfässer nach eigener Holz-Qualität-Politik herstellen. Die ausgesuchten Limousineneichenfässer stammen von mindestens 100 Jahre alten Bäumen.

Hennessy VS
Er ist ein Verschnitt aus rund 40 verschiedenen Weinbränden. Nuancen von Eiche und Vanille treffen auf einen Hauch von roten Beeren, gefolgt von milden Haselnussnoten und blumigen Akzenten. Hennessy VS trinkt man entweder pur oder auf Eis.
Der Alkoholgehalt ist 40% vol..

Hennessy Fine de Cognac
Er ist ein Weinbrand voller Finesse mit sinnlichen subtilen Aromen von Brioche und gebrannten Mandeln. Er ist sehr harmonisch mit Nuancen von Gewürzen, Honig und Blumen. Er ist ein Verschnitt aus 60 verschiedenen „Eau de Vie". Hennessy Fine de Cognac trinkt man pur oder auf Eis.
Der Alkoholgehalt ist 40% vol.

Hennessy XO
Er ist der erste Cognac XO der Welt, der im Jahr 1870 von dem Urenkel des Unternehmensgründers „Maurice Hennessy" kreiert wurde. Er ist ein komplexer, kraftvoller Cognac, ein Verschnitt aus aus 100 verschiedenen Eau de Vie. Er schmeckt würzig, nach Vanille, Holz, reifen Früchten und Zimt. Hennessy XO trinkt man entweder pur oder auf Eis, ich persönlich bevorzuge pur.
Der Alkoholgehalt ist 40% vol.

Hennessy Paradis
Er ist ein einzigartiger Cognac mit einer Vielfalt an Aromanuancen und Geschmacksnoten. Er ist ein Blend aus 100 verschiedenen "Eau de Vie", die teilweise bis zu 130 Jahre im Paradis (Lagerort für die Reifung der alten Cognacs) gelagert wurden. Er hat eine dunkle Bernsteinfarbe und sein lang anhaltender Abgang begeistert jeden Genießer.
Der Alkoholgehalt ist 40% vol.

Richard Hennessy
Mit seiner gelbbraunen Erscheinung ist er ein außergewöhnlicher Cognac aus 100 ausgewählten „Eau de Vie", die bis zu 200 Jahre gereift sind. Er schmeckt weich, mild und stilvoll. Er ist ein komplexer Weinbrand, der mit seinen Fruchtaromen jede Nase begeistert. Richard Hennesy begeistert auch jedes Auge durch seine schöne Mahagonifarbe und die Kristallkaraffe, in der er abgefüllt wurde.
Der Alkoholgehalt ist 40% vol.

Hennessy Black
Er ist das neue Mitglied der Familie „Hennessy". Er ist ein leichter, frischer, milder und weicher Cognac mit blumigen Aromanuancen und Noten wie Honig. Er ist ein Verschnitt aus 35 bis 45 ungewöhnlichen, hellen und goldfarbenen Eau de Vie, die durch ihre eleganten, blumigen Qualitäten bestechen. Sie reifen in Eichenfässern aus Limousin, die seit langem von Hennessy verwendet werden um eine sanftere Reifung zu erreichen.
Der Alkoholgehalt ist 40% vol.

Hine

Thomas Hine, der Firmengründer, war ebenfalls kein Franzose, sondern ein Engländer. Im Jahr 1791 kam er als Familiengast nach „Jarnac" in Frankreich im Rahmen eines Sprachkurses. Er verliebte sich in Francoise Elisabeth Delamain, die Tochter des Cognacfabrikanten „Delamain". Sie heirateten und Delamain machte seinen Schwiegersohn zum Geschäftspartner. Nach dem Tod des Vaters erbte das Paar die Firma. Thomas änderte den Namen in „Hine" und brachte das Unternehmen durch qualitativ hochwertig hergestellte Cognacs zum Erfolg. Das Firmenlogo des Unternehmens ist bis heute ein Hirsch. Im Jahr 1882 starb Thomas Hine.

H by Hine VSOP
Er ist ein Verschnitt aus 20 verschiedenen Weinbränden der Petite Champagne und Grande Champagne, die mindestens 4 Jahre in Eichenfässern gereift wurden. H by Hine ist ein blumiger, aromatischer Cognac mit Nuancen von Jasmin, Iris,

Akazie, Maiglöckchen, Aprikose, Vanille und Nelke mit einem lebhaften und sanften Geschmack. Der Abgang ist lange und trocken. Die Farbe ist Bernstein.
Der Alkoholgehalt ist 40% vol.
Zu empfehlen ist, ihn entweder pur oder auf Eis zu servieren.

Hine Rare VSOP
Er ist ein Fine Champagne Cognac, ein Blend aus mehr als 25 verschiedenen Bränden mit einem Mindestalter von 4 Jahren. Er ist ein harmonischer, würziger Weinbrand mit fruchtigen Aromanuancen. Hine Rare VSOP schmeckt weich, zart und ausgewogen am Gaumen mit Noten von Jasmin, Akazie, Vanille und Eiche. Er hat eine Bernsteinfarbe.
Der Alkoholgehalt ist 40% vol.

Hine Cigar Reserve
Er ist ein excellenter Verschnitt aus Grande und Petite Champagne, Borderies und Fins Bois. Mindestens 10 Jahre sind die verwendeten Verschnitt-Brände alt. Er wurde im Jahr 1996 von „Bernard Hine und Nicholas Freeman" kreiert. Freeman war der Vorsitzende des britischen Havana Importeurs „Hunters & Frakau". Er hat Aromen von Tabakblatt, Honig, kandierten Früchten und einen Hauch von Holz. Er schmeckt würzig, weich. Der Abgang ist am Gaumen lang und anhaltend. Hine Cigar Reserve ist ein perfekter Cognac zur Begleitung einer guten Zigarre. Die Farbe ist Bernstein.
Der Alkoholgehalt ist 40% vol.

Hine Antique XO
Er ist ein hervorragender Verschnitt aus 40 verschiedenen Cognacs, die länger als 10 Jahre in Eichenfässern gereift wurden. Er ist würzig, weich und sanft mit intensiven Vanille-Lakritze Aromen. Hine Antique ist harmonisch und komplex mit Geschmacksnoten von Schokolade und Bratapfel. Seine Farbe ist bernsteinrot. Er hat einen langen aromatischen Abgang. Hine Antique ist im Jahr 1920 von Thomas George kreiert worden. Zu empehlen ist, ihn ohne Eis in einem Schwenker oder tulpenförmigen Cognac-Glas zu servieren.
Der Alkoholgehalt ist 40% vol.

Hine Triomphe
Er ist ein Verschnitt aus 50 ausgewählten alten Weinbränden. Er ist ein Grand Champagne Cognac, der im Jahr 1888 von Eduard Hine kreiert wurde. Hine Triomphe ist ein vielseitiger Cognac mit reifen Noten von kandierten Früchten, Blüten, Tabak und Honig. Er schmeckt sanft und weich mit Aromen von Karamell, Eichenholz und Vanille. Die Farbe ist Bernstein.
Der Alkoholgehalt 40% vol.

Hine Mariage
Er ist im Jahr 1991 von Bernard Hine kreiert worden. Genau 200 Jahren zuvor

verließ der Firmengründer Thomas Hine sein Heimatland England. Der Anlass dieser Cognac Kreation war die Ehrung des Paares, Thomas und Francoise Elisabeth. Er ist ein Verschnitt aus 12 verschiedenen Grande Champagne Cognacs. Hine Mariage ist ein außergewöhnlicher Cognac, sehr komplex, harmonisch mit Aromanuancen von Haselnuss, Walnuss gefolgt von floralen Noten wie Jasmin. Am Gaumen spürt man Noten wie von Eiche und Vanille, die dem Cognac eine gewisse Weichheit verleihen. Er ist sanft und begeistert jeden Genießer nicht nur mit seinem hervorragenden aromatischen Geschmack, sondern auch mit seiner Baccarat-Kristall-Karaffe, in der er abgefüllt wurde.
Der Alkoholgehalt ist 40% vol.

Talent de Thomas Hine
Er ist ein exclusiver Cognac, der im Jahr 1991 von Bernard Hine aus den besten Triomphe Cognacs der Grande Champagne hergestellt wurde. Der Anlass dieser außergewöhnlichen Kreation war die Ankunft des Unternehmensgründers Thomas Hine 200 Jahre zuvor. Der Cognac wird in einer handgeschliffenen, nummerierten Baccarat-Karaffe präsentiert.
Zu erwähnen sind auch Hine Vintage Grand Champagne aus verschiedenen Jahren: 1957, 1960, 1975, 1981, 1983.

Léopold Gourmel

Das Unternehmen wurde 1972 von Pierre Voisin und Olivier Blanc gegründet und nach Pierre Voisins Großvater, „Léopold Gourmel" bennant. Im Jahr 1993 wurde Olivier Blanc zum alleinigen Besitzer der Marke „Léopold".
Alle Weine werden aus den Weinbergen des Fins Bois hergestellt. Die Rebsorten sind Ugni Blanc, Colombard und Folle Blanche.
Die Weinbrände werden in ausgesuchten und ausgewählten Eichenfässern gereift.

Léopold Gourmel 6 Karat VSOP
Er ist ein Verschnitt aus bis zu 6 Jahre gereiften Weinbränden. Leopold Goumel 6 Karat VSOP ist ein aromatischer Cognac mit frischen Geschmacksnoten und fruchtigen Aromanuancen wie Pfirsich und Birne. Der Nachklang ist anhaltend. Er wird aus weißen Rebsorten (98% Ugni Blanc und 2% Folle Blanche) hergestellt. Leopold Gourmel 6 Karat VSOP wird auch in der Design-Karaffe mit einem schönen grünen Verschluss angeboten.
Der Alkoholgehalt ist 40%vol. Seine Farbe ist weichgold.

Léopold Gourmel Age des Fleurs 15 Karat Extra
Er ist ein Verschnitt aus bis zu 15 Jahre gereiften Weinbränden. Léopold Gourmel Age des Fleurs 15 Karat Extra ist ein Cognac mit blumigen Aromanuancen wie

Rose, Yasmin und Schwertlilie begeitet von Vanille. Er schmeckt warm, seidig am Gaumen, mit einem angenehmen blumigen und anhaltenden Nachklang. Er wird aus weißen Rebsorten (98% Ugni Blanc und 2% Folle Blanche) hergestellt. Die Farbe ist Gold.
Der Alkoholgehalt ist 42% vol. Léopold Age des Fluers wird auch zusätzlich in einer Design-Karaffe angeboten. Age des Fleurs bedeutet Alter der Blumen.

Léopold Gourmel Age du Fruit 10 Karat XO
Er ist ein Verschnitt aus bis zu 10 Jahre gereiften Weinbränden. Léopold Gourmel Age du Fruit ist ein Cognac mit Aromanuancen von frischen Mandeln und delikater Herbe. Er schmeckt nach Zitrus- und trockenen Früchten und ist weich am Gaumen mit einem anhaltenden Abgang. Er wird aus weißen Rebsorten (98% Ugni Blanc und 2% Folle Blanche) hergestellt. Léopold Age du Fruit wird auch in einer Design-Karaffe angeboten. Seine Farbe ist Hellgold.
Der Alkoholgehalt ist 41%vol. Age du Fruit bedeutet Alter der Früchte.

Léopold Gourmel Age de Épices 20 Karat
Er ist ein Verschnitt aus bis zu 20 Jahre gereiften Weinbränden. Léopold Gourmel Age de Épices duftet sanft, mild, altholzig, nach Honig und Leder. Er schmeckt kräftig, warm, ölig, würzig mit einem Abgang, begleitet von Noten wie Nelken und Ingwer. Er wird aus weißen Rebsorten (98% Ugni Blanc und 2% Folle Blanche) hergestellt. Léopold Age des Épices wird auch in einer Design-Karaffe angeboten. Seine Farbe ist Altgold.
Der Alkoholgehalt ist 43%vol. Age des Épices bedeutet Alter der Gewürze.
Léopold Gourmel hat auf jeden Fall ein attraktives Sortiment für jede Bar und jedes Restaurant, alleine durch den schönen Entwurf der Karaffen und den farbigen, bunten Verschlüssen.

Otard

Mitbegründer von „Otard" war „Antoine O´tard de Larange. Er wurde im Jahr 1763 in Brives bei Cognac geboren. Seine Vorfahren waren Schotten, Norweger und Franzosen.
Im Jahr 1792 heiratete er. Ein Jahr später, während der französischen Revolution, wurde er festgenommen und zum Tode verurteilt. Er kam kurz vor seiner Exekution mit Hilfe der Bevölkerung frei und wanderte nach England aus.
Er kam aber 1795 wieder nach Frankreich zurück und machte sich mit Jean und Léon Dupuy im Exporthandel selbstständig. Sie kauften das „Château de Cognac" für die Lagerung ihrer Weinbrände.
Dupuy war der Destillatmeister und Otard der Manger des Hauses, mit viel Erfolg. Otard starb im Jahr 1824 und seine Söhne übernahmen das Geschäft.

Otard V.S.O.P.
Otard V.S.O.P. ist ein Verschnitt aus Destilaten der Grand und Petite Champagne, die zwischen 8 und 10 Jahre in französischen Eichenfässern gereift wurden. Die Farbe ist Hellgold. Er schmeckt blumig-mild mit Anklängen an Lindenblätter, ergänzt duch Noten wie Birne und Vanille und Nuancen von Tabak und leichten Gewürzen.
Der Alkoholgehalt ist 40% vol.

Otard Napoléon
Er ist ein Verschnitt aus feinen Weinen der Grande und Petite Champagne und körperreichen Weinen der Fins Bois mit einer Reifung in Eichenfässern von über 15 Jahren. Die Farbe ist Mittelgold. Er schmeckt reif und weich, vollmundig mit Nuancen von trockenen Früchten und Kokosnuss, begleitet von dezenten Veilchen Note.
Der Alkoholgehalt ist 40% vol.

Otard X.O.
Er ist ein Verschnitt aus Weinen der Grande Champagne und Borderies mit einer Reifung von über 35 Jahren in Eichenfässern. Die Farbe ist Dunkelgold. Er schmeckt vollmundig, komplex mit Noten von Haselnüssen, Honig und einem Hauch von Leder und Tabak.
Der Alkoholgehalt ist 40% vol.

Otard Extra
Otard Extra ist ein Verschnitt aus besten Destilaten, die bis zu 50 Jahre und älter sind. Die Farbe ist rötlich Gold. Er schmeckt vollmundig, holzig mit Noten von Tabak, Honig und Trockenfrüchten.
Der Alkoholgehalt ist 40% vol.

Renault

Der junge Jean-Antoine Renault gründete im Jahr 1835 die Brennerei um die Stadt „Cognac". Sein erster Weinbrand war „Carte Noire Extra", ein Verschnitt aus alten „Eau de Vies". „Renault Carte Noir Extra" wurde nach Nordeuropa verschifft und sehr schnell über die Grenzen hinaus bekannt und erfolgreich.
„Carte Noir" ist ein Verschnitt aus den vier besten Herkunftsgebieten. Er wird zweifach destilliert und reift zwischen 15 und 18 Jahren in 350 Liter fassenden Eichenfässern.
Der jung destillierte Cognac reift zuerst in neuen Fässern, um Duft und Geschmack durch die Gerbstoffe der Fässer zu bekommen. Anschließend wird der Inhalt der neuen Fässer in gebrauchte umgefüllt. Dadurch wird der Cognac langsam reif und vollständig.

Renault Carte Noir Extra
Die Farbe ist Gold mit mahagonifarbenem Schimmer. Carte Noir Extra besitzt Geschmacksnoten wie Birne, Kirsche und Spuren von Likör. Er duftet mit seinen

Aromanuancen wie Vanille, Banane und Rum, begleitet von Beeren, Zitronenbaum und Virgintabak. Der Abgang ist warm und anhaltend.
Der Alkoholgehalt ist 40% vol.

Weitere Cognacs:
Dellmann
Gautier
A.Hardy
Renault Bisquit
Martell
Otard

Armagnac

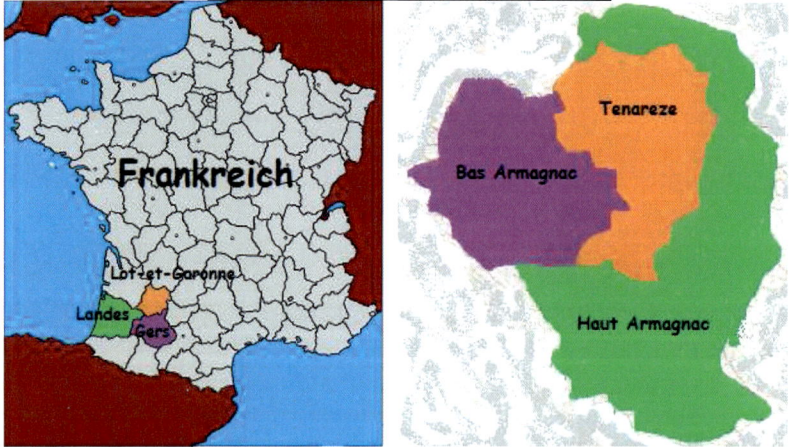

Armagnac ist ein Weinbrand aus der Provinz „Gascogne" im Südwesten Frankreichs. „Armagnac" ist eine geschützte Bezeichnung für Weinbrände aus Armagnac. Das Armagnacgebiet besteht aus den 3 Départements „Gers" (Landschaftlich als Toskana in Frankreich bezeichnet), „Landes" (grenzt im Osten an das Départemant Gers) und „Lot-et-Garonne" (grenzt im südosten an Départemant Gers und südwesten an Landes). Armagnac wird im Gegensatz zum Cognac nur einmal destilliert und anschließend in Eichenfässern, die aus ausgesuchtem Gascogne-Holz hergestellt werden, gereift. Die 3 wichtigen Armagnac-Anbaugebiete sind: **Bas-Armagnac, Haut-Armagnac und Ténarèze**. Bei den 3 Anbaugebieten spielen die Bodenbeschaffenheit und das Klima eine sehr große Rolle. Armagnac wird wie Cognac aus den Weißwein-Rebsorten Ugni Blanc, Folle Blanche und Colombard gekeltert. Die anderen zugelassenen Weißwein-Rebsorten sind **Bacco Blanc, Blanc Dame, Jurancon Blanc, Graisse und Mauzac**. Die besten Weine zur Herstellung von Armagnac kommen aus „Bas-Armagnac". Armagnac ist der älteste Weinbrand im Frankreich.

Bezeichnung des Alters
Die Kennzeichnung der Etiketten ist fast genauso wie beim Cognac.

- VS oder drei Sterne, mindestens 2 Jahre alt
- VSOP , mindestens 4 Jahre alt
- Napoléon mindestens 5 Jahre alt
- XO, Extra und Hors d´Age mindestens 6 Jahre alt
- Millésmes

Armagnac Baron de Lustrac

Baron de Lustrac gehört zu den Häusern mit kleinen Gütern, aber sehr feinen und teilweise auch exklusiven Bränden. Während der Herstellung und Alterung in ausgesuchten Eichenfässern werden sie streng vom Kellermeister überwacht. In den Fässern etwickeln sich Geschmack, Geruch und Farbe.

Baron de Lustrac 1973 Domaine de Courros
Er ist ein excellenter Weinbrand, aus 100% Folle Blanche Traube aus dem „Bas Armagnac" hergestellt. Er hat Aromen von Bratapfel, Eichenholz, Vanille, Honig, Nektarine und schmeckt würzig. Am Gaumen ist er fruchtig und leicht süß. Ein vollmundiger Weinbrand mit Karamell-süßem Abgang.
Der Alkoholgehalt ist 40% vol.

Baron de Lustrac 1980 Domaine de la Croix
Er ist ein hervorragender Brand hergestellt aus 100% Bacco Traube, ebenfalls aus dem Anbaugebiet „Bas Armagnac". Am Gaumen ist er leicht süß, schmeckt intensiv nach Karamell und die Aromen wie Teebläter, Spargel und Blattgemüse gemischt mit Honig machen ihn besonders einzigartig. Der Abgang ist bitter-süß.
Der Alkoholgehalt ist 42% vol.

Baron de Lustrac 1977 Domaine d´Espelette

Er wird ebenfalls aus 100% Bacco-Traube hergestellt. Er riecht leicht nach schwarzen Teeblättern und Toast mit Geschmacksnoten von Vanille, Marzipan, Honig und Eichenholz. Im Abgang schmeckt er fruchtig nach reifen, süßen Beeren und lang.
Der Alkoholgehalt ist 42% vol.

Marquis de Montesquiou

Marquis de Montesquiou ist eines der ältesten Armagnac-Häuser der Region. Die großen Keller des Hauses, bekannt als „Kathedrale" im Herzen des Armagnac in der Stadt Eauze, haben eine Lagerkapazität von über 1800 Fässern, die inhaltlich teils bis ins 18. Jahrhundert zurückgeht. Die Extra Old (XO) Brandweine stammen zu zwei Dritteln von dem sandigen Boden in „Bas-Armagnac" und zu einem Drittel von den kalkhaltigen Lehmböden in „Tenareze". 10% der Weine sind aus der Traube Folle Blanche mit zarten floralen Aromen, 10% aus fruchtigen Colombard-Trauben und 80% aus kraftvollen Ugni Blanc-Trauben hergestellt. Das Ergebnis sind hervorragende Armagnacs.

Marquis de Montesquiou XO
Er hat Kupfer-Farbe und schmeckt fruchtig, kräftig mit Noten von Vanille und Eiche.
Der Alkoholgehalt ist 40% vol.

Marquis de Montesquiou Hors d´Age 21
Er ist ein Verschnitt aus den alten, guten Weinbränden, die bis ins Jahr 1904 zurückgehen. Er hat Aromen von Pflaume und Veilchen und schmeckt sehr weich, leicht fruchtig mit einer Vanille-Note. Der Abgang ist bittersüß.
Der Alkoholgehalt ist 40% vol.

Clés des Ducs

Clés des Ducs bedeutet übersetzt „Der Schlüssel der Herzöge". Herstellunsort dieses Weinbrandes ist die Stadt Panjas im Herzen von Bas-Armagnac. Clés des Ducs wird zu 100% aus den Trauben des Bas-Armagnacs hergestellt.
Im Sortiment sind :

Clés des Ducs VSOP
Er ist ein vollmundiger, ausgewogener Weinbrand mit einem kräftigen Bukett und intensivem Abgang. Die Farbe ist Bernstein.
Der Alkoholgehalt ist 40% vol.

Clés des Ducs XO
Er ist ein hervorragender Brand, ein Verschnitt von "Eau de Vies", die bis zu 15 Jahre alt sind. Er schmeckt fruchtig, würzig und vollmundig mit Aromen von Vanille und Eiche.
Der Alkoholgehalt ist 40% vol.

Darroze

Die Famillie Darroze betreibt ihr Geschäft seit drei Generationen mit großer Leidenschaft. Francis, der Sohn von „Jean Darroze", der ein Restaurant im Herzen von Bas-Armagnac besaß, kam durch Besuche in den Weinbergen und seine Liebe zu den Eau de Vies auf die Idee, selbst in seinem eigenen Keller zu brennen. Das geschah im Jahr 1970. Er kaufte Land und suchte die besten Holzfässer zum Lagern des Brandes.
Heute hat das Unternehmen mehr als 250 verschiedene Armagnacs im Sortiment und mehr als 50 Jahrgänge.
Der Keller der Destillerie besteht aus zwei Ebenen, eine mit frischer und feuchter Erde, die andere ist trocken und unter dem Dach, mit einer Kapazität von mehr als 400 Fässern, die dort altern.
Darroze hat ganz hervorragende, excellente Brände von Anfang des 20. Jahrhunderts bis heute.

Domaine de Peyrot 1936 Armagnac Darroze
Er ist ein weicher Weinbrand mit frischen Fruchtaromen und einem langen anhaltenden Abgang. Er schmeckt sehr würzig nach Pfeffer und Zimt. Die Farbe erinnert an Kastanien.
Der Alkoholgehalt ist 42,1% vol.

Chateau de Gaube 1959 Armagnac Darroze
Mit seiner goldenen Farbe ist er ein komplexer, harmonischer Weinbrand mit Noten von trockenen Früchten, Kaffee, Eiche und Leder. Der Abgang ist fruchtig und außergewöhnlich.
Der Alkoholgehalt ist 45% vol.

Brandys

Brandy ist ein englischer Begriff für Brandweine und bedeutet übersetzt nichts anderes als Weinbrand oder Brand aus Wein. Das heißt aber auch, dass man einen Cognac oder Armagnac als Brandy oder Weinbrand bezeichnen kann. Brandys werden weltweit hergestellt, aber abgesehen von Frankreich, kommen die meisten weltbekannten Brandys mit hoher Qualität aus Spanien.

Brandys aus Spanien

„Brandy de Jerez" ist eine geschützte Bezeichnung für die spanischen Brandys, die aus der Stadt „Jerez de la Frontera" in der Region Andalusien kommen.

Die Stadt Jerez liegt in der Nähe der Atlantikküste und ist nicht nur die Heimatstadt des Sherrys, sondern auch des Brandys. Viele Brennereien sind in der Stadt selbst oder am Stadtrand angesiedelt.
Brandy wird aus 100% Wein gebrannt und die besondere Lagerung und Reifung in den Fässern, nämlich nach dem „Solera-Verfahren" (Solera-System), ist sehr bedeutsam bei der Herstellung des Brandys. 90% der spanischen Brandys kommen aus der Region Jerez de la Frontera. Der Brandy reift in weißen amerikanischen Eichenfässern, die vorher zur Sherrylagerung dienten. Brandy wird ausschließlich aus weißen Trauben der klassischen Sherry-Gebiete hergestellt. Man verwendet vor allem Airén-Trauben (fruchtig, mit frischen Aromen) und kleine Mengen an Palomino, Parellada, Folle Blanche und ugni Blanc.
Bei der Lagerung des Brandys liegen mehrere Fassreihen übereinander. Der jüngste Brand liegt in den obersten und der älteste in den untersten Fassreihen. Die Wanderung durch die verschiedenen Fassreihen verleiht dem Weinbrand eine gleichmässige Qualität und Harmonie. Neuer Brand wird immer in die oberen Fässer eingefüllt und ein Teil vom Brand der ersten Reihe in die zweite und von der zweiten in die dritte Reihe usw. gepumpt. Die unterste Reihe dient nur zum Abfüllen der entgültigen Brandys. Wie viele Reihen Fässer übereinander liegen ist von Destillerie zu Destillerie unterschiedlich.

Klassifizierung

- **Solera**-reift durchschnittlich 18 Monate (6 Monate vorgeschrieben)
- **Solera Reserva**-reift durchschnittlich 3 Jahre (12 Monate vorgeschrieben)
- **Solera Grand Reserva**-reift durchschnittlich 8 Jahre und oft auch länger (36 Monate vorgeschrieben)

Osborne

„Osborne" ist ein Famillienunternehmen, das im Jahr 1772 als kleine Sherry-Bodega gegründet wurde. Das Unternehmen wurde nach und nach immer mehr ausgebaut. Nicht nur Brandys, sondern auch Portwein, Sherry, Anisschnaps und Schinken wird mittlerweile hergestellt. Das Logo auf dem Etikett kennt fast jeder, ein Stier, den man oft auch als knapp 14 Meter hohe Reklame auf den Fernstrassen in Spanien, vor allem in Andalusien, sieht. Heute schmücken rund 90 Stiere die Fernstrassen des Landes.

Veterano Solera
Er ist ein bekannter junger Brandy, der nach dem traditionellen Solera-Verfahren mindestens 12 Monate gelagert wurde. Seine Farbe ist Mahagoni. Er schmeckt leicht süß, kräftig mit langem Abgang.
Der Alkoholgehalt ist 36% vol.

Osborne 103 Solera
Er ist auch nach dem Solera Verfahren mindestens 12 Monate in Eichenfässern gereift. Die Farbe ist Mattgold. Er schmeckt mild und leicht mit dem Aroma und der Frische von Weintrauben.
Der Alkoholgehalt ist 36% vol.

Osborne 103 Etiqueta Negra Solera Reserva
Er ist mindestens 24 Monate in Eichenfässern gereift mit einer hellen Bernsteinfarbe. Er schmeckt intensiv, rund, würzig und warm.
Der Alkoholgehalt ist 36% vol.

Conde de Osborne Solera Gran Reserva
Er reift mehr als 10 Jahre in weißen Sherry-Eichenfässern. Er ist ein eleganter Brandy mit Aromen von Pflaumen und Rosinen, mit Noten von Kakao und Vanille und einer Farbe von Mahagonibraun. Der Abgang ist intensiv und lang. Osborne Gran Reserva sollte man pur mit Zimmer-Temperatur genießen.
Der Alkoholgehalt ist 40,5% vol.

Cardenal Mendoza

Cardenal Mendoza ist ein besonders feiner Brandy aus Jerez. Seinen Namen verdankt er „General Don Pedro Gonzales de Medoza", berühmt auch als „Gran Cardenal de Espana", der zwischen 1428 und 1495 lebte. Er hatte als Berater für Christoph Columbus sehr großen Einfluß auf das spanische Königshaus. Cardenal Mendoza wird aus besten trockenen, gehaltvollen Weinen der Region gebrannt und nach dem Solera-Verfahren in amerikanischen Eichenfässern zur Reifung gebracht.

Cardenal Mendoza Solera Gran Reserva

Er ist mindestens 15 Jahre in Eichenfässern nach dem Solera-Verfahren gelagert. Er hat eine dunkle Mahagonifarbe. Cardenal Mendoza Gran Reserva ist vollmundig, ausgewogen, sehr warm und sehr komplex. Er schmeckt nach Rosinen und Pflaumen mit einem intensiven, langen, süßen Nachklang. Er ist ein Brandy zum Genießen.
Der Alkoholgehalt ist 42% vol.

Cardenal Mendoza Solera Gran Reserva Carta Real

Er ist ein milder, weicher Weinbrand, der über 25 Jahre in amerikanischen Fässern nach dem Solera-Verfahren gelagert wurde. Er ist ein edler Brand mit einer schönen Mahagonifarbe. Er ist limitiert und begeistert mit seinen Aromen von Eiche, süßen Rosinen und Pflaumen mit einem langen Nachklang, der diesen tollen Brandy unvergesslich macht.

Lepanto

Solera Gran Reserva

Lepanto ist ein hervorragender, erstklassiger Solera Gran Reserva Brandy aus dem Haus „Gonzales Byass" in Jerez. Lepanto wird ausschließlich aus Palomino-Trauben hergestellt und reift über 15 Jahre in den Eichenfässern nach dem Solera-Verfahren. Der Name „Lepanto" erinnert an den Seeschlacht im Jahr 1571 bei Lepanto, bei dem die heilige Liga die osmanische Flotte zerschlug und besiegte. Lepanto ist ein weicher, milder Brandy. Er ist vielfältig an Aromen, harmonisch und elegant mit einem sanften, fruchtigen Abgang. Die Farbe ist Dunkler Bernstein.
Der Alkoholgehalt ist 36% vol

Gran Duque d´Alba

Solera Gran Reserva

Wer schon einmal spanischen Brandy aus Jerez probiert hat, weiß, wie lecker und verführerisch die Brandys aus Südspanien sind. Bei der Probe eines „Solera Gran

Reserva" schmeckt man nicht nur die Noten, riecht man nicht nur die Nuancen, sondern spürt man die Sonne Andalusiens auf der Haut und hat die schönen Landschaften vor Augen.

Gran Duque d´Alba ist ein großer unter den Solera Gran Reserva Brandys. Gegründet wurde das Unternehmen im Jahr 1877 von Sir Alexander Williams und Arthur Humbert. Der Titel „Herzog von Alba" gehört zu den ältesten adligen Namen in Spanien und ist auch Namensgeber für den Weinbrand. Gran Duque d´Alba kommt auch aus Jerez de la Frontera und gehört zu den besten spanischen Brandys. Der Weinbrand wird in amerikanischen Eichenfässern nach dem Solera-Verfahren gelagert und die Reifung findet in einer 12-stufigen Fass-Reihe statt. Das bedeutet, dass der Brand über die Jahre durch 12 Sherry-Fass-Reihen wandert. Die untersten Fässer enthalten 100 Jahre alten Solera (Weinbrand). Da die Fässer jedes Jahr nur zu einem Drittel geleert werden, enthalten die untersten Fässer Brand aus dem Jahr 1890.

Duque d´Alba Gran Reserva mit seiner helle Mahagonifarbe schmeckt sehr weich und mild. Er ist ein harmonischer Weinbrand mit Noten von Pflaume, Vanille und Rosinen. Der Abgang ist lang und angenehmen.

Der Alkoholgehalt ist 40% vol.

Torres

Die besten spanischen Brandys kommen zwar aus Jerez de la Frontera, aber ein bekannter, qualitativ hochrangiger spanischer Brandy kommt aus Katalonien, nämlich „Torres". Der erste Brandy des Hauses „Torres" wurde im Jahr 1928 destilliert, und zwar vom Gründer dieses Unternehmens, Don Juan Torres. Die verwendeten Rebsorten sind Macabeo und Parellada aus Penedés, die verantwortlich für trockene und fruchtige Weißweine sind.

Hier lagert man den Brandy ebenfalls nach dem Solera-Verfahren in amerikanischen Eichenfässern. Man entnimmt also den ältesten Solera nach der Reife aus der untersten Reihe zum Abfüllen. Danach füllt man die obersten Fässer mit einem mindestens ein Jahr alten Brandy.

Torres 5 Imperial Brandy Solera Reserva

Er ist ein junger spanischer Brandy. Die Farbe ist hell-Bernstein und der Geschmack leicht, nussig und fruchtig.

Der Alkoholgehalt ist 38% vol.

Torres 10 Imperial Brandy Solera Gran Reserva

Er ist ein harmonischer Gran Reserva, der über 10 Jahre durch Solera-Fässer wanderte. Er schmeckt warm und würzig mit Noten von Rosinen, Nüssen und enthält viel Gerbstoffe.
Der Alkoholgehalt ist 38% vol.
Weitere Abfüllung des Unternehmens:
Torres 20 Imperial Brandy

Brandy aus Italien

Vecchia Romagna

Vecchia Romana ist der meist verkaufte Brandy in Italien und auch der meist bekannte italienische Brandy auf dem deutschen Markt. „Vecchia" bedeutet „alt, traditionell" und die Bezeichnung „Romagna" bezieht sich auf die Region „Emilia-Romagna" in Norditalien.

Im Jahr 1820 wurde er von der Spiriuosendynastie Buton kreiert. Vecchia Romagna ist ein zweifach destillierter Brandy aus den Trauben „Trebbiano" in der Region „Emilia Romagna". Trebbiano ist eine Weiße Traube und die meist angebaute Rebsorte in Italien. Der Brandy reift über mehrere Jahre in Limousin-Eichenfässern. Im Sortiment sind „Vecchia Romagna Etichetta Nera" und „Vecchia Romagna Riserva 10 Anni".

Vecchia Romagna Etichetta Nera
Vecchia Romagna Etichetta Nera ist der Brandy, der in jeder Bar zum Sortiment gehört. Er ist mindestens 3 Jahre in Limousin-Eichenfässern gereift. Vecchia Romagna Etichetta Nera ist zweifach destilliert. Er schmeckt weich, leicht fruchtig und besitzt eine gewisse Mandel-Note. Amber ist die Farbe des italienischen Brandys.
Der Alkoholgehalt ist 38% vol.

Vecchia Romagna Riserva 10 Anni

Vecchia Romagna 10 Anni reift über 10 Jahre in Limousin-Eichenfässern. Er begeistert mit seiner schönen Bernsteinfarbe und intensivem Bouqet. Er schmeckt weich und harmonisch. Diesen Brandy serviert man am besten pur in einem Schwenker oder tulpenförmigen Digestif-Glas.
Der Alkoholgehalt ist 38% vol.

Brandy aus Griechenland
Metaxa

Das Unternehmen wurde im Jahr 1888 in Piräus von Spyros Metaxa gegründet. Schnell wurde aus Metaxa ein beliebtes Produkt.

Metaxa ist ein Verschnitt aus Verschiedenen Destillaten, die zwischen 3 und 30 Jahre in ausgesuchten, handgefertigten Limousineichenfässern reifen. Die sonnengereiften Trauben kommen aus Weinbergen in Attica.
Der gereifte Brand wird mit alten Muskatweinen, Wasser und auch einer geheimen Kräutermischung vermählt, anschließend gefiltert und ist bereit zum Abfüllen.

Metaxa 5*
Der Metaxa mit fünf Sternen ist ein Klassiker unter den anderen Produkten des Unternehmens. Die Flasche gleicht einer alten griechischen Säule und die gelb-blaue Farbe auf dem Etikett erinnert an die Farbe der Sonne. Die 5 Sterne auf dem Etikett stehen für 5 Jahre Lagerung. Metaxa 5* schmeckt blumig, mild-karamellig, mit leicht weinholziger Note und harmonisch. Er duftet holzig, beerig mit einem Hauch von Früchten. Die Farbe ist Dunkelhoniggelb.
Der Alkoholgehalt ist 38% vol.

Metaxa 7*
Die Form der Flasche erinnert an die klassischen Amphoren der griechischen Antike, die zum transportieren der Weine verwendet wurden.
7 Sterne bedeuten 7 Jahre Reifung für diesen Brandy mit einer gelbgoldenen Farbe. Er duftet weinfassholzig und muskatig. Am Gaumen schmeckt er leicht nach Vanille, reif, vollmundig, lieblich mild mit Spuren von Weinfassholz.
Der Alkoholgehalt ist 38% vol.

Metaxa 12*
Metaxa 12* oder Grand Olympian Reserve, in einer klassisch geformten Flasche abgefüllt, ist ein 12 Jahre gereifter Weinbrand mit einer dunkel goldgelben Farbe. Er duftet zart, nach Vanille und muskatig. Metaxa 12* schmeckt vollmundig, lieblich-mild und leicht nach Weinfassholz.
Der Alkoholgehalt ist 40% vol.

Metaxa Grande Fine
Metaxa Grande Fine ist ein Verschnitt aus bis zu 15 Jahre in Limousineichenfässern gereiften Bränden. Das Mindestalter der Brände beträgt 5 Jahre. Abgefüllt wird der Weinbrand in Karaffen aus Porzellan mit klassischen Ornamenten der Insel Rhodos.
Die Farbe dieses Weinbrandes ist Bernstein mit vollmundigen, aromatischen, ausgewogenen und weinfassholzigen Aromen. Am Gaumen schmeckt er weich, reif, voll mit einer zarten Vanillenote.
Der Alkoholgehalt ist 40% vol.

Weinbrand aus Chile & Peru

Pisco

Pisco ist ein Weinbrand aus Chile und Peru. Die beiden Länder gehören zu den südamerikanischen Staaten. Peru hat im Süden eine gemeinsame Grenze mit Chile. Ursprung dieses Weinbrands waren die Spanier, die den Kontinent vor fast 450 Jahren eroberten. Die Spanier brachten auch die Wein-Anbau-Kultur in die von ihnen eroberten Länder. Die Weine wurden dann zu „Pisco" weiterverarbeitet.
Woher der Ursprung des Namens „Pisco" stammt, gibt es verschiedene Behauptungen. Manche sagen, dass der Name der Hafenstadt „Pisco" im Süden von Peru Namensgeber des Weinbrands ist.
Pisco in Chile wird vorwiegend aus Weinen der Rebsorte „Muskateller", aber auch in kleineren Mengen „Torontel" und „Pedro

Ximénez" hergestellt. Die Anbaugebiete in Chile liegen nördlich von Santiago de Chile (Copiapó, Huasco, Elqui, Limarí und Choapa)Das warme Klima, der steinige Boden und das trockene Wetter sind Ideale Bedingungen für den fruchtigen Geschmack der Trauben. Der Brand reift in Eichenfässern.
Nach der Klassifizierung in Chile unterscheidet man zwischen folgenden Produkten:
Pisco Especial mindestens 35% vol
Pisco Reservado mindestens 38% vol
Gran Pisco mindestens 43% vol

In Peru verwendet man acht verschiedene Trauben zur Herstellung von „Pisco". Vier dieser Trauben sind sehr aromatisch und die anderen weniger. Unter den aromatischen sind Muskateller, Torontel und Italia. Die hergestellten Piscos unterscheiden sich auch durch ihre Herstellungsmethode. „Pisco Puro" wird aus einer einzigen Traubesorte hergestellt und „Pisco Acholado" aus verschiedenen. Pisco trinkt man auf Eis oder mit Cola oder Soda. Weltbekannt wurde der Drink "Pisco Sour" (Pisco, Zitronensaft, Zucker).

Die bekannten Pisco-Labels:
Pisco Ocucaje
Pisco Vina De Oro
Pisco demonio de los Andes
Pisco Control
Pisco Mosto Verde

Weinbrand aus Deutschland

Weinbrand aus Deutschland

Asbach

Im Asbach ist der Geist des Weines

Weinbrand ist der deutsche Ausdruck für Brandy, Brand-Weine. Der bekannteste Weinbrand aus Deutschland ist „Asbach".

Hugo Asbach war 1892 der Gründer des Unternehmens „Asbach & Co" in Rüdesheim. Er war von Beruf Kaufmann und Destillateur. Durch Hermann Asbach, einen der fünf Söhne Hugos wurde die Firma im Jahr 1905 durch den Beitritt der Weinhandelsfamilie Sturm ergeweitert. Am 18. März 1908 wurde „Asbach Uralt" in das Warenzeichen-Register des Kaiserlichen Patentamts eingetragen.

Seitdem existierte ein neues Wort: "Weinbrand".

Im Namenszug „Asbach Uralt" bezieht sich „Uralt" auf die Reifung und lange Lagerung des Brandes.

Nach dem Abschluß des Versailler Vertrages im Jahr 1923 wurde die Bezeichnung „Cognac" nur für Weinbrände aus Frankreich festgelegt und damit kam der Name „Weinbrand" ins deutsche Weingesetz. Bis heute ist der Name gesetzlich für in Deutschland hergestellte Weinbrände geschützt. 1936 übernahmen die beiden Söhne Hugos, Hermann und Rudolf, zusammen mit ihrem Onkel, Franz Boltendahl, nach dem Tod ihres Vaters die Geschäfte und machten aus Asbch Uralt eine Weltmarke.

Im Jahr 1957 wurde das Rezept „Rüdesheimer Kaffee" von Hans Adam kreiert (Hans Adam war ein bekannter Fernseherkoch in den 50er Jahren). Dies war ein Höhepunkt in der Geschichte des Unternehmens.

Die Weine zur Herstellung von Asbach, kommen aus Frankreich (Charente) und werden zweifach destilliert. Anschließend reifen sie in 300 Liter Fässern aus Limousin-Eiche. Für einen harmonischen Verschnitt und gute Qualität ist dann der Brennmeister zuständig.

Aus Asbach ist mittlerweile ein Welt-Unternehmen geworden. Der Standort des Unternehmens ist nach wie vor in Rüdesheim am Rhein.

Hier sind die Produkte des Unternehmens:

Asbach Uralt

Asbach Uralt ist ein zweifach destillierter Weinbrand, der über mehrere Jahre in Limousin-Eichenfässern reift. Laut Unternehmen reift Asbach Uralt 4 bis 5 mal länger als die gesetzlich vorgeschriebene Lagerung in Eichenfässern. Er ist ein topasfarbiger Weinbrand mit Duftaromen von Honig, Blüten, einem Hauch von Holz und einer Spur von Trauben. Er schmeckt am Gaumen leicht süß mit einem harmonischen Bukett, gefolgt von Noten der Pflaume und Nüsse. Asbach Uralt trinkt man pur, auf Eis, als Long Drink (Asbach cola) oder als Mixgetränk.
Der Alkoholgehalt ist 40% vol.

Asbach Uralt 5 Jahre gereift

Asbach Uralt 5 Jahre ist ein Weindestillat, das über 5 Jahre in Eichenfässern gelagert wurde. Die Farbe ist Dunkel-Topas. Er duftet nach reifen Früchten, Gewürzen und Vanille mit einem Hauch von Haselnuss-Tönen. Er schmeckt blumig, fruchtig nach frischen Trauben und vollmundig. Der Nachklang ist warm, würzig und angenehm. Der 5 jährige Asbach wird pur oder auf Eis serviert.
Der Alkoholgehalt ist 38% vol.

Asbachbrände aus der Schatzkammer

Asbach
Jahrgangsbrand
1972

Asbach Jahrgangsbrand 1972 ist das Juwel der Schatzkammer des Hauses aus dem Spitzenjahrgang 1972 und wurde im November 2000 zum ersten Mal abgefüllt. Er duftet nach Früchten und Blüten, begleitet von Nuancen wie Pfirsich, Nüsse, Safran, Malz, Vanille und trockenem Holz. Er schmeckt am Gaumen trocken, aber sehr frisch, elegant und leicht süß nach Trauben. Der Nachklang ist anhaltend, fruchtig und würzig. Asbach 1972 besitzt eine honig-goldene Farbe.
Der Alkoholgehalt ist 40% vol.

Asbach selection
21 Jahre gereift

Asbach Selection 21, ein Verschnitt aus ausgewählten Spitzenbränden ist über 21 Jahre in kleinen Eichenfässern gereift. Er hat eine Mahagoni-Farbe.
Asbach Selection 21 duftet nach Karamel, Gewürzen, Holz, Nüssen und einem Hauch von Blüten. Der Geschmack am Gaumen ist geprägt von Röstaromen und Noten von Kaffee und Toffee. Der Nachklang ist lang, warm und reif.
Der Alkoholgehalt ist 38% vol.

Asbach Spitzenbrand
15 Jahre gereift
Asbach 15 Jahre gereift, ist ein hervorragender Weinbrand , ein Verschnitt aus ausgewälten Bränden, die über 15 Jahre in kleinen Eichenfässern gelagert und gereift wurden.
Er hat eine dunkle Goldfarbe mit Rottönen. Asbach 15 Jahre gereift duftet blumig nach Jasmin, begleitet von Zitrus und Vanillennoten mit einem Hauch vom grünem Apfel. Er schmeckt am Gaumen frisch, weich und abgerundet von einer leichten Süße und einer Spur Bitternote. Er hat einen langen, milden Nachklang mit edeler Reife.
Der Alkoholgehalt ist 38% vol.

Asbach Privatbrand
8 Jahre gereift
Asbach Privatbrand ist ein Verschnitt aus Bränden, die mindestens 8 Jahre in kleinen Limousin-Eichenfässern gelagert und gereift wurden. Er ist im Jahr 1908 von dem Gründer des Unternehmens „Hugo Asbach" kreiert worden. Die Farbe dieses 8 Jahre alten Brandes ist Dunkel-Bernstein mit fruchtigen Düften, begleitet von dunkler Schokolade und Zedernholz. Er schmeckt vollmundig mit kräftigen Noten von Früchten, Mandeln und einem würzigen Hintergrund. Der Nachklang ist reif, kräftig, lang und aromatisch.
Der Alkoholgehalt ist 38% vol.
Zu empfehlen ist es, alle Weinbrände aus der Schatzkammer pur bei Zimmertemperatur in einem Schwenker oder tulpenförmigen Cognac-Glas zu servieren.

Chantré

Chantré ist eine nach dem zweiten Weltkrieg eingeführte Weinbrand-Marke. Dieser Weinbrand wurde Jahr 1953 von „Ludwig Eckes" und dem Destillateur „Fritz Vogelsberger" kreiert. Es sollte ein preisgünstiger, weicher Weinbrand für die Massen werden. Benannt wurde er nach dem Mädchennamen der Frau Ludwig Eckes, „Chantré". Der Standort des Unternehmens ist in Etville am Rhein. Chantré ist ein Ergebnis aus verschieden Weinbränden und ihrer Lagerung in Eichenfässern. Chantré eignet sich sehr gut zum Mixen oder als Zutat für Long Drinks.
 Der Alkoholgehalt ist 36% vol.

Service-Technik(Cognac-Weinbrand-Brandy)

Weinbrand(Cognac-Brandy) wird in einem Schwenker oder einem tulpenförmigen Glas serviert.

Die Wände des Glases sollen dünn sein um durch die Handwärme die Aromen leichter freizusetzen.

Die Öffnung des Glases soll möglichst schmal sein, damit die Aromen eingefangen werden und nicht verloren gehen.

Die guten alten Weinbrände serviert man mit Zimmertemperatur pur ohne Eis.

Die jungen Weinbrände, Cognacs oder Brandys kann man auf Eis oder verdünnt mit Säften oder Softs servieren.

Brände aus Obst
-Obstwasser
-Obstgeist
-Obstbrand
-Obstler
-Calvados

Obstbrände

Man unterscheidet hier zwischen Obstwasser, Obstgeist und Obstbrand.

Obstwasser werden aus der vergorenen Fruchtmaische, hauptsätlich von Stein- und Kernobst mit relativ viel Fruchtzucker, durch eine Destillation hergestellt. Eine Beigabe von Zusatzstoffen ist verboten. Der Alkoholgehalt muß mindestens 40% aufweisen.

Beispiele für Obstwasser sind Kirschwasser oder Zwetschge.

Obstgeist sind Brände aus sehr aromatischen, aber zuckerarmen Früchten, die sehr wenig Saft enthalten. Beispiele dafür sind Himbeeren oder Heidelbeeren. Sie werden mit hochprozentigem Alkohol versetzt und anschließend destilliert.

Bekannte Produkte sind Himbeergeist (Framboise) oder Brombeergeist.

Sie müssen einen Mindestalkoholgehalt von 40% aufweisen.

1. Ziegler
2. Schladerer
3. Lantenhammer
4. Nusbaumer & Metté
5. Morand
6. Slibovica

Obstbrand wird aus Kernobst hergestellt, z.B. Apfel oder Birne. Sie werden durch Destillation der vergorenen Fruchtmaische hergestellt. Beispiele dafür sind Williamsbirne oder Calvados.

Obstler ist ein bekannter Begriff, vor allem im süddeutschen Raum. Er ist ein Brand aus verschiedenen Früchten (Mischobst). Die Früchte werden gemischt und nach der Gärung destilliert. Der Mindestalkoholgehalt liegt bei 37% vol. Beispiel dafür ist Obstler aus einer Apfel-Birne-Mischung.

Ziegler

Deutschland

Die Brennerei Gebr.J. & M. Ziegler GmbH wurde im Jahr 1865 in Freudenberg am Main gegründet.

Die Edelbrennerei Ziegler gehört zu den Besten in dem Gebiet. Die außergewöhnlichen Brände werden aus Früchten mit einer exzellenten Qualität und hervorragender Herkunft, destilliert. Die Voraussetzungen der Umgebung, in der die Früchte wachsen, nämlich die Bodenbeschaffenheit und das Klima, sind hier ausschlaggebend. Die Qualität der Brände zeigt, wie gut das Haus „Ziegler" die Kunst des Brennens beherrscht.

Im Mai 2003 wurde ein Verkaufsgeschäft in der Brennerei eröffnet und die Besucher haben die Möglichkeit einen Überblick über die Brennerei zu gewinnen.

Die Brennerei Gebr.J. & M. Ziegler GmbH verwendet für seine Brände Obst aus den besten Anbaugebieten. Die Standorte für Wildfrüchte wie Wildkirschen, wilde Mirabellen oder Quitten werden sehr genau ausgesucht und man achtet darauf, daß das Obst unbeschädigt ist.

Das Obst wird auf Reifegrad und Zustand hin untersucht und anschließend von Hand sortiert. Spezielle Maschinen entfernen die Stiele, Äste, Steine und Kerne. Die Brennerei verwendet ein Doppelbrandverfahren.

Nach dem Brennen müssen alle Brände reifen, Beeren und Kernobst-Brände reifen mindestens 3 Jahre und Steinobst mindestens 5 Jahre in Edelstahltanks. Für manche Brände, wie Zigarrenbrände verwendet das Unternehmen Eichen- oder Kastanienfässer. Vor dem Abfüllen findet die „Hochzeit" statt. Die Brände werden mit Quellwasser aus dem eigenen Brunnen auf Trinkstärke gebracht. Danach ist Ruhe für die Brände angesagt, um sich harmonisch zu verbinden.

Alle Brände werden von Hand abgefüllt und etikettiert und auch die Korken werden per Hand vesiegelt. „Ziegler" ist ein Brand mit hoher Qualität.

Williamsbirnenbrand (Kernobst)

Die handverlesenen Birnen kommen aus Hochlagen des Wallis in Südtirol. Für eine Flasche Williamsbirne benötigt man 14 kg Birnen. Im Geschmack ist dieser Obstbrand glatt und elegant, fruchtig, weich und mild mit einer rassigen Kraft und hocharomatisch. Die Aromen sind leicht blumig, zart duftend und fruchtig frisch. Der Abgang ist lang, fruchtig-weich.
Der Alkoholgehalt ist 43% vol.

Quittenbrand (Kernobst)

Die Quitten werden nach dem ersten Frost aus sonnigen geschützen Lagen Frankens gepflückt. Für eine Flasche Quittenbrand benötigt man 20 kg Quitten. Die Düfte und Geschmacksnoten sind fruchtig, blumig, frisch und sortentypisch.
Der Alkoholgehalt ist 43% vol.

Wilde Weichsel (Kleinsteinobst)

Die Kirchen kommen aus den Höhen des Odenwalds. Für eine Flasche benötigt man 23 kg Wildsauerkirschen. Der Geschmeck ist komplex mit Noten von Kakao und Zimt. Die Düfte sind fruchtig, frisch mit angenehmer Säure. Der Abgang weich und angenehm.
Der Alkoholgehalt ist 43% vol.

Mirabellenbrand (Großsteinobst)

Die Mirabellen kommen aus Lothringen und Franken, das bedeutet eine Cuvée aus verschiedenen Anbaugebieten. Für eine Flasche Mirabellenbrand benötigt man 10

kg Mirabellen. Der Geschmack ist würzig, reif und fruchtig mit frischen, fruchtigen und harmonischen Aromanuancen. Der Abgang ist frisch und lang.
Der Alkoholgehalt ist 43% vol.

Waldhimbeergeist (Geist)
Die Himbeeren kommen vom Plattensee in Ungarn. Für eine Flasche Himbeergeist benötigt man 10 kg Himbeeren. Er schmeckt sehr mild, weich und beerenfruchtig. Die Aromen sind sehr intensiv nach Beeren duftend, blumig und zart.
Der Abgang ist weich, leicht fruchtig und lang.
Der Alkoholgehalt ist 43% vol.

Weitere Abfüllungen:
Gravensteiner Apfelbrand (Kernobst)
Obstbrand aus Äpfeln und Birnen (Kernobst)
Wildkirsch Nr.1 (Kleinsteinobst)
Aprikosenbrand (Großsteinobst)
Zwetschgenbrand (Großsteinobst)
Espressogeist (Geist)
Walnussgeist (Geist)
Alte Zwetschge (Fassgelagert)
Alter Apfel (Fassgelagert)
Fränkischer Riesling Tresterbrand
Die Brennerei Ziegler hat ein sehr großes Sortiment aus verschiedenen Likören, Bränden und Cuvées.

Schladerer
Deutschland

Die Geschichte des Unternehmens geht ins Jahr 1813 zurück. Sixtus Balthasar Schladerer, der im Jahr 1790 in Bamlach am Rande des südlichen Schwarzwaldes geboren wurde, lernte die Kunst des Obst-Brennens im Haus seines Vaters.
Das Geschäft ging an den Sohn Sixtus und danach an den Enkel Hermann über. Im Jahr 1919 übernahm Hermanns Sohn Alfred Schladerer, ein gelernter Gastronom, die Geschäfte und nach seinem Tod im Jahr 1956 seine Frau Greta. Die beiden modernisierten das Unternehmen, vermarkteten die Marke „Schladerer" und mit der Zeit bekam Schladerer die typische vierkantige Flaschenform.
Das Unternehmen ist bis heute in der Hand der Familie „Schladerer" geblieben. Die Brände werden aus bestausgesuchten Früchten destilliert und über 2 Jahre in Eschenholzfässern gereift. Während der Reifung geben die Fässer weder Farbe, noch Geschmack ab. Die Brände werden im Laufe der Jahre milder und der

Geschmack rundet sich ab. Vor der Abfüllung werden die Brände mit Quellwasser auf Trinkstärke herabgesetzt.

Schladerer Williams-Birne
Williams-Birne wird aus vollreifen, aromatischen Birnen aus klimatisch begünstigen gebieten Norditaliens (Südtirol, Emilia Romagna), Frankreichs (Rhône-Tal) und der Schweiz (Wallis) mit einer ausgezeichnerten Qualität destilliert. Der Geschmack ist reif mit kräftigen Noten von Birnen und intensiven Aromen.
Der Alkoholgehalt ist 43% vol.

Schladerer Mirabell
Die Früchte stammen aus Anbaugebieten in Lothringen. Die Mirabellen sind süß, rotwangig und sehr duftig, was auch den Geschmack und die Aromen des Enddesillats prägt.
Der Alkoholgehalt ist 42% vol.

Schladerer Zibärtle
Zibärtle sind pflaumenartige selten vorkommende wildwachsende Früchte aus dem Schwarzwald. Der Brand ist sehr intensiv, leicht süß im Geschmack mit Marzipan-Aromanuancen.
Der Alkoholgehalt ist 42% vol.

Weitere Abfüllungen:
Schladerer Schwarzwälder Kirschwasser (geschützte Herkunftsbezeichnung)
Schladerer Himbeergeist
Schladerer Obstwasser
Schladerer Chriesiwässerle
Schladerer Jahrgangskirchwasser
Schladerer Zwetschgenwasser
Schaderer Sauerkirschwasser

Lantenhammer
Deutschland

Die „Lantenhammer Destillerie" liegt am Schliersee im Herzen der bayerischen Alpen, 50 km südöstlich von München, nahe der österreichischen Grenze.
Das Unternehmen wurde im Jahr 1928 gegründet und ist seitdem von der Familie Stetter geführt.
Unter der Leitung von Andrea und Florian Stetter legt man viel Wert auf die Qualität der in echter Handarbeit hergestellten Brände.

Zum Destillieren verwendet man zum Großteil Früchte aus kontrolliertem Anbau aber auch wildwachsende Früchte. Es werden keine künstlichen Inhaltsstoffe zugesetzt. Das Quellwasser stammt aus der „Bannwald-Quelle".
Nach der Destillation findet die Reifung in alten Steingutbehältern statt. Danach wird jede Flasche per Hand abgefüllt und ausgetattet.

Lantenhammer Williamsbirnenbrand
Die Früchte stammen aus Südtirol und Franken. Das 2-fache Destillat reift über zwei Jahre in alten Steingut-Fässern. Steingut ist atmungsaktiv, gibt aber keine Farbe und keinen Geschmack ab.
Der Williamsbirnenbrand schmeckt fruchtig und frisch mit einem Birnen-intensiven Aroma und weichem, aromatischen, anhaltendem Abgang.
Der Alkoholgehalt ist 42% vol.

Lantenhammer Wildkirschbrand
Die wilden Kirschen stammen aus dem Odenwald im nördlichen Frankenland.
Der Wildkirschbrand wird zweifach destilliert und über zwei Jahre in alten Steingut-Fässern gereift.
Der Brand schmeckt sehr vollmundig, kräftig, fruchtig-herb mit Mandel-Note. Die Aromen sind sehr duftend, intensiv und fruchtbetont.
Der Alkoholgehalt ist 42%.

Lantenhammer Quittenbrand
Die Früchte stammen aus dem oberösterreichischen Wels. Der 2-fach destillierte Brand reift zwischen 2 und 3 Jahren in Steingut-Fässern.
Er duftet sehr intensiv mit Nuancen von Honig und Zitrus. Der Geschmack ist sehr intensiv und pfefferig mit einem kräftigen, nachhaltenden Abgang.
Der Alkoholgehalt ist 42% vol.

Weitere Abfüllungen:
Lantenhammer Sauerkirschbrand
Lantenhammer Marillenbrand
Lantenhammer Wildbrombeergeist
Lantenhammer Schlehengeist
Lantenhammer Vogelbeerbrand
Lantenhammer Waldhimbeergeist
Obstbrände aus dem Holzfass

Weitere Produkte aus Deutschland:
Scheibel
Vallender
Schloss Proschwitz

Metté
Elsass

J. Paul Metté destillierte seine ersten Eau-de-Vies in den 60er Jahren. Er brannte damals hochqualitative Brände wie Waldhimbeere oder Mirabell-Brand.
Mitte der 80er gab J.Paul sein Wissen an seinen Patensohn Phillipe Traber weiter, der die Zukunft des Unternehmens gestalten sollte. Im Jahr 1997 schied J.Paul Metté ganz aus dem Geschäft aus.
Nach einer 2-fachen Destillation werden die Brände mit Quellwasser auf 45% Alkoholgehalt reduziert und reifen zwischen 6 und 8 Jahre im Edelstahltank.
Die unterschiedlichen Temperaturen, je nach Jahreszeit, sind sehr vorteilhaft für die Entwicklung der Brände, da z.B. die agressiven Teile des Alkohols durch hohe Temperaturen im Sommer verdampfen.
Durch die Kälte des Winters findet eine natürliche Filterung statt, in dem die Unreinheiten sich am Inneren des Tanks absetzen.

Metté Eau de Vie Cerise (Kirschbrand)
Er schmeckt intensiv nach vollreifen Kirschen, mit einem fruchtbezogenem Duft und reichhaltigem Körper. Der Abgang ist anhaltend und vielseitig.
Der Alkoholgehalt ist 45% vol.

Metté Eau de Vie Poire Williams
Er schmeckt intensiv mit leichter Süße und fruchtigen Noten. Der Duft ist angenehm und voller Kraft, fruchtbezogen. Der Abgang ist lang und angenehm.
Der Alkoholgehalt ist 42% vol.

Weitere Abfüllungen:
Metté Mandarine
Metté Framboise
Metté Noisette (Haselnussgeist)
Metté Noix (Walnussgeist)
Metté Orange
Mette Pêche
Metté Poivre (Pfeffer)
Metté Quetsch

Nussbaumer
Elsass

Seit vielen Generationen brennt die Familie „Nussbaumer" Brände, aber erst seit 1947 existiert die Destillerie „Jos. Nusbaumer" offiziell. Sie befindet sich im Herzen des Villé-Tales mit einem perfekten kontinentalen Klima, im Sommer warm und im Winter rauh-kalt, lässt es die Früchte mit gutem Geschmack und Aroma reifen, ein sehr wichtiger Faktor bei der Herstellung der Brände.

Nussbaumer Williams-Birne
Vor der Abfüllung in die Flaschen reift er in Steinguttöpfen über mehrere Jahre und bekommt ein feines Aroma und ein natürliches Bukett. Die Früchte zur Herstellung des Brandes stammen aus dem Rhône-Tal und werden im goldrichtigen Reifezustand gepflückt.
Für einen Liter Williams-Birne-Brand benötgt man 28 kg Birnen. Der Brand ist aromatisch und schmeckt intensiv nach vollreifen Birnen.
Der Alkoholgehalt ist 45% vol.

Nussbaumer Kirsch
Der Kirschbrand wird aus den „Guignes", saftigen Süsskirschen aus dem Elsass hergestellt. Für die Herstellung eines Liters Kirschbrand benötigt man 18 kg Kirschen.
Er schmeckt intensiv, kräftig mit einer Mandel-Note und vollem Körper.
Der Alkoholgehalt ist 45% vol.

Weitere Abfüllungen:
Nussbaumer Framboise
Nussbaumer Mirabelle
Nussbaumer Vieille Prune
Nussbaumer Quetsch

Weitere Produkte aus dem Elsass:
F.E. Trimbach

Morand
Schweiz

Morand Williamine kennt jeder Liebhaber von Williams-Bränden.
Die Geschichte des Unternehmens Morand geht zurück ins Jahr 1889. In diesem Jahr gründete Louis Morand die Destillerie in Marigny im Kanton Wallis und destillierte die ersten Brände. Ihm zur Seite stand seine Frau Mathilde, die ihn in

jedem Aspekt des Geschäfts unterstützte. Er gewann zwei Goldmedaillen für die Entwicklung der Liköre „Simplon" und „Grand-Saint-Bernard" in Paris.
Sein Sohn André Morand übernahm die Geschäfte mit 19 Jahren, mit Unterstützung seiner Frau Anne-Marie. Er entwickelte viele neue Frucht-Brände aus Früchten der Wallis-Obstgärten, Himmbeeren, Aprikosen oder Äpfeln.
Sein größter Erfolg aber war die Entwicklung der Morand- Williamine im Jahr 1953, die das Unternehmen weltbekannt machte.
Die Geschwister Louis und Colette Morand wurde im Jahr 1958 seine Nachfolger. Die beiden verfolgten den Erfolgskurs ihres Vaters durch perfekte Produktvermarktung und bestausgesuchte Früchte-Qualität.
Colettes Sohn, Julien Morand, schließlich führt das Unternehmen mit einer Mischung aus moderner Technik und traditionellen Methoden in die Zukunft.
Zur Herstellung der Brände werden die qualitativ besten Früchte ausgesucht, die gesund und frisch sind und einen reifen Geschmack und volles Aroma besitzen. Um die Qualität zu sichern, soll der Transport kurz und schnell sein.
Das Gebiet des Wallis, im Südwesten der Schweiz, ist nicht nur wegen der landschaftlichen Schönheit berühmt, sondern auch wegen seiner idealen Bodenbeschaffenheit und seinem optimalen Klima. In diesem Gebiet sind Flora und Fauna unglaublich vielfältig und die Temperaturen optimal zum Reifen der Früchte. Durch die umliegenden Berge rund um das Wallis ist das Klima dort sehr warm und trocken.

Morand Williamine
Morand Williamine ist ein kristallklarer und duftender aromatischer Brand. Die Früchte für die Herstellung der Williamine stammen aus dem Rhône-Gebiet im Wallis. Er begeistert mit seinem eleganten Körper und dem Williamsbirne-betonten Geschmack und Aroma.
Der Alkoholgehalt ist 43% voll.

Morand Vieux Kirsch
Man verwendet hier nur besonders reife aromatische Kirschen. Er schmeckt intensiv aromatisch und fruchtig mit einem eleganten Körper.
Der Alkoholgehalt ist 43% vol.

Weitere Abfüllungen:
Morand Mirabelle
Morand Framboise
Morand

Weitere Produckte aus der Schweiz:
Fassbind

Etter
Dettling

Weitere Produkte Weltweit:
St. George USA (Kalifornien)
Hämmerle Österreich
Rochelt Österreich

Slivovitz

Slivovitz ist die Bezeichnung für einen Pflaumenbrand, der ursprünglich aus Jugoslawien (Bosnien) stammt. Der Name wurde vom slawischen Wort „Sliwa" für Pflaume abgeleitet. Die zerstampften und zerquetschten Pflaumen werden eingemaischt und nach der langsamen Vergärung destilliert. Ein echter Slivovitz muß mindestens 38% Volumenprozente aufweisen. Er ist sehr aromatisch mit einem feinen Geschmack.
Slivovitz ist vor allem in slawischen Regionen in Ost- und Zentraleuropa sehr beliebt. In Serbien ist er ein Nationalgetränk und wird Slivovica bennant.
Slivovitz gibt es sowohl gereift in Eichenfässern mit einer goldenen Farbe oder farblos.

Badel Slibovica Kroatien

Das Haus Badel wurde im Jahr 1862 gegründet. Der Slivovitz wird aus den rund um Zagreb angebauten „Bistrica-Pflaumen" mit einer geschmacksvollen Pflaumennote zweifach destilliert. Danach reift das Destillat über 3 Jahre in slawischen Eichenfässern. Badel Slibovica hat eine sonnengelbe Farbe mit einem milden, weichen Geschmack und fruchtigen, edlen Pflaumen-Nuancen.
Der Alkoholgehalt ist 40% vol.
Weitere Produkte:
Slijivac Kroatien

Calvados

Calvados ist ein Apfelwein-Brand aus der Normandie, der durch die zweifache Destillation von Cidre (Apfelwein) hergestellt wird.
Das Gärungs- und Destillationsverfahren dauert mindestens ein Jahr. Es fängt am 1.Juli eines Jahres an und endet am 30.Juni des darauffolgenden Jaheres.

Beim ersten Brennvorgang erzielt man einen Alkoholgehalt bis 30% (Vorlauf). Bei dem zweiten Brennvorgang gewinnt man das Herzstück, den Feinbrand (Nachlauf). Der Brand weist einen Alkoholgehalt bis über 70% auf.
Jetzt ist der Reifungsprozess des Calvados sehr wichtig. Der junge Apfelwein-Brand reift in neuen Eichenfässern über mehrere Jahre und durch die Berührung mit Holz und dem Sauerstoff der Luft gewinnt er an Farbe, Geschmack und Aroma.
Der Name des Brandes leitet sich von einem Département in der nördlichen Region „Basse Normandie" in Frankreich, „Calvados", ab. Nur Cidre-Brände aus definierten Gebieten laut dem Gesetz aus dem Jahr 1942 dürfen sich „Calvados" nennen.
Nach der Legende lief im 16.Jahrhundert ein Kriegsschiff der spanischen Marine namens „El Salvador" auf die Felsenriffe der normannischen Küste auf und ging unter. Calvador war eine Abwandlung von Salvador und man gab der Region den Namen „Calvados".
Durch die Reform des „Institut National des Apellations dÓrigine (INAO)" und deren Umsetzung im Jahr 1997 unterscheidet man zwischen „Calvados", „Calvados Pays d´Auge" und „Calvados Domfrontais".
Bei „Calvados" kommen die Äpfel größtenteils aus der Normandie. Calvados stellt 74% der Gesamt-Produktion.
„Calvados Pays d´Auge" wird destilliert aus den Äpfeln der Region „Pays d´Auge" und stellt 25% der Gesamt-Produktion.
„Calvados Domfrontais" stammt aus der Region „Domfrontais" und wird aus deren Äpfeln und Birnen (Mindestanteil 30%) destilliert (1% der Gesamt-Produktion).

Bezeichnung des Alters
- VS (Very Special) oder Vieille Réserve bezeichnet einen Verschnitt von mindestens vier Jahren.

- V.O. (Very Old) oder VSOP (Very Special Old Pale) ist eine Bezeichnung für Calvados mit mindestens 5 Jahre Reifungszeit.
- XO, Napoléon oder Horse d´Age bezeichnen einen Calvados mit einer Lagerzeit von mindestens 6 Jahren.

Pére Magloire

„Pere Magloire" wurde im Jahr 1821 von der Gesellschaft „Debrise-Dulac" gegründet.
Im Jahr 1900 wurde „Calvados Pére Magloire" zu einem der wichtigsten und beliebtesten „Calvados-Brandys" in Frankreich. Calvados Pére Magloire stammt aus dem Appelation Contrôlee „Calvados du Pays d´Auge".

Calvados Pére Magloire VSOP
Er wurde nach der zweifachen Destillation für mindestens 4 Jahre in Eichenfässern gereift. Die Farbe ist Dunkel-Gold. Er schmeckt frisch, fruchtig und harmonisch mit Aromen von duftenden Apfelblüten. Der Abgang ist frisch-fruchtig.
Der Alkoholgehalt ist 40% vol.

Calvados Pére Magloire 12 ans
Der einmal destillierte Calvados reift über 12 Jahre in Eichenfässern. Er hat eine gold-braune Farbe. Er schmeckt sehr fein mit einer Harmonie aus Eichenholz und aromatischen Äpfeln mit Noten von Blüten und einem Hauch von Orangen. Er duftet würzig-aromatisch mit Nuancen von frischen Haselnüssen und Banane. Der Abgang ist anhaltend und fruchtig.
Der Alkoholgehalt ist 40% vol.

Calvados Pére Magloire XO
Er hat eine schöne Bernstein-Farbe und so wie alle Brände des Untenehmens ist auch er ein „Pays d´Auge". Er reifte für mindestens 10 Jahre in Eichenfässern. Er ist doppelt destilliert und hat einen komplexen und fruchtigen Geschmack mit Vanillen-Note und Eiche mit feinen Aroma-Nuancen von reifen Äpfeln.
Der Alkoholgehalt ist 40% vol.

Weitere Abfüllungen:
Calvados Pére Magloire Fine
Calvados Pére Magloire 15 ans
Calvados Pére Magloire 20 ans
Calvados Pére Magloire 40 ans
Calvados Pére Magloire 50 ans
Calvados Pére Magloire Isadora

Boulard

„Boulard", ein Familien-Unternehmen mit einer Traditionserfahrung von fast 180 Jahren, wird seit seiner Gründung durch Pierre Auguste Boulard im Jahr 1825 in der 5. Generation geführt. Die Destillerie „Boulard" liegt im Herzen des „Pays d´Auge", in Coquainvilliers. Bis heute führten die Kinder, Enkel und Urenkel von Pierre Auguste Boulard erfolgreich das Unternehmen.

„Boulard2 ist eine weltweit erfolgreiche Calavdos „Export-Marke".

Calvados Boulard Grand Solage
Calvados Boulard Grand Solage ist ein Verschnitt aus zwischen 3 und 5 Jahre gereiften „Calvados Pays dÁuge".
Er hat eine glänzende goldene Farbe. Der Geschmack ist fruchtig und glatt .
Die Aromen erinnern an Apfel- und Vanille-Nuancen. Der Abgang ist nachhaltend.
Der Alkoholgehalt ist 40% vol.

Calvados Boulard XO
Calvados Boulard XO ist ein Verschnitt der zwischen 8 und 15 Jahre gereiften „Calvados Pays dÁuge". Er hat eine herrliche Bernstein-Farbe. Calvados Boulard XO schmeckt würzig, glatt mit Noten von gereiften Äpfeln und gerösteten Mandeln. Er duftet harmonisch, elegant mit einem Hauch von Eiche und Nuancen von Apfel und Vanille.
Der Abgang ist anhaltend und würzig.
Der Alkoholgehalt ist 40% vol.

Calvados Boulard Hors d´Age
Calvados Boulard Hors d´Age ist ein Verschnitt aus zwischen 10 und 20 Jahre gereiften „Calvados Pays dÁuge". Die Kunst des Veschneidens übernimmt der Kellermeister des Hauses „Boulard". Calvados Boulard Hors d´Age hat eine Bernstein-Kupfer-Farbe. Der Geschmack ist intensiv, kräftig und harmonisch mit Noten von Pflaumen, getrockneten Früchten und Apfelkuchen. Die Düfte sind harmonisch zwischen Vanille, Apfel,Eiche und getrockneten Früchten.
Der Abgang ist lang und intensiv.
Der Alkoholgehalt ist 43% vol.

Weitere Abfüllungen:
Calvados Boulard Millésimé
Calvados Boulard 21 ans d´âge

Château du Breuil

"Château du Breuil", ein wunderschönes architektonisches Erbe der Region, befindet sich in einem Park mit hundertjährigen Bäumen im Herzen des "Pays d´Auge" und begeistet jeden Besucher mit seinem Fachwerk und den rosa Dachziegeln. Im 16. und 17. Jahrhundert wohnten in diesem Schloß berühmte Familien wie Montegomery oder Bouquetot. Die Calvados Brennerei Château du Breuil gehört zu den berühmtesten.

Calvados Réserve du Château 8 ans d´age
Dieser Calvados mit der Ursprungbezeichnung „Pays d´Auge" reift mindestens 8 Jahre in Eichenfässern. Er hat eine goldene Farbe. Er schmeckt nach reifen Äpfeln, kräftig und fruchtig. Mit Düften von Walnüssen, frischen Haselnüssen, Mandeln und Vanille. Der Abgang ist fruchtig, würzig.
Der Alkoholgehalt ist 40% vol.

Calvados Château du Breuil Millésime 1993
Die geernteten Äpfel zur Herstellung dieses Calvados stammen aus dem Jahr 1992.
Die Farbe ist Bernstein. Er ist ein hervorragender, eleganter Brand. Er begeistert mit seinen Geschmacksnoten wie Tabak, Leder, Gewürze, begleitet von Holz Aromen und kräftigen Apfel-Nuancen. Er hat einen anhaltenden und weichen Abgang.
Der Alkoholgehalt ist 41% vol.

Weitere Produkte:
Château du Breuil Fine Calvados
Calvados Château du Breuil VSOP
Calvados Château du Breuil 12 ans d´Age
Calvados Château du Breuil 15 ans d´Age
Réserve des Seigneurs 20 ans d´Age XO
Calvados Royal

Busnel

„Busnel" ist die älteste Calvados-Brennerei, die im Jahr 1820 in Pont L´Eveque, im Herzen von „Pays d´Auge" gegründet wurde. Die Destillerie wurde im Jahr 1910 unter dem Namen „La Grande Cidrerie" gegründet und bekam später nach ihrem Gründer Ernest Busnel den Namen „Busnel".
Busnel gehört zu dem besten Calvados der Region Normandie. Zur guten Qualität tragen ohne Zweifel die bestausgesuchte Eichen-Qualität der Fässer, sowie Alterung und Reifung der Brände in dunklen, feuchten Kellern bei und nicht zuletzt die Kunst des Verschneidens.

Calvados Busnel VSOP
Calvados Busnel VSOP reift mindestens 4 Jahre in Eichenfässern. Er hat eine

dunkel-goldene Farbe. Er schmeckt frisch, fruchtig und harmonisch mit Düften von reifen Äpfeln. Der Abgang ist frisch und fruchtig. Abgefüllt wird der Calvados in rustikalen Flaschen mit rotem Siegel.
Der Alkoholgehalt ist 40% vol.

Calvados Busnel 12 ans Hors d´Age
Calvados Busnel Hors d´Age reift über 12 Jahre in kleinen Eichenfässern, viel länger als gesetzlich vorgeschrieben. Die Farbe ist Goldbraun. Er schmeckt sehr harmonisch mit Noten von Eiche und reifen Äpfeln, begleitet von Orangenblüten. Er duftet würzig mit Nuancen von Haselnuss und Banane.
Abgefüllt wird der Calvados in rustikalen Flaschen mit grünem Siegel.
Der Abgang ist anhaltend und fruchtig.
Der Alkoholgehalt liegt bei 43% vol.

Busnel Fine Calvados
Der Calvados Fine reift mindestens 2 Jahre in Eichenfässern. Er hat eine hellgelbe Bernstein-Farbe. Der 2 Jahre alte Calvados schmeckt glatt und fruchtig mit duftenden Aromen von frischen Äpfeln. Der Abgang ist frisch-fruchtig.
Der Alkoholgehalt ist 40% vol.

Weitere Produkte des Unternehmens:
Calvados Busnel Pommeau de Normandie
Calvados Busnel 15 ans Hors d´Age
Calvados Busnel 20 ans Hors d´Age

Lecompte

Alexander Lecompte, ein Apfel-Händler(Kaufmann) aus Gournay-en-Bray und Gründer des Unternehmens, entschied sich im Jahr 1923 die Firma von Francis Marin zu übernehmen. Das Hauptgeschäft bestand aus dem Vekauf landwirtschaftlicher Produkte, sowie der Produktion einiger Cidres und Brände.
Im Jahr 1933 kreierte Alexandre Lecompte die „Reinette", einen normannischen Likör auf Calvados-Basis.
Im Jahr 1945 übernahm der Sohn Pierre die Firma seines Vaters und unter seiner Regie bekam der „Rosée de Lisieux" den Namen „Calvados Lecompte Veux".
Das war die Geburtsstunde von „Calvados Lecompte". Im Laufe der Jahre wurde das Unternehmen vergrößert und erfolgreich modernisiert.

Calvados Lecompte Age 15 ans
Der Calvados mit der Ursprungbezeichnung „Pays d´Auge" ist in französischen Eichenfässern aus bestausgesuchter Holz-Qualität über 15 Jahre gereift. Die Farbe

ist Bernstein. Er schmeckt würzig, sanft, leicht süß mit Aromen von Tabak und Kaffee. Der Abgang ist weich und anhaltend.
Der Alkoholgehalt ist 42% vol.

Calvados Lecompte Age 20 ans
Er ist ein Cuvée aus alten ausgewälten Calvadosbränden. Der jüngste ist über 20 Jahre alt. Die Süße der Äpfel verfeinert sich durch die lange Reifung in Eichenfässern. Die Farbe ist Dunkel-Bernstein. Die Geschmacksnoten erinnern an karamelisierte Äpfel und Rohrzucker mit Aromen von reifen Äpfeln und süßen Feigen. Der Abgang ist anhaltend, weich und lecker.
Der Alkoholgehalt ist 42% vol.

Weitere Calvados-Marken:
Calvados Lecompte "Originel"
Calvados Lecompte Age 5 ans
Calvados Lecompte Age 12 ans
Calvados Lecompte 1982 Millésimé

Service-Technik

Der aromatische Obstbrand wird mit Zimmertemperatur in einem Schwenker oder einem tulpenformigen Glas serviert.
Die Wände des Glases sollen dünn sein, um durch die Handwärme die Aromen leichter freizusetzen.
Die Öffnung des Glases soll möglichst schmal sein, damit die Aromen eingefangen werden und nicht verloren gehen.
Die leichtschmeckenden Obstbrände werden mit einer Temperatur zwischen 8 und 14°C in den kleinen kugelformigen Schnapsgläsern s erviert.

Trester
-Grappa
-Marc

Grappa & Marc

Trester sind die Rückstände nach dem Auspressen der Weintrauben, also die Traubenschalen, Kerne, Fruchtfleischreste und Stiele, die nach der Herstellung des Weines übrig bleiben.
Der gleichnamige Branntwein entsteht durch Destillation dieser Rückstände der Weintrauben.
In Italien nennt man ihn „Grappa", in Frankreich „Marc", in Deutschland „Trester", in Östereich „Trebern" und in Spanien „Orujo".
Am besten für die Herstellung des Tresters eignen sich süße Weintrauben durch ihren höheren Zuckergehalt.

Grappa

Grappa ist ein Tresterbrand aus Italien, vor allem aus den Regionen im Norden des Landes, wie Veneto, Friaul oder Südtirol und Piemont.

Offiziel kennt man die Kunst des Grappa-Brennens seit über 600 Jahren in Italien. Allerdings darf sich nur ein Tresterbrand aus Italien „Grappa" nennen, denn innerhalb Europas ist der Name geschützt.

Für die Herstellung von Grappa verwendet man eine Trester-Mischung aus verschiedenen Rebsorten.
Unter „Grappa Monovitigno" versteht man einen Grappa, der nur aus einer einzigen Traubensorte gebrannt wurde.
Die verwendeten Trauben sind Chardonnay, Pinot Nero, Schiava, Cabernet, Müller Thurgau, Nosiola, Amorosa, Barbera, Nebbiolo, Sangiovese und viele andere.
Bei der Destillation von Grappa unterscheidet man zwei verschiedene Verfahren: das traditionelle Verfahren, bei dem die Maische diskontinuierlich destilliert wird. Die Maische wird also portionsweise gebrannt und nach jedem Kochen muß das Gerät entleert und gereinigt werden. Diese Methode wird meistens von kleineren Destillerien verwendet.

Bei dem zweiten Verfahren wird kontinuierlich gebrannt, mit Hilfe von Wasserdampf, nicht wie üblicherweise mit Feuer, beheizt man die Kupferkessel. Der Vorgang verläuft automatisch ohne die Kontrolle und Überwachung eines Brennmeisters.
Der Grappa soll laut Vorschrift mindestens 38% und höchstens 60% Alkoholgehalt haben.
Nach der Destillation reifen die Brände laut Gesetz mindestens sechs Monate in verschiedenen Holzfässern. Man verwendet verschiedene Bezeichnungen für die Festlegung des Alters der Grappas auf dem Etikett wie: „Stravecchia", „Invecchiata" oder „Riserva". Bei vielen Destillerien reifen die Grappas über mehrere Jahre in Holzfässern aus verschiedenen Hölzern wie Eiche, Wildkirsche oder Akazie.

Nonino

„Nonino" ist ein familiengeführtes Unternehmen in „Friaul", das von Orazio Nonino im Jahr 1887 gegründet wurde. Das Haus „Nonino" ist weltweit bekannt, vor allem für seine außergewöhnlichen Edelbrände.
Das Unternehmen führen heute die Urenkel von Orazio. Auf der Home Page des Unternehmens sieht man Bentino Nonino und seine Frau Giannola und ihre drei Töchter Antonella, Elisabetha und Christina.
Die Familie Nonino besitzt 5 Brennereien, mit je 12 Dampfbrennkörben, die diskontinuierlich arbeiten und dadurch eine höhere und bessere Qualität an guten Grappas erzielen.
Die Familie kümmert sich selbst um alle Abläufe, vom Einkauf bis zur Kontrolle der unterschiedlichen Phasen der Destillation und der Qualität des Endprodukts.
Die Nonino-Brände reifen in kleinen Fässern aus verschiedenen Hölzern wie: Sherry, Limousin, Wildkirsche, Birne oder Akazie.
Giannola und Bentino kreierten 1984 als erste ein Traubendestillat aus der ganzen Traube. Das Unternehmen Nonino erhielt bereits zahlreiche internationale Auszeichnungen.

Grappa Nonino Cru Monovitigno
Dieser Grappa wurde im Jahr 1984 kreiert. Er ist mit Jahresangabe versehen und von Hand in mundgeblasene Ampullen abgefüllt. Die ausgewählten Trauben stammen aus einem Weinberg (Cru).
Die verschiedenen Abfüllungen des „Grappa Nonino Cru Monovitigno":
Fragolino Cru Nonino
Er ist ein aromatischer und charakteristischer Grappa mit Aromen von duftenden Beeren. Fragolino ist eine Rebsorte aus Norditalien auch als „Fragola" bekannt mit typischem Beeren Geschmack und Aroma.

Der Alkohlgehalt ist 45% vol.
Ribolla Gialla Cru Nonino
Ribolla Cru ist eine weiße Rebsorte aus Norditalien. Der Grappa ist ein sehr weicher und blumiger Brand.
Der Alkoholgehalt ist 45% vol.
Terrano Cru Nonino
Terrano ist eine rote Rebsorte aus Norditalien. Der Grappa Terrano Cru schmeckt fruchtig mit Aromen von Heidelbeeren, Himbeeren und schwarzen Johannisbeeren.
Der Alkoholgehalt ist 45%.
Weitere Grappa Nonino Cru Monovitigno-Abfüllungen:
Sauvignon Blanc Cru Nonino

Pignolo Cru Nonino
Müller Thurgau Cru Nonino
Verduzzo Cru Nonino
Picolit Cru Nonino
I Vigneti Nonino Monovitigno Grappa
Die Vigneti Nonino Grappa werden aus einer einzigen Rebsorte aus verschiedenen Anbaugebieten hergestellt und maschinell abgefüllt.
Die verschiedenen Abfüllungen des „I Vigneti Nonino Monovitigno Grappa"
In Barriques Io Chardonnay Nonino
Er hat eine schöne helle Bernstein- Farbe. Er schmeckt weich, würzig mit Vanille- und Eichen Nuancen.
Der Alkoholgehalt ist 41% vol.
Merlot Nonino
Er schmeckt rund und kräftig mit intensiven Trauben-Aromen. Der Abgang ist lang und anhaltend.
Der Alkoholgehalt ist 41% vol.
Weitere Nonino I Vigneti Monovitigno Grappa -Abfüllungen:
Moscato Nonino
In Barriques Prosecco Nonino
Bianco Lo Chardonnay
Grappa Nonino Riserva AnticaCuvée invecciata in Barriques
Antica Cuvée Riserva sind Grappamischungen, die über längere Zeit, von 20 Monaten bis zu 15 Jahren, in kleinen Limousin- oder Sherryfässern reifen. Dadurch bekommen die Brände eine schöne Bernsteinfarbe und werden sehr aromatisch mit würzigen Nuancen und Noten von kandierten Früchten, Vanille und Bittermandeln.
Der Alkoholgehalt ist 43% vol.

Die Abfüllungen:
Vendemmia Nonino Grappa Millesimata
Vendemmia Grappa Nonino Riserva di Annata

Weitere Abfüllungen des Unternehmens:
I Vigenti Nonino ÙE Monovitigno Prosecco (Der Traubenbrand)
I Vigenti Nonino ÙE Monovitigno Sauvignon (Der Traubenbrand)
I Vigenti Nonino ÙE Monovitigno La Malvsia (Der Traubenbrand)
I Vigenti Nonino ÙE Monovitigno Fragolino (Der Traubenbrand)
ÙE La Riserva `dei Cent´Anni´ Nonino (Drei verschiedene Abfüllungen:12, 18 oder 20 Jahre im Barrique gereift)

Jacopo Poli

Die Geschichte des Unternehmens begann 1898 mit dem Urgroßvater „Gio Batta", der selbst einen kleinen Destillatapparat baute. Er montierte den Apparat auf einer Handkarre und ging als „Grappaioli"von Haus zu Haus und brannte Grappa.
Den Weg von „Gio Batta" führte der Sohn „Giovanni" zum Erfolg. Er errichtete eine Destillatanlage, ausgerüstet mit einer Lokomotiven-Dampfmaschine für seine Zwecke, nämlich um Grappa zu brennen. Er sagte immer: „Ich verkaufe teuer, aber ich wiege richtig!". Er besaß feste moralische Prinzipien und einen fortschrittlichen Geist. Sein Sohn „Toni Poli" modernisierte die Destillerie weiter.
Sein Nachfolger in der vierten Generation schließlich war „Jacopo Poli", der das Unternehmen gemeinsam mit seinen Geschwistern Gianpaolo, Barbara und Andrea in der Tradion des Hauses führt.
Die Destillerie liegt in Schiavon in der Nähe von „Bassano del Grappa" im Herzen Venetiens (Norditalien). „Bassano del Grappa" ist bekannt als Hauptstadt des italienischsten aller Destillate.
In der „Poli Destillerie" wird immer noch mit einem dampfbetriebenen Destilleriekolben gearbeitet und der Trester wird diskontinuierlich gebrannt.
Grappa
Poli Amarosa Di Settembre
Er ist ein junger Grappa von Vespaiolo-Trauben aus Breganze(Venetien) hergestellt. Er schmeckt sanft, elegant und lieblich mit Aromen von Apfel, Feigen, Honig und blühenden Glyzinien.
Der Alkoholgehalt ist 40% vol.
Poli Amarosa Di Dicembre

Er ist ein Trester von getrockneten Vespaiolo-Trauben. Er schmeckt weich und tiefgründig. Die Aromen erinnern an exotische Früchte, Rosinen und Trockenobst.
Der Alkohgehalt ist 40% vol.

Traubenbrand

Jacopo Poli Moscato

Er ist ein Jahrgangsbrand aus weißen Moscato-Trauben aus Venetien. Er schmeckt lieblich mit Anklängen an Zitrusfrüchte. Er duftet blumig mit Nuancen von Rose, Magnolie und kräuterig nach Salbei.
Der Alkoholgehalt ist 40%.

Gereift im Eichenfass

Poli Barrique

Er ist ein 13 Jahre im Barrique gereifter Grappa, eine Mischung aus roten Weinstöcken der Vicentiner Gegend.
Er schmeckt kraftvoll, harmonisch und nachhaltig. Die Aromanuancen von Vanille, geröstetem Holz, Kakao und Kaffee ergänzen die schöne goldene Farbe des Brandes.
Der Alkoholgehalt ist 55%.

Gereift in den verschiedenen Fässern

Poli Barili di Porto

Er ist nach 2 Jahren Reifung in Eichenfässern für 6 Monate in Porto-Niepoort-Fässern nachgereift. Der Grappa ist ein Cuvée aus aromaneutralen Rebsorten. Er schmeckt lieblich, komplex und reichhaltig. Die süßen Aromanuancen von reifem Obst begleitet von Holz-Spuren harmonisieren perfekt.
Der Alkoholgehalt ist 40% vol.
Weitere Abfüllungen dieses in verschiedenen Fässern gereiften Sortiments:

Poli Barili di Sherry

Poli Barili di Rhum

Poli Barili di Sussicaia

Weitere Produkte des Unternehmens:

Po´Di Poli Aromatica Aromatic(Traminer)

Po´Di Poli Morbida Smooth(moscato)

Po´Di Poli Elegante Elegant(Pinot)

Po´Di Poli Secca Dry(Merlot)

Andrea da Ponte

Die Destillerie Andrea da Ponte wurde im Jahr 1892 von den Brüdern Andrea und Matteo da Ponte gegründet.

Matteo veröffentlichte im Jahr 1896 nach eingehender Beschäftigung mit der Kunst des Brennens das Buch „Distillazione". Er schrieb in seinem Buch über das Destillationsverfahren in Verbindung mit Brennkolben und Destillationskolonnen und wie man die wertvollsten Bestandteile des Traubentresters, zum Beispiel die Aromastoffe, bewahren kann.

Das Unternehmen wird in der vierten Generation noch immer erfolgreich geführt. Jedes Jahr im Herbst werden die Prosecco-Trauben in den Weinbergen rund um die Stadt „Conegliano"in Norditalien geerntet und zur Herstellung von Grappa verwendet. „Conegliano" ist die Heimat des Prosecco und Ausgangspunkt der Weinstrasse.

Der Gärprozess wird vom Kellermeister überwacht, nach dem Brennen reifen die Destillate in Limousinfässern.

Andrea da Ponte Moschino Uve Nere
Er ist farblos, angenehm weich im Geschmack und vollmundig mit würzigen, fruchtigen Aromen. Er reift in Eichenfässern.
Der Alkoholgehalt ist 40% vol.

Andrea da Ponte Grappa di Prosecco Vecchia
Er ist farblos und ein Destillat aus 8 Jahrgängen verschiedener Weine. Er schmeckt sehr weich und mild, trotzdem sehr kraftvoll und bukettreich.
Der Alkoholgehalt ist 42%.

Andrea da Ponte Grappa di Prosecco Unica Cuvée 10 Annate
Er ist ein hervorragender Grappa, der über 10 Jahre in Eichenfässern reift.
Er ist ein reinsortiger „Grappa Riserva" mit einem erlesenen Geschmack, der in einem kontinuierlich-diekontunuierlichen Verfahren nach der „Metode da Ponte" aus dem Jahr 1892 gewonnen wird und anschließend in kleinen Eichenfässern veredelt wird.
Die Farbe ist Bernstein. Er schmeckt samtig und trocken mit einem Hauch Nachgeschmack von schwelendem Holz und Brotkruste, begleitet von feinen Honigtönen.
Der Alkoholgehalt ist 40% vol.

Weitere Abfüllungen des Unternehmens:
Andrea da Ponte Grappa Uve Bianche
Andrea da Ponte Grappa Uve Nere
Andrea da Ponte Grappa di Prosecco Barrique zum 40. Jahrestag

Rovero

„Rovero Farm" ist eine kleine, traditionelle Brennerei in Asti im Piemont. Die Destillerie wird von den Brüdern Franco und Rovero geführt.
Der Rovero-Bauernhof besteht aus 25 Hektar Land mit fast 20 Hektar Weingärten, der Rest sind Obstgärten.
Die Weingärten liegen auf den Hügeln zwischen „Monferrato" und „Langhe", im Süden von Asti. Diese Hügel haben die besten Böden zur Herstellung großartiger Weine. Die Destillation der Grappas geschieht während des Abstechens unter Verwendung von frischen Trauben, was die Qualität der Brände sichert.

Rovero Grappa Nebbiolo
Abgefüllt wird dieser Grappa in einer "Futura"-Flasche. Er ist farblos, hergestellt aus ausgewählten Trauben der Weingärten aus Lagana und Roero. Der Grappa reift für mindestens 15 Monate im Stahltank. Er schmeckt kräftig, intensiv und trocken. Die Aromen sind harmonisch und balanciert mit leichten Wachholder-Tönen.
Der Alkoholgehalt is 47% vol.

Rovero Grappa Barbera
Abgefüllt wird auch dieser Grappa in einer "Futura"-Flasche. Er ist farblos, hergestellt aus ausgewählten Trauben der Weingärten aus Lagana und Roero. Der Grappa reift für mindestens 15 Monate im Stahltank. Er schmeckt glatt, warm, harmonisch und andauernd mit typischen Grappa-Aromen und scharf-intensiven Nuancen.
Der Alkoholgehalt ist 46% vol.

Rovero Grappa ``Il Milin´´ Reserve
Er ist ein Verschnitt aus zwei großartigen Grappas, "Barbera und Grignolino", typisch für die Region „Monferrato". Die Farbe ist Strohgelb.
Der Grappa ist mindestens 5 Jahre in kleinen Eichenfässern gereift. Er schmeckt weich, sanft, harmonisch und anhaltend mit sehr intensiven Aromen.
Der Alkoholgehalt ist 43% vol.

Weitere Abfüllungen des Unternehmens:
Rovero ``Moscato´´ Cascine Valdonata
Rovero ``Freisa´´ Cascine Valdonata
Rovero ``Dolcetto´´ Cascine Valdonata
Rovero ``Arneis´´ Cascine Valdonata
Rovero ``Nobbiolo´´ Cascine Valdonata
Rovero gereifter Grappa Nebbiolo mindestens 5 Jahre, 3 davon in kleinen Eichenfässern
Rovero gereifter Grappa Moscato mindestens 5 Jahre, 3 davon in kleinen Eichenfässern
Rovero gereifter Grappa Barbera mindestens 5 Jahre, 3 davon in kleinen Eichenfässern
Rovero Nebbiolo ``Reserve´´ mindestens 5 Jahre, 3 davon in kleinen Eichenfässern

Weitere Grappas-Labeln(Destillerien):
Angelo Gaja
B.^{LO} Nardini
Zeni Vignaioli & Distillatori
Marolo
Distilleria Bottega
G. Bertagnolli
Brennerei Roner

Marc

Marc ist ein Tresterbrand aus verschiedenen Regionen Frankreichs, wie Bourgogne, Champagne, Cote de Provence oder Elsass. Er wird so wie sein italienischer Bruder „Grappa" aus den Restbeständen der Weintraubenpressung hergestellt. Ausgesprochen wird er „Mar".
Er wird aus Trauben wie Chardonnay, Pinot Noir, Pinot Meunier und Gewürztraminer hergestellt.

Marc de Champagne

"Marc de Champagne" ist eine gesetzlich geschützte Bezeichnung für einen Marc aus der Champagne(Appellation d´origine réglmentee).

Jean Goyard

Die „Jean Goyard Destllerie" wurde im Jahr 1911 von Jean Goyard gegründet. Jean Goyrad wurde im Jahr 1881 als drittältestes von insgesamt 8 Kindern in „Nogles la Vineuse" in Burgund geboren.

Sein Vater war ein armer Bauern-Winzer. Die Geschwisster verloren ihren Vater sehr früh. Jean war damals 19 Jahre alt und nach einer Lehre als Weinhändler übernahm er die Verantwortung für seine Familie.

Der ältere Bruder war, ebenfalls um die Familie zu ernähren, in der Landwirtschaft tätig. Bald kaufte er sich einen Überschuss an Burgundweinen, um daraus

Weinbrand zu destillieren. Jean lernte schnell den Handel mit Wein und die Destillation daraus.
Im Jahr 1890 heiratete er Marie, die auch in Burgund geboren war und beide zogen zusammen in die „Champagne". Er kaufte Weinberge und kreierte erfolgreich mehrere Champagner-Marken. Nach dem Rat seines älteren Bruders gründete er dann seine Destillerie im Jahr 1911.
Im jahr 1946 starb Jean Goyard und seine beiden Schwiegersöhne Louis Morot und Reger Keene leiteten das Unternemen weiter.
In den sechziger, siebziger und achziger entwickelt sich „Marc de Champagne" sehr erfolgrich in Italien und Spanien.
Heute ist Marc de Champagne ein international-bekanntes Produkt mit vielsiger Verwendung in der Lebensmittelindustrie.
Marc de Champagne wird ausschließlich aus den Trauben der Region Champagne gewonnen.
Marc de Champagne Tres Vieux Jean Goyard
Er ist über 4 Jahre in Eichenfässern gereift. Die Farbe ist Gold mit intensiven Geschmacksnoten von Eiche und Früchten mit kräftigen Aromen.
Der Alkoholgehalt ist 40% vol.

Marc de Bourgogne

"Marc de Bourgogne" ist eine gesetzlich geschützte Bezeichnung für einen Marc aus der Bourgogne(Appellation d´origine réglmentee).

Joseph Cartron

Die Brennerei „Joseph Cartron" existiert seit 1882 mit Sitz in Nuis-Saint-George im Herzen von Burgund.
Trés Vieux Marc de Bourgogne Dames Hugette
ist ein Trester aus Pinot Noir-Trauben. Er ruht über 10 Jahre in Eichenfässern.
Er hat eine schöne goldene Farbe. Der Geschmack ist weich, fruchtig, würzig, rund, anhaltend und geschmeidig mit mächtigen und komplexen Aromen.
Der Alkoholgehalt ist 45% vol.

Weitere Marc-Labels(Destillerien):
Joseph Drouhin Bourgogne
Gabriel Boudier Bourgogne
Jean Paul Metté Marc de Gewürztraminer Elsass
Duval Leroy Marc de Champagne

Service-Technik

Trester wird mit Zimmertemperatur in einem tulpenformigen länglichen transparenten Grappa-Glas serviert.

Die Wände des Glases sollen dünn sein um durch die Handwärme die Aromen leichter freizusetzen. Das Glas soll transparent sein um die Klarheit des Brandes zu beobachten.

Die Öffnung des Glases soll möglichst schmal sein, damit die Aromen eingefangen werden und nicht verloren gehen.

📖 Wichtige Begriffe von A bis Z

- **Abgang**
  Abgang ist der Nachgeschmack der Nuancen und Noten nach dem Schlucken.
- **Amaro**
  Amaro ist die italienische Bezeichnung für Bitter.
- **Angel´s Share**
  Währen der Reifung der Brände in den Holzfässern atmet das Fass durch die Poren im Holz. Das heißt, dass bis zu 2% des Alkohols durch die Wände des Fasses verdunsten. Diesen Verlust nennt man „Angel´s Share", übersetzt bedeutet „Anteil der Engel".
- **Aperitif**
  Aperitif ist die Bezeichnung für einen Drink vor dem Essen. Er soll den Appetit anregen.
- **Barrel Proof**
  Barrel Proof ist die Bezeichnung für die amerikanischen Whiskies, die nach der Lagerung in den Eichenfässern in Fassstärke abgefüllt werden.
- **Batch-Destillation**
  Unter Batch-Destillation versteht man die Destillation einer bestimmten Flüssigkeitsmenge, deren Komponenten nacheinander bei unterschiedlichen Siedepunkten destilliert werden.
- **Blending**
  Blending ist das Mischen oder Verschneiden verschiedener Brände aus unterschiedlichen Alterskategorien und mit unterschiedlichen Eigenschaften.
- **Bodega**
  In der spanischen Sprache heißt Bodega nichts anderes als Weinkellerei, Weinstube, Winzerhof, wo man den Wein kosten und kaufen kann, wo auch der Wein hergestellt und behandelt wird.
- **Bols**
  Das Unternemen wurde im Jahr 1575 in Amsterdam von der Familie „Bols" gegründet. Der im Jahr 1652 geborene „Lucas Bols" war der Hersteller des ersten bekannten Genevers. Er brachte die Firma international zum Erfolg.
- **Cuveé**
  Cuveé ist die Bezeichnung für verschnittene Weine.
- **Copita**
  Copita ist die Bezeichnung für das Sherry-Glas.

- **Degestif**
  Degestif ist ein Drink, der nach dem Essen gereicht wird. Er soll verdauungsfördernd sein.
- **Bouquet**
  Bouquet ist die französische Bezeichnung für die Duftnuancen.
- **Brennblase(Pot-Still)**
  Pot-Still-Verfahren ist ein Verfahren zur Herstellung der schottischen Malt Whiskies. Gesetzlich ist es vorgeschrieben, ausschließlich gemälzte Gerste zu verwenden. In Irland darf man aber auch ungemälzte Gerste verwenden. Bei dem Verfahren destilliert man die Maische 2 bis 3 mal in Kupfer-Brennblasen. Bei dem ersten Brennvorgang entsteht eine schwach alkoholhaltige Flüssigkeit zwischen 22% bis 25% vol., Wash genannt. Bei dem zweiten Vorgang erhöht sich der Alkoholgehalt auf 60 bis 75% vol. Das Pot-Still-Verfahren ist ein diskontinuierliches Destillationsverfahren.
- **Cask Strength**
  Cask Strength bedeutet Abfüllung der Whiskies direkt nach der Lagerung in Holzfässern, ohne den Brand mit Hilfe von Quellwasser auf eine Trinkstärke um 40% herabzusetzen.
- **DE KUYPER Liqueure**
  Das holländische Unternehmen wurde im Jahr 1695 gegründet und ist im Besitz der 11. Generation der Familie DE KUYPER. Im Jahr 1995 zum 300-jährigen Jubiläum wurde das Unternehmen von Königin Beatrix zu „Royal Destillers" ernannt.
- **Destillation**
  Nach Vergärung zuckerhaltiger Lösungen aus Getreide oder Fruchtsäften mit der Bezeichnung "Maische" oder durch das Einlegen von Beeren, Früchten, Kräutern und Wurzeln in Alkohol mit der Bezeichnung „Mazerieren", erfolgt die Destillation.
  Destillation ist ein sehr wichtiges Verfahren für die Herstellung der Spirituosen. Es ist ein Trennverfahren für ein Flüssigkeitsgemisch miteinander löslicher Stoffe, das in einer Brennblase bei einer konstanten Temperatur bis zum Siedepunkt erhitzt wird. Vorwiegend verdampfen die Bestandteile mit niedrigerem Siedepunkt, das heißt der Alkohol und andere leicht flüchtige Stoffe wie Aromastoffe.
  Die Dämpfe (Gase) werden in einen Kondensator (Kühler) geleitet und werden abgekühlt (kondensiert).
  Das Kondensat ist immer noch ein Gemisch vieler Bestandteile mit verschiedenen Siedepunkten.

Um einen höheren Anteil mit leichterem Siedepunkt und auch mehr Alkoholkonzentration zu erreichen, muss die Destillation mehrfach wiederholt werden. (der Alkohol hat einen Siedepunkt von 78°C und Wasser 100°C). Teilweise werden die Spirituosen mit einem höheren Alkoholgehalt nach der Destillation mit Zusatz von Wasser auf Trinkstärke herabgesetzt.
Nach der Destillation wird das Destillat oft zur Reifung in Eichenfässern gelagert.
Spirituosen sind alkoholische Getränke zum menschlichen Genuss mit einem Mindestalkoholgehalt von 15%.

- **Diskontinuierliches Brennen**

  Bei diesem traditionellen Verfahren wird das Gerät nach jedem Kochen entleert, gesäubert und mit neuer Maische gefüllt. Hier spielen der Brennmeister und seine Erfahrung eine sehr große Rolle. Er legt die Dauer und Art der Destillation fest und beeinflusst die Qualität des Ausgangsprodukts. Diese traditionelle Destillation ist zeitaufwendig und abhängig vom Know-How des Brennmeisters.

- **Eau De Vie**

  Eau De Vie ist die Bezeichnung für Wein- und Obstbrände in Frankreich.

- **Edel**

  Feine Reife.

- **Fine Champagne**

  Fine Champagne ist der Verschnitt aus Weinen der beiden Anbaugebiete „Grande und Petit Champagne". Mindestens die Hälfte der Weine müssen bei dieser Bezeichnung aus der „Grande Champagne" stammen.

- **Finishing**

  Finishing ist ein Fachbegriff für die Nachreifung der Brände. Finishing verwendet man vor allem für Malt Whisky.

- **Gärung**

  Gärung ist die Umwandlung von Zucker in Alkohol auf biochemischem Wege. Mit Hilfe von Hefe erreicht man einen Alkohogehalt von maximal 18% vol.

- **Harmonisch**

  Abstimmung der Inhaltsstoffe.

- **Körper**

  Körper ist ein Fachbegriff für die Gesamtheit der Extraktstoffe und des Alkohols eines Brandes oder Weines auf der Zunge.

- **Kontinuierliches Brennen**

  So wie der Name schon sagt ist das „Kontinuierliche Brennen", ein Brennvorgang ohne Unterbrechung. Durch ständige Füllung neuer Maische

in die Brennblasen geht der Vorgang weiter ohne von dem Brennmesister kontrolliert zu werden. Der Vorteil ist eine drastische Senkung der Produktionskosten, der Nachteil aber eine standard-bleibende Qualität.

- **Label**
Label ist die Bezeichnung für das Etikett auf der Flasche.
- **Likör (Latein „Liquor" „Flüssigkeit)**
Likör ist eine Mischung von Zucker, Kräutern, Früchten, Milch, Aromen mit Zusatz von Neutralalkohol oder auch anderen Spirituosen wie Weinbrand oder Rum u.s.w. Verwendet werden auch manchmal verschiedene Farbstoffe.
Sowohl Zuckergehalt als auch Alkoholgehalt sind bei verschiedenen Likören unterschiedlich.
Die meisten Liköre haben einen Zuckergehalt von ungefähr 100g pro Liter. Die Crémes sind besonderes süß und haben einen höheren Zuckergehalt bis 400 g pro Liter.
Der Alkoholgehalt liegt bei Likören meistens zwischen 15 bis 40% Vol.
Die bekanntesten Häuser sind Bols, gegründet im Jahr 1575, Kuyper im Jahr 1695, beide in den Niederlanden und Maria Brizard aus Frankreich im Jahr 1755.
- **Maischen**
Maischen bedeutet das Mischen von getrocknetem und gemahlenem Malz mit heißem Wasser.
- **Marie Brizard Liquors de France**
Im Jahr 1755 wurde das Unternehmen durch „Marie Brizard" und ihren Neffen „Jean-Baptist Roger" in Bordeaux gegründet. Das erste Produkt der Firma war ein „Anis-Schnaps"unter dem Namen „Marie Brizard Anis". Das Unternehmen wird heute noch von Nachfahren der beiden Gründer geleitet. „Marie Brizard" ist spezialisiert auf Liköre, darüberhinaus hat die Firma eine sehr interessante Angebotspallette an Spirituosen und Sirups.
- **Marring**
Marring übersetzt bedeutet Verhairatet. Es ist die Bezeichnung für das Zusammenführen von Whiskies aus verschiedenen Fässern.
- **Masterblender**
Der Masterblender ist zuständig und verantwortlich für die Auswahl der Fässer, in denen der Whisk(e)y reift. Er ist auch verantwortlich für den Veschnitt und das Abfüllen der Brände.
- **Melasse**
Melasse ist der schwarzbraune Rückstand bei der Gewinnung von Zucker.

- **Monovitigno**
  Monovitigno ist die Bezeichnung für die Grappas, die aus dem Trester einer einzigen Rebensorte gebrannt werden.
- **Nosing**
  Nosing ist der Genuß der Brände durch das Riechen.
- **On the Rocks**
  On the Rocks bedeutet auf Eiswürfeln serviert.
- **Patent-Coffey-Still**
  Coffey oder Patent-Still-Verfahren ist eine kontinuierliche Destillation vor allem für die Herstellung der Grain Whisky. Ohne dieses Verfahren hätte der Scotch Whisky-blended und Scotch allgemein nicht weltweit so einen Erfolg. Coffey-Still ist ein schnelles und kostengünstiges Verfahren. Das Verfahren wird nicht nur in Europa, sondern auch in Amerika und Kanada für Herstellung der Whiskies verwendet.
  Der Destillat findet in einem Coffey- oder Patent-Destillationsgerät statt.
  Das Verfahren erfand der Schotte „Robert Stein" im Jahr 1826 und der Ire „Aneas Coffey" verbesserte das Verfahren.
- **Paradis**
  Paradis ist der Lagerort für die ältesten Cognac-Reserven.
- **Rohbrand-Feinbrand bei einem Doppeldestillat**
  Nach dem ersten Brennvorgang entsteht der „Rohbrand", auch „Rauhbrand" genannt. Rohbrand ist die entstehende Flüssigkeit durch die Destillation der Maische mit einem Alkoholgehalt von ca. 20%. Bei dem zweiten Vorgang unter langsamer Temperatursteigerung wird der Rohbrand zum „Feinbrand" destilliert. Der Rohbrand wird bei diesem Vorgang von Wasser, unreinen Alkoholen, Ölen, Kohlenstoff, Ethylalkohol gereinigt. Die Verunreinigungen werden am Anfang und Ende der Destillation freigesetzt, hier spricht man von Vor- und Nachlauf und das Resultat der Destillation ist der Mittellauf. Der Mittellauf hat einen Alkoholgehalt bis über 70% und wird mit Wasser auf Trinkstärke verdünnt.
  Bei einfacher Destillation ist der Ausgangspunkt das Maischedestillat mit einem niedrigeren Alkoholgehalt und mehr Aromastoffen.
- **Rhum**
  Rhum ist die französische Bezeichnung für Rum.
- **Single Barrel Einzelfassabfüllung**
  Single Barrel ist eine Einzelabfüllung. Der abgefüllte amerikanische Whiskey stammt aus einem einzigen Fass und ist kein Verschnitt verschiedener Fässer.

- **Single Cask**

  Single Cask bedeutet die Verwendung einzelner Fässer. Hier findet kein „Marrying" (das Zusammenführen verschiedener Whiskys aus unterschiedlichen Einzelfässern) vor der Abfüllung statt.
- **Single Malt**

  Single Malt Whisky ist die Erzeuguneg nur einer einzelnen Destillerie.
- **Straight**

  Straight ist die Bezeichnung für unverschnittenen amerikanischen Whiskey.
- **Straight up**

  Straight up bedeutet ohne Eiswürfel servieret.
- **Tasting**

  Tasting bedeutet das Verkosten der Brände.
- **Vatted Malt Whisky**

  Vatted Malt Whisky ist das Erzeugnis von mindestens zwei Brennereien.
- **Vieux**

  Vieux ist die französische Bezeichnung für „Alt".
- **Wash**

  Wash ist die gegärte Würze während der ersten Malt Whisky-Destillation.
- **Zart**

  Leicht und elegant in Säure und Duft.

Literatur und Quellen

www.aalborgakvavit.dk

www.aberlour.com

www.absolut.com

www.adlergin.de

www.amarula.com

www.anyoneforpimms.com

www.aperol.com

www.aperol.de

www.asbach.de

www.averna.de

www.averna.de

www.bacardi-deutschland.de

www.ballantines.com

www.beefeatergin.com

www.belvederevodka.com

www.benedictine.fr

www.berentzen-gruppe.de

www.besttast.ch

www.blackbottle.com

www.bluecoatgin.com

www.bombaysapphire.com

www.bombaysapphire.com

www.boudier.com

www.bowmore.com

www.bowmore.de

www.brennerei-ziegler.de

www.brokersgin.com

www.brugal-ron.com

www.bulldoggin.com

www.bunnahabhain.com

www.bushmills.com

www.camparigroup.com

www.canadianclubwhisky.com

www.captainmorgan.com

www.chivas.com

www.cinzano.com

www.cointreau.com

www.connemarawhiskey.com

www.courvoisier.com

www.danzka.com

www.dickel.com

www.dimple.de

www.doyoudubonnet.com

www.drambuie.com

www.echter-nordhaeuser.de

www.escorial.de

www.fernet-branca.de

www.finlandia.com

www.fourroses.us

www.fuerstbismarck-kornbrand.de

www.galliano.com

www.glendronachdistillery.com

www.glenfarclas.co.uk

www.glenfiddich.com
www.glengrant.com
www.glenmorangie.de
www.gordons-gin.de
www.grantswhisky.com
www.havana-club.com
www.heinecognac.de
www.hendricksgin.com
www.hennessy.com
www.highlandpark.co.uk
www.irishmist.com
www.isleofjura.com
www.jackdaniels.com
www.jägermeister.com
www.jamesonwhiskey.com
www.jbscotch.com
www.jim-beam.de
www.laphroaig.com
www.leopoldbros.com
www.leopold-gourmel.com
www.licor43.de
www.linie-aquavit.com
www.makersmark.com
www.malts.com
www.malts.com
www.martini.com
www.metaxa.de

www.midori-world.com
www.monkey47.com
www.moskovskaya.com
www.noillyprat.com
www.noillyprat.com
www.oban.org.uk
www.oldtomgin.co.uk
www.osborne.de
www.paddy.ie
www.pernod-ricard.com
www.ramazzotti.de
www.ramazzotti.de
www.realwodka.com
www.remy.com
www.Rumcompany.de
www.saintjames-rum.com
www.scapamalt.com
www.scapamalt.com
www.skyy.com
www.slyrs.de
www.smirnoff.com
www.southerncomfort.de
www.springbankdistillers.com
www.stoli.com
www.suntory.com
www.suze.com
www.tanqueray.com
www.teacherswhisky.com

www.the-baileys-lounge.baileys.com

www.thebalvenie.com

www.theduke-gin.de

www.thefamousgrouse.com

www.theglenlivet.com

www.theglenlivet.com

www.themacallan.com

www.tullamoredew.de

www.underberg.com

www.unicum.hu

www.whiskymag.com/nosing_course

www.whitleyneill.com

www.wildturkeybourbon.com

www.wmcandenhead.com

www.wodka.gorbatschow.de

www.zuidam.eu

Das Rum-Buch Edward Hamilton
Tequila Buch Laurence Kretchmer
Cognac Conal R. Gregory Benedikt Taschen Velag

Bildquellennachweiß

Istockfoto

THE DUKE Destillerie München

HENKELL & CO. SEKTKELLEREI KG

Pernod Ricard Deutschland GmbH

BACARDI GMBH
Hindenburgstrasse 49
D-22297 Hamburg

Diversa Spezialitäten GmbH
Hubert-Underberg-Allee 1
47493 Rheinberg
Germany

Beam Global Deutschland GmbH

Endverbraucher-/Consumerservice
Kadekerweg 2
24340 Eckernförde/GERMANY

BORCO-MARKEN-IMPORT

storykitchen. agentur für kulinarik & lebensstil

Alfred SCHLADERER
Alte Schwarzwälder Hausbrennerei GmbH
Alfred-Schladerer-Platz 1, 79219 Staufen

admin@pisco-peru.de

Bremer Spirituosen Contor GmbH
Hinter dem Vorwerk 24
28279 Bremen

www.moet-hennessy.de

Marketing@philadelphiadistilling.com

Gourmel Destillerie

The Bitter Truth GmbH
Wolfratshauser Strasse 21 E
82049 Pullach / Germany

www.seven-spirits.de

LANTENHAMMER Destillerie GmbH
Obere Tiefenbachstr. 8
83734 Hausham / Schliersee

Brand Support GmbH, Wieselweg 2, 40885 Ratingen

POLI DISTILLERIE
Via Marconi 46 - 36060 Schiavon (VI) . Italia

Linie Aquavit
JMK Muth Kommunikation GmbH | Agentur für Öffentlichkeitsarbeit
Hopfenburg | Hopfensack 19 | 20457 Hamburg